KB093636
2025 공무원 영어
합격
가이드

매년 치열해지는 공무원 시험 경쟁에서 영어가 합격의 당락을 좌우하고 있습니다. 공무원 독해 영역의 길잡이가 되어줄 수 있도록, <해커스공무원 영어 구조 독해 007>은 독해 지문을 효율적이고 체계적으로 학습할 수 있는 논리 구조를 제공하여, 독해 실력을 가장 효과적으로 높일 수 있는 학습 방법을 제시합니다.

1. 공무원 영어 시험 구성 및 최신 출제 경향
2. 공무원 영어 독해 출제 유형

공무원 영어 시험 구성 및 최신 출제경향

1. 시험 구성

공무원 영어 시험은 총 20~25문항으로 구성되며 크게 3개의 영역으로 나눌 수 있습니다. 공무원 영어 시험의 약 50%를 차지하는 독해 영역과 나머지 50%를 차지하는 문법 영역, 어휘 영역으로 구분되는데, 어휘 영역의 경우, 세부적으로 어휘, 표현, 생활영어로 구분할 수 있습니다.
(법원직의 경우 독해 약 80%, 문법 및 어휘 약 20%)

시험 구분	총 문항 수	영역별 출제 문항 수		
		문법	독해	어휘
국가직 9급	총 20문항	3~4문항	10~12문항	5~6문항
지방직 9급	총 20문항	3~7문항	8~12문항	5~6문항
서울시 9급*	총 20문항	3~6문항	8~12문항	4~8문항
법원직 9급	총 25문항	1~4문항	21~24문항	0~1문항
국회직 9급	총 20문항	5문항	7~10문항	5~8문항

* 서울시 9급 영어 과목 시험은 2020년부터 지방직과 동일하게 인사혁신처에서 출제했습니다.

2. 최신 출제 경향 및 2025년 출제 기조 변화 대비 전략

문법 **문장 안에서 주요 문법 개념이 어떻게 활용되는지 파악해야 합니다.**

문법 영역에서는 **동사구, 준동사구, 어순과 특수구문**을 묻는 문제가 자주 출제되며, 세부 빈출 포인트로는 **수 일치, 분사, 병치·도치·강조 구문**이 있습니다. 최근에는 한 문제의 모든 보기가 하나의 문법 포인트로 구성되거나 문단 내 모든 문장에 밑줄이 그어져 있는 등 다양한 형태의 문법 문제가 등장하고 있습니다.

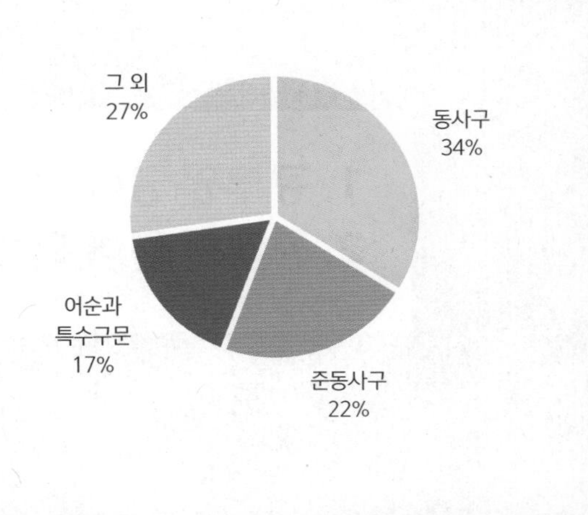
그 외
27%
동사구
34%
어순과
특수구문
17%
준동사구
22%

2025 대비 전략

2025년 시험에는 변화된 출제 기조에 따라 기존에 자주 출제되던 단문 유형보다는 문단 안에서 문법 포인트에 밑줄을 그은 유형과 같이 활용성이 높고 명확한 유형의 문제가 출제될 것으로 예상됩니다. 주요 문법 개념을 체계적으로 정리한 후 예시 문장을 통해 문법 포인트가 어떻게 활용되는지 학습하고, 문제 풀이를 통해 부족한 부분을 보완하며 학습하는 것이 좋습니다.

여러분의 합격을 응원하는

해커스공무원의 특별 혜택

FREE 공무원 영어 **특강**

해커스공무원(gosi.Hackers.com) 접속 후 로그인 ▶ 상단의 [무료강좌] 클릭 ▶
[교재 무료특강] 클릭하여 이용

공무원 보카 어플

HKS7GOSIVOCA4000

구글 플레이스토어/애플 앱스토어에서 [해커스공무원 기출보카]검색 ▶
어플 설치 후 실행 ▶ '인증코드 입력하기' 클릭 ▶ 위 인증코드 입력

* 해당 자료는 [해커스공무원 기출 보카 4000+]교재 내용으로 제공되는 자료로, 공무원 시험 대비에 도움이 되는 유용한 자료입니다.
*등록 후 30일간 사용 가능

VOCA 단어시험지 자동제작 프로그램

해커스공무원(gosi.Hackers.com) 접속 후 로그인 ▶ 상단의 [수험 정보] 클릭 ▶
좌측의 [단어시험지 생성기 - 해커스공무원 영어어휘] 클릭

해커스공무원 온라인 단과강의 **20% 할인쿠폰**

D5CC59B25CA82BHU

해커스공무원(gosi.Hackers.com) 접속 후 로그인 ▶ 상단의 [나의 강의실] 클릭 ▶
좌측의 [쿠폰등록] 클릭 ▶ 위 쿠폰번호 입력 후 이용

*쿠폰 이용 기간: 등록 후 7일간 사용 가능

쿠폰 이용 관련 문의 **1588-4055**

단기 합격을 위한 해커스공무원 커리큘럼

입문

탄탄한 기본기와 핵심 개념 완성!

누구나 이해하기 쉬운 개념 설명과 풍부한 예시로 부담없이 쌩기초 다지기

TIP 베이스가 있다면 **기본 단계**부터!

기본+심화

필수 개념 학습으로 이론 완성!

반드시 알아야 할 기본 개념과 문제풀이 전략을 학습하고
심화 개념 학습으로 고득점을 위한 응용력 다지기

기출+예상 문제풀이

문제풀이로 집중 학습하고 실력 업그레이드!

기출문제의 유형과 출제 의도를 이해하고 최신 출제 경향을 반영한
예상문제를 풀어보며 본인의 취약영역을 파악 및 보완하기

동형문제풀이

동형모의고사로 실전력 강화!

실제 시험과 같은 형태의 실전모의고사를 풀어보며 실전감각 극대화

최종 마무리

시험 직전 실전 시뮬레이션!

각 과목별 시험에 출제되는 내용들을 최종 점검하며 실전 완성

PASS

* 커리큘럼 및 세부 일정은 상이할 수 있으며,
자세한 사항은 해커스공무원 사이트에서 확인하세요.

독해 **구문을 정확하게 해석하고 유형별 풀이 전략을 적용하는 연습을 해야 합니다.**

독해 영역에서는 **빈칸 완성(단어, 구, 절), 주제·제목·요지·목적 파악, 내용 일치·불일치 파악** 유형의 출제 비중이 순서대로 높은 편입니다. 최근에는 전체 내용 파악과 논리적 흐름 파악 유형의 출제가 증가하고 있습니다.

2025 대비 전략

2025년 시험에는 변화된 출제 기조에 따라 직무와 관련이 있는 소재가 이메일, 안내문 등과 같이 업무 현장에서 접할 수 있는 형식으로 출제될 수 있습니다. 문제 유형에는 변화가 거의 없으나 한 지문에서 두 문항이 출제되는 다문항이나 웹페이지 형식으로 제시되는 지문과 같은 새로운 형식에 익숙해질 필요가 있으므로, 빈출 유형의 풀이 전략을 익히고, 각 전략을 실제 문제 풀이에 적용하는 연습을 하는 것이 중요합니다.

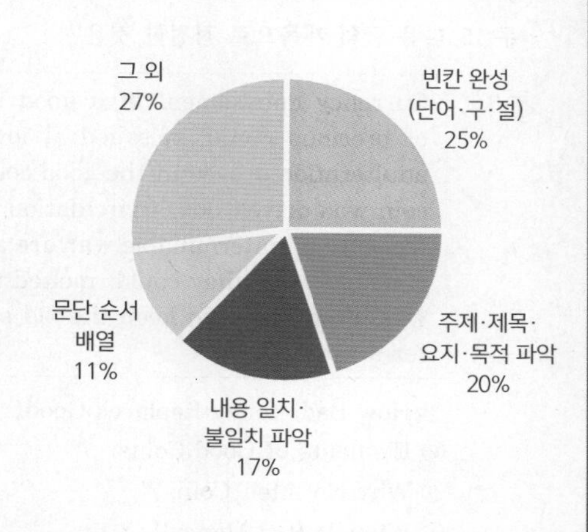
그 외
27%
빈칸 완성
(단어·구·절)
25%
주제·제목·
요지·목적 파악
20%
내용 일치·
불일치 파악
17%
문단 순서
배열
11%

어휘 **단어, 표현, 생활영어까지 모든 유형을 대비하기 위해 폭넓게 학습해야 합니다.**

어휘 문제에서는 유의어 찾기 유형의 비중이 가장 높으며, 최근에는 문맥 속에서 적절한 단어를 추론하여 푸는 문제가 증가하고 있습니다. 생활영어 문제는 실생활과 밀접한 주제의 대화가 주로 출제되나, 직무 관련 대화도 출제됩니다.

2025 대비 전략

2025년 시험에는 변화된 출제 기조에 따라 문맥 속에서 어휘를 추론하는 문제, 비대면 의사소통 상황이나 직무 관련 소재를 활용한 문제 등 활용성이 높은 문제가 출제될 예정입니다. 따라서 유의어나 다의어를 통한 폭넓은 어휘 학습이 필요하며, 혼동하기 쉬운 표현들도 암기해 두는 것이 중요합니다. 생활영어 문제에 대비하기 위해서는 직무 관련 어휘나 상황별·주제별로 자주 쓰이는 표현을 알아 두는 것이 좋습니다.

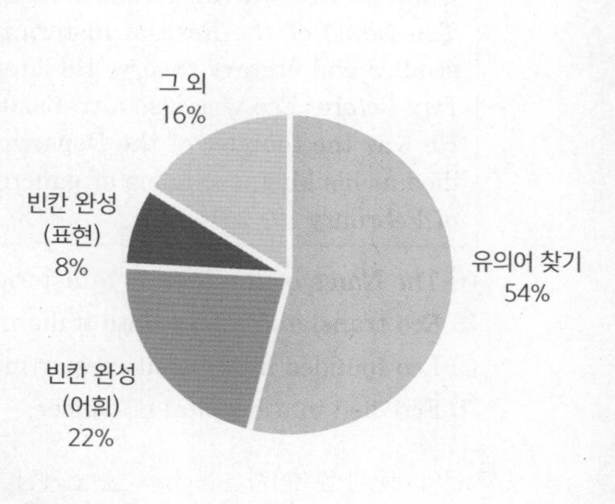
그 외
16%
빈칸 완성
(표현)
8%
유의어 찾기
54%
빈칸 완성
(어휘)
22%

공무원 영어 **독해 출제 유형**

1. 전체 내용 파악하기: 주제·제목·요지·목적 파악, 문단 요약, 글의 감상

지문의 중심 내용을 파악하여 지문의 주제, 제목, 요지, 목적 등을 고르거나, 지문을 요약한 문장을 완성하는 유형과 전체적인 글의 흐름을 파악하여 글의 분위기나 전개 방식, 필자나 등장인물의 어조나 태도 등을 고르는 유형입니다. 지문 처음 또는 마지막에 중심 내용이 나오는 경우가 많으므로 지문의 처음과 마지막을 주의 깊게 살펴야 합니다.

문 15. 다음 글의 제목으로 적절한 것은? [2024년 국가직 9급]

Currency debasement of a good money by a bad money version occurred via coins of a high percentage of precious metal, reissued at lower percentages of gold or silver diluted with a lower value metal. This adulteration drove out the good coin for the bad coin. No one spent the good coin, they kept it, hence the good coin was driven out of circulation and into a hoard. Meanwhile the issuer, normally a king who had lost his treasure on interminable warfare and other such dissolute living, was behind the move. They collected all the good old coins they could, melted them down and reissued them at lower purity and pocketed the balance. It was often illegal to keep the old stuff back but people did, while the king replenished his treasury, at least for a time.

① How Bad Money Replaces Good
② Elements of Good Coins
③ Why Not Melt Coins?
④ What Is Bad Money?

해설 지문의 제목을 묻는 문제입니다. 지문 처음에서 나쁜 화폐로 인한 좋은 화폐의 통화 가치 훼손에 대해 언급하고, 지문 마지막에서 좋은 오래된 동전을 모두 모아서 녹이고, 더 낮은 순도로 재발행하는 방법을 설명하고 있으므로, 이 글의 제목을 '나쁜 화폐가 좋은 화폐를 대체하는 방법'이라고 표현한 ①번이 정답입니다.

2. 세부 내용 파악하기: 내용 일치·불일치 파악, 지칭 대상 파악

지문의 세부 내용을 파악하여 지문의 내용과 일치·불일치하는 보기를 고르거나 질문에서 묻는 특정한 정보를 찾는 유형입니다. 지문에 나온 단어나 어구를 그대로 언급하거나 바꾸어 표현한 보기가 나오므로 지문과 보기의 내용을 꼼꼼하게 비교하며 읽어야 합니다.

문 7. 다음 글의 내용과 일치하지 않는 것은? [2022년 국가직 9급]

Umberto Eco was an Italian novelist, cultural critic and philosopher. He is widely known for his 1980 novel *The Name of the Rose*, a historical mystery combining semiotics in fiction with biblical analysis, medieval studies and literary theory. He later wrote other novels, including *Foucault's Pendulum* and *The Island of the Day Before*. Eco was also a translator: he translated Raymond Queneau's book *Exercices de style* into Italian. He was the founder of the Department of Media Studies at the University of the Republic of San Marino. He died at his Milanese home of pancreatic cancer, from which he had been suffering for two years, on the night of February 19, 2016.

① *The Name of the Rose* is a historical novel.
② Eco translated a book into Italian.
③ Eco founded a university department.
④ Eco died in a hospital of cancer.

해설 지문의 내용과 일치하지 않는 것을 묻는 문제입니다. 지문 마지막에서 그는 밀라노의 집에서 사망했다고 했으므로, Eco가 암으로 병원에서 사망했다는 것은 지문의 내용과 일치하지 않습니다. 따라서 ④번이 정답입니다.

문 12. Northeastern Wildlife Exposition에 관한 다음 글의 내용과 일치하는 것은? [2024년 국가직 9급]

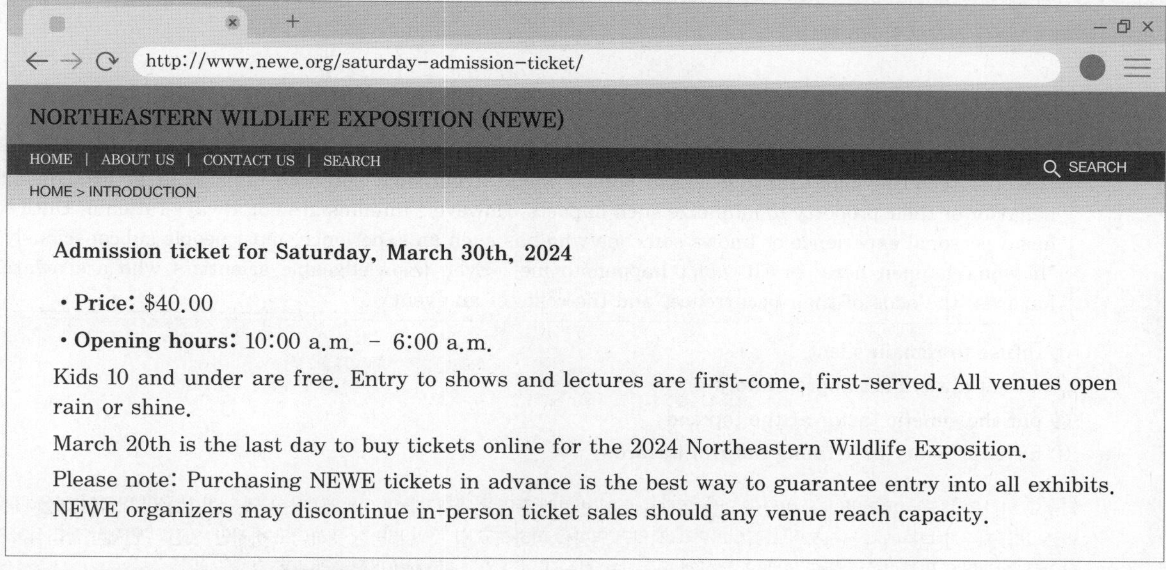

http://www.newe.org/saturday-admission-ticket/

NORTHEASTERN WILDLIFE EXPOSITION (NEWE)

HOME | ABOUT US | CONTACT US | SEARCH   SEARCH

HOME > INTRODUCTION

Admission ticket for Saturday, March 30th, 2024

- **Price:** $40.00
- **Opening hours:** 10:00 a.m. – 6:00 a.m.

Kids 10 and under are free. Entry to shows and lectures are first-come, first-served. All venues open rain or shine.

March 20th is the last day to buy tickets online for the 2024 Northeastern Wildlife Exposition.

Please note: Purchasing NEWE tickets in advance is the best way to guarantee entry into all exhibits. NEWE organizers may discontinue in-person ticket sales should any venue reach capacity.

① 10세 어린이는 입장료 40불을 지불해야 한다.
② 공연과 강연의 입장은 선착순이다.
③ 비가 올 경우에는 행사장을 닫는다.
④ 입장권은 온라인으로만 구매할 수 있다.

해설 지문의 내용과 일치하는 것을 묻는 문제입니다. 지문 처음에서 공연 및 강연 입장은 선착순이라고 했으므로, 공연과 강연의 입장은 선착순이라는 것은 지문의 내용과 일치합니다. 따라서 ②번이 정답입니다.

3. 추론하기: 빈칸 완성① 단어·구·절, 빈칸 완성② 연결어

지문의 흐름을 자연스럽게 연결하는 보기를 골라 빈칸을 완성하는 유형입니다. 빈칸이나 밑줄 친 어구의 앞뒤 문장에 정답의 단서가 제시되는 경우가 많으므로 해당 부분을 꼼꼼히 읽어야 합니다.

문 16. 다음 빈칸에 들어갈 말로 가장 적절한 것은? [2020년 법원직 9급]

Much is now known about natural hazards and the negative impacts they have on people and their property. It would seem obvious that any logical person would avoid such potential impacts or at least modify their behavior or their property to minimize such impacts. However, humans are not always rational. Until someone has a personal experience or knows someone who has such an experience, most people subconsciously believe "It won't happen here" or "It won't happen to me." Even knowledgeable scientists who are aware of the hazards, the odds of their occurrence, and the costs of an event ______________________.

① refuse to remain silent
② do not always act appropriately
③ put the genetic factor at the top end
④ have difficulty in defining natural hazards

해설 지문의 빈칸을 채우는 문제입니다. 빈칸이 있는 문장을 통해 빈칸에 총명한 과학자들이 어떻게 하는지에 대한 내용이 나와야 적절하다는 것을 알 수 있습니다. 지문 앞부분에서 논리적인 사람이라면 부정적인 영향을 피하려고 할 것이 분명한 듯하다고 하지만, 인간이 언제나 합리적이지는 않다고 했으므로, 심지어 총명한 과학자들도 '항상 적절하게 행동하는 것은 아니다'라고 한 ②번이 정답입니다.

4. 논리적 흐름 파악하기: 문단 순서 배열, 문장 삽입, 무관한 문장 삭제

지문의 논리적 흐름에 따라 문단 순서 배열, 문장 삽입, 지문의 흐름과 무관한 문장을 삭제하는 유형입니다. 연결어나 지시대명사가 지문의 논리적인 흐름을 파악하는 데 단서가 되는 경우가 많으므로 이를 중심으로 지문을 읽어야 합니다.

문 14. 다음 글의 흐름상 적절하지 않은 문장은? [2021년 지방직 9급]

There was no divide between science, philosophy, and magic in the 15th century. All three came under the general heading of 'natural philosophy'. ① Central to the development of natural philosophy was the recovery of classical authors, most importantly the work of Aristotle. ② Humanists quickly realized the power of the printing press for spreading their knowledge. ③ At the beginning of the 15th century Aristotle remained the basis for all scholastic speculation on philosophy and science. ④ Kept alive in the Arabic translations and commentaries of Averroes and Avicenna, Aristotle provided a systematic perspective on mankind's relationship with the natural world. Surviving texts like his *Physics, Metaphysics, and Meteorology* provided scholars with the logical tools to understand the forces that created the natural world.

해설 지문의 흐름과 무관한 문장을 고르는 문제입니다. 지문 처음에서 15세기에 과학, 철학, 그리고 마법은 차이점이 없이 모두 '자연철학'의 일반적인 주제에 포함되었다고 설명한 뒤, ①번에서 아리스토텔레스의 작품이 자연철학 발달에 중심이 되었다고 언급하고, ③, ④번에서 아리스토텔레스가 학문 분야에 미친 영향에 대해 설명했습니다. 그러나 ②번은 인문주의자들이 인쇄기의 힘을 깨달았다는 내용으로, 지문 전반의 내용과 관련이 없습니다. 따라서 ②번이 정답입니다.

5. 다문항: 주제·제목·요지·목적 파악, 내용 일치·불일치 파악, 비슷한 뜻을 가진 어휘/표현 고르기

하나의 긴 지문을 읽고 2개의 문제를 푸는 유형입니다. 각 문제를 해결하기 위해 필요한 정보가 무엇인지 파악한 후, 파악해야 할 내용과 관련된 곳은 주의 깊게 읽고 나머지 부분은 빠르게 읽어 각 문제 유형별 전략을 바탕으로 문제를 해결해야 합니다.

[08~09] 다음 글을 읽고 물음에 답하시오. [2025년 출제 기조 전환 예시 문제]

To	Clifton District Office
From	Rachael Beasley
Date	June 7
Subject	Excessive Noise in the Neighborhood

To whom it may concern,

I hope this email finds you well. I am writing to express my concern and frustration regarding the excessive noise levels in our neighborhood, specifically coming from the new sports field.

As a resident of Clifton district, I have always appreciated the peace of our community. However, the ongoing noise disturbances have significantly impacted my family's well-being and our overall quality of life. The sources of the noise include crowds cheering, players shouting, whistles, and ball impacts.

I kindly request that you look into this matter and take appropriate steps to address the noise disturbances. Thank you for your attention to this matter, and I appreciate your prompt response to help restore the tranquility in our neighborhood.

Sincerely,
Rachael Beasley

문 8. 윗글의 목적으로 가장 적절한 것은?

① 체육대회 소음에 대해 주민들의 양해를 구하려고
② 새로 이사 온 이웃 주민의 소음에 대해 항의하려고
③ 인근 스포츠 시설의 소음에 대한 조치를 요청하려고
④ 밤시간 악기 연주와 같은 소음의 차단을 부탁하려고

문 9. 밑줄 친 "steps"의 의미와 가장 가까운 것은?

① movements
② actions
③ levels
④ stairs

해설 문 8. 지문 처음에서 동네의 새로운 스포츠 경기장에서 나오는 과도한 소음 수준에 대한 우려와 불만을 표현하기 위해 이메일을 쓴다고 했고, 지문 마지막에서 소음 방해를 해결하기 위한 적절한 조치를 취해주기를 요청한다고 했습니다. 따라서 이 글의 목적을 '인근 스포츠 시설의 소음에 대한 조치를 요청하려고'라고 표현한 ③번이 정답입니다.

문 9. steps(조치)가 포함된 문장(I kindly ~ the noise disturbances)에서 이 문제를 조사하여 소음 방해를 해결하기 위한 적절한 조치를 취해주기를 요청한다고 했으므로 steps는 '조치'라는 뜻으로 사용되었습니다. 따라서 '조치'라는 뜻을 가진 action의 복수형인 '② actions'가 정답입니다.

해커스공무원에서 제공하는 **합격 가능성**을 높이는 **프리미엄 콘텐츠**!

01

공무원 학원 및 시험 정보·동영상 강의 (gosi.Hackers.com)

공무원 학원 및 시험에 관한 각종 정보 및 다양한 무료 자료, 교재별 핵심정리 동영상강의 및 실전 동영상강의 등을 제공합니다.

02

무료 문법·독해·어휘 동영상 강의 (gosi.Hackers.com)

공무원 영어 학습자들이 꼭 알아야 할 개념을 혼자서도 완벽하게 정복할 수 있도록 무료 동영상강의를 제공합니다.

03

무료 공무원 보카 어플

공무원 영어 기출 어휘로 구성된 단어 암기 어플을 통해 언제 어디서든 편리하게 기출 어휘를 학습할 수 있습니다.

04

단어시험지 자동제작 프로그램 (gosi.Hackers.com)

해커스공무원 영어 어휘 단어시험지 자동생성기를 통해 맞춤형 시험지로 공무원 영어 어휘를 학습할 수 있습니다.

해커스공무원

영어 구조 독해 007

해커스

해커스공무원 영어 **구조 독해 007**

CONTENTS

책의 특징과 구성

○ 논리적인 접근으로 지문을 빠르고 정확하게 파악하는 7가지 핵심 논리 구조

독해 지문에서 자주 출제되는 7가지 핵심 논리 구조뿐만 아니라 지문의 전개 방향을 보여주는 연결사 특강까지 제공하여, 지문에서 말하고자 하는 바를 정확하게 파악하고 효율적으로 문제를 풀 수 있는 학습 방법을 제시합니다.

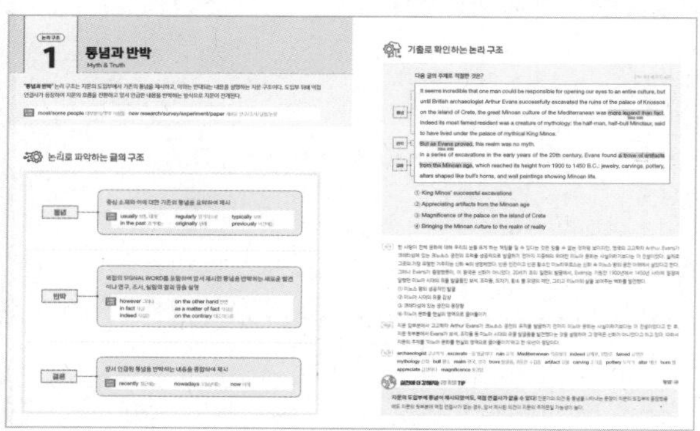

1 통념과 반박
Myth & Truth

기출로 확인하는 논리 구조

논리로 파악하는 글의 구조

통념

반박

결론

논리로 파악하는 글의 구조

독해 지문에 출제되는 7가지 논리 구조를 통해, 지문에서 필요한 정보를 빠르고 정확하게 찾아내는 학습 방법을 제시합니다. 또한, '기출로 확인하는 논리 구조'를 통해 각각의 논리 구조가 실제 공무원 기출문제에서 어떻게 출제되었는지 확인할 수 있습니다.

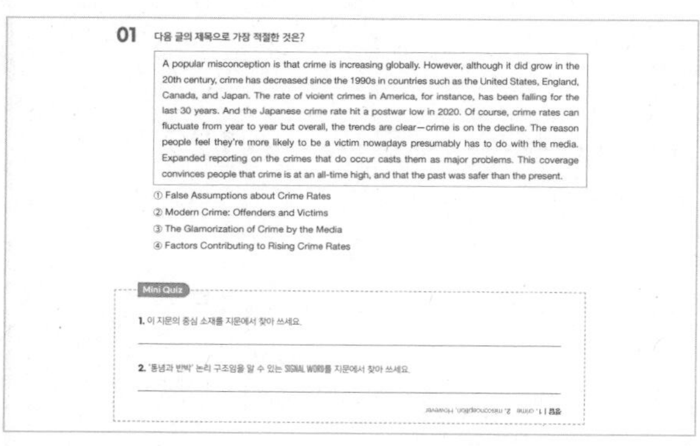

01 다음 글의 제목으로 가장 적절한 것은?

A popular misconception is that crime is increasing globally. However, although it did grow in the 20th century, crime has decreased since the 1990s in countries such as the United States, England, Canada, and Japan. The rate of violent crimes in America, for instance, has been falling for the last 30 years. And the Japanese crime rate hit a postwar low in 2020. Of course, crime rates can fluctuate from year to year but overall, the trends are clear—crime is on the decline. The reason people feel they're more likely to be a victim nowadays presumably has to do with the media. Expanded reporting on the crimes that do occur casts them as major problems. This coverage convinces people that crime is at an all-time high, and that the past was safer than the present.

① False Assumptions about Crime Rates
② Modern Crime: Offenders and Victims
③ The Glamorization of Crime by the Media
④ Factors Contributing to Rising Crime Rates

Mini Quiz

1. 이 지문의 중심 소재를 지문에서 찾아 쓰세요.

2. '통념과 반박' 논리 구조임을 알 수 있는 SIGNAL WORD를 지문에서 찾아 쓰세요.

구조 독해 훈련

공무원 기출 경향이 완벽 반영된 독해 문제를 풀어보며, 앞서 학습한 논리 구조를 실전 문제에 적용하는 연습을 할 수 있습니다. 또한, 'Mini Quiz'를 통해 지문에서 가장 먼저 확인해야 할 지문의 중심 소재와 SIGNAL WORD를 찾는 연습을 할 수 있습니다.

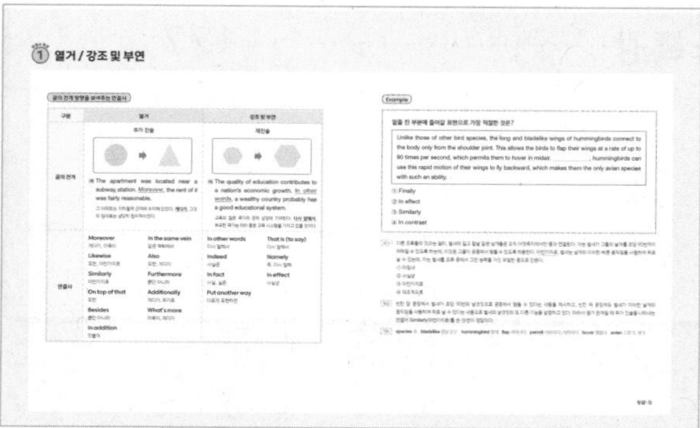

① 열거 / 강조 및 부연

Example

연결사 특강

'글의 전개 방향을 보여주는 연결사 특강'을 통해, 글의 구조를 파악할 때 주요 단서가 되는 연결사들을 학습하고 지문의 구조와 중심 내용을 더욱 빠르게 파악하는 독해 실력을 키울 수 있습니다.

○ 지문의 논리 구조부터 추가 학습 포인트까지 빈틈없이 알려주는 해석 및 해설

수록된 모든 문제에 대한 논리 구조 분석, 끊어읽기 해석, 지문 내 주요 표현 및 구문 첨삭 해설까지 제공하여, 독해 영역을 완벽 대비하고 탄탄한 독해 실력을 다질 수 있습니다.

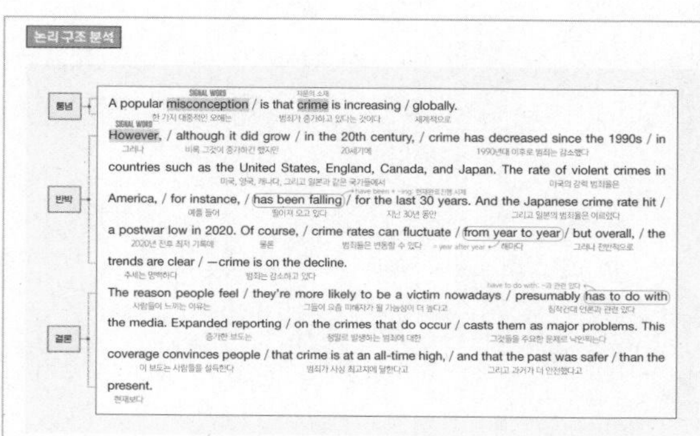

논리 구조 분석

A popular misconception / is that crime is increasing / globally.
However, / although it did grow / in the 20th century, / crime has decreased since the 1990s / in countries such as the United States, England, Canada, and Japan. The rate of violent crimes in America, / for instance, / has been falling / for the last 30 years. And the Japanese crime rate hit / a postwar low in 2020. Of course, / crime rates can fluctuate / from year to year / but overall, / the trends are clear / —crime is on the decline.
The reason people feel / they're more likely to be a victim nowadays / presumably has to do with the media. Expanded reporting / on the crimes that do occur / casts them as major problems. This coverage convinces people / that crime is at an all-time high, / and that the past was safer / than the present.

논리 구조 분석

각각의 논리 구조가 실전 문제에 어떻게 적용되는지 확인할 수 있는 '논리 구조 분석'을 통해, 논리적이고 효율적인 문제풀이 방법을 연습하여 독해 실력을 다질 수 있습니다.

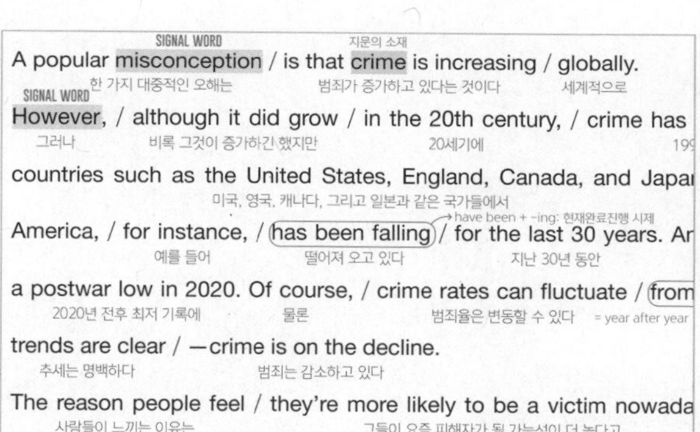

SIGNAL WORD 지문의 소재
A popular misconception / is that crime is increasing / globally.
한 가지 대중적인 오해는 범죄가 증가하고 있다는 것이다 세계적으로
SIGNAL WORD
However, / although it did grow / in the 20th century, / crime has
그러나 비록 그것이 증가하긴 했지만 20세기에
countries such as the United States, England, Canada, and Japa
미국, 영국, 캐나다, 그리고 일본과 같은 국가들에서
America, / for instance, / has been falling / for the last 30 years. Ar
→ have been + -ing: 현재완료진행 시제
예를 들어 떨어져 오고 있다 지난 30년 동안
a postwar low in 2020. Of course, / crime rates can fluctuate / from
2020년 전후 최저 기록에 물론 범죄율은 변동할 수 있다 = year after year
trends are clear / —crime is on the decline.
추세는 명백하다 범죄는 감소하고 있다
The reason people feel / they're more likely to be a victim nowada
사람들이 느끼는 이유는 그들이 요즘 피해자가 될 가능성이 더 높다고

끊어읽기 해석 & 첨삭 해설

길고 복잡한 문장을 어떤 요소 단위로 끊어 해석해야 하는지 보여주는 끊어읽기 해석과 주요 표현 및 문장 구조를 짚어 주는 첨삭 해설을 통해, 문장을 빠르게 해석하는 연습을 할 수 있습니다.

논리 구조 1

통념과 반박

Myth & Truth

공무원 시험 내 출제 비율

(국·지·서·법·국회)

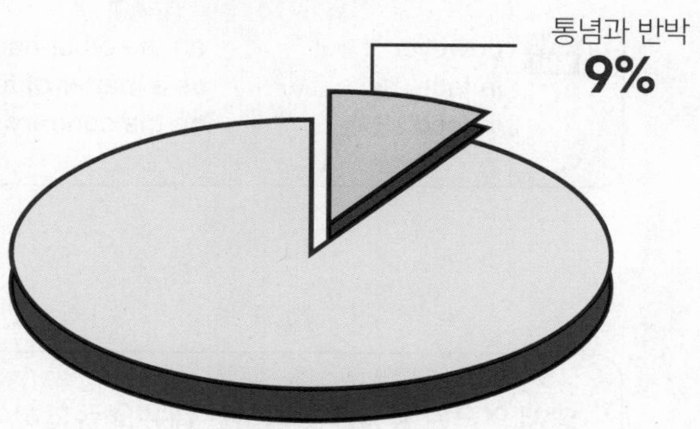
통념과 반박
9%

최근 주요 공무원 시험의 전체 독해 지문 중

'통념과 반박' 구조를 가진 지문은 약 **9%** 출제되었다.

논리 구조

1 통념과 반박
Myth & Truth

'통념과 반박' 논리 구조는 지문의 도입부에서 기존의 통념을 제시하고, 이와는 반대되는 내용을 설명하는 지문 구조이다. 도입부 뒤에 역접 연결사가 등장하여 지문의 흐름을 전환하고 앞서 언급한 내용을 반박하는 방식으로 지문이 전개된다.

SIGNAL WORD
most/some people 대부분의/몇몇 사람들 new research/survey/experiment/paper 새로운 연구/조사/실험/논문

논리로 파악하는 글의 구조

통념

중심 소재와 이에 대한 기존의 통념을 요약하여 제시

SIGNAL WORD

usually 보통, 대개	regularly 정기적으로	typically 보통
in the past 과거에는	originally 원래	previously 이전에는

반박

역접의 SIGNAL WORD를 포함하여 앞서 제시한 통념을 반박하는 새로운 발견이나 연구, 조사, 실험의 결과 등을 설명

SIGNAL WORD

however 그러나	on the other hand 반면
in fact 사실	as a matter of fact 사실은
indeed 사실은	on the contrary 대조적으로

결론

앞서 언급된 통념을 반박하는 내용을 종합하여 제시

SIGNAL WORD

recently 최근에는	nowadays 오늘날에는	now 이제

기출로 확인하는 논리 구조

다음 글의 주제로 적절한 것은? [2024년 국가직 9급]

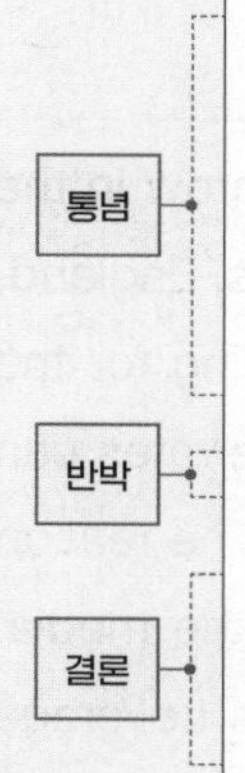

통념
반박
결론

It seems incredible that one man could be responsible for opening our eyes to an entire culture, but until British archaeologist Arthur Evans successfully excavated the ruins of the palace of Knossos on the island of Crete, the great Minoan culture of the Mediterranean was more legend than fact. Indeed its most famed resident was a creature of mythology: the half-man, half-bull Minotaur, said to have lived under the palace of mythical King Minos. But as Evans proved, this realm was no myth. In a series of excavations in the early years of the 20th century, Evans found a trove of artifacts from the Minoan age, which reached its height from 1900 to 1450 B.C.: jewelry, carvings, pottery, altars shaped like bull's horns, and wall paintings showing Minoan life.

SIGNAL WORD (more legend than fact) / SIGNAL WORD (But as Evans proved) / 지문의 소재 (a trove of artifacts from the Minoan age)

① King Minos' successful excavations
② Appreciating artifacts from the Minoan age
③ Magnificence of the palace on the island of Crete
④ Bringing the Minoan culture to the realm of reality

해석 한 사람이 전체 문화에 대해 우리의 눈을 뜨게 하는 책임을 질 수 있다는 것은 믿을 수 없는 것처럼 보이지만, 영국의 고고학자 Arthur Evans가 크레타섬에 있는 크노소스 궁전의 유적을 성공적으로 발굴하기 전까지 지중해의 위대한 미노아 문화는 사실이라기보다는 더 전설이었다. 실제로 그곳의 가장 유명한 거주자는 신화 속의 생명체였다. 반은 인간이고 반은 황소인 미노타우로스는 신화 속 미노스 왕의 궁전 아래에서 살았다고 한다. 그러나 Evans가 증명했듯이, 이 왕국은 신화가 아니었다. 20세기 초의 일련의 발굴에서, Evans는 기원전 1900년에서 1450년 사이에 절정에 달했던 미노아 시대의 유물 발굴품인 보석, 조각품, 도자기, 황소 뿔 모양의 제단, 그리고 미노아의 삶을 보여주는 벽화를 발견했다.

① 미노스 왕의 성공적인 발굴
② 미노아 시대의 유물 감상
③ 크레타섬에 있는 궁전의 웅장함
④ 미노아 문화를 현실의 영역으로 끌어들이기

해설 지문 앞부분에서 고고학자 Arthur Evans가 크노소스 궁전의 유적을 발굴하기 전까지 미노아 문화는 사실이라기보다는 더 전설이었다고 한 후, 지문 뒷부분에서 Evans가 보석, 조각품 등 미노아 시대의 유물 발굴품을 발견했다는 것을 설명하며 그 영역은 신화가 아니었다고 하고 있다. 따라서 지문의 주제를 '미노아 문화를 현실의 영역으로 끌어들이기'라고 한 ④번이 정답이다.

어휘 archaeologist 고고학자 excavate ~을 발굴하다 ruin 유적 Mediterranean 지중해의 indeed 실제로, 정말로 famed 유명한 mythology 신화 bull 황소 realm 왕국, 영역 trove 발굴품, 귀중한 수집품 artifact 유물 carving 조각품 pottery 도자기 altar 제단 horn 뿔 appreciate 감상하다 magnificence 웅장함

정답: ④

실전에 더 강해지는 구조 독해 TIP

지문의 도입부에 통념이 제시되었어도, 역접 연결사가 없을 수 있다! 전문가의 의견 등 통념을 나타내는 문장이 지문의 도입부에 등장했음에도 지문의 뒷부분에 역접 연결사가 없는 경우, 앞서 제시된 의견이 지문의 주제문일 가능성이 높다.

01 다음 글의 제목으로 가장 적절한 것은?

A popular misconception is that crime is increasing globally. However, although it did grow in the 20th century, crime has decreased since the 1990s in countries such as the United States, England, Canada, and Japan. The rate of violent crimes in America, for instance, has been falling for the last 30 years. And the Japanese crime rate hit a postwar low in 2020. Of course, crime rates can fluctuate from year to year but overall, the trends are clear—crime is on the decline. The reason people feel they're more likely to be a victim nowadays presumably has to do with the media. Expanded reporting on the crimes that do occur casts them as major problems. This coverage convinces people that crime is at an all-time high, and that the past was safer than the present.

① False Assumptions about Crime Rates
② Modern Crime: Offenders and Victims
③ The Glamorization of Crime by the Media
④ Factors Contributing to Rising Crime Rates

Mini Quiz

1. 이 지문의 중심 소재를 지문에서 찾아 쓰세요.

____

2. '통념과 반박' 논리 구조임을 알 수 있는 SIGNAL WORD를 지문에서 찾아 쓰세요.

____

정답 | **1.** crime **2.** misconception, However

논리 구조 분석

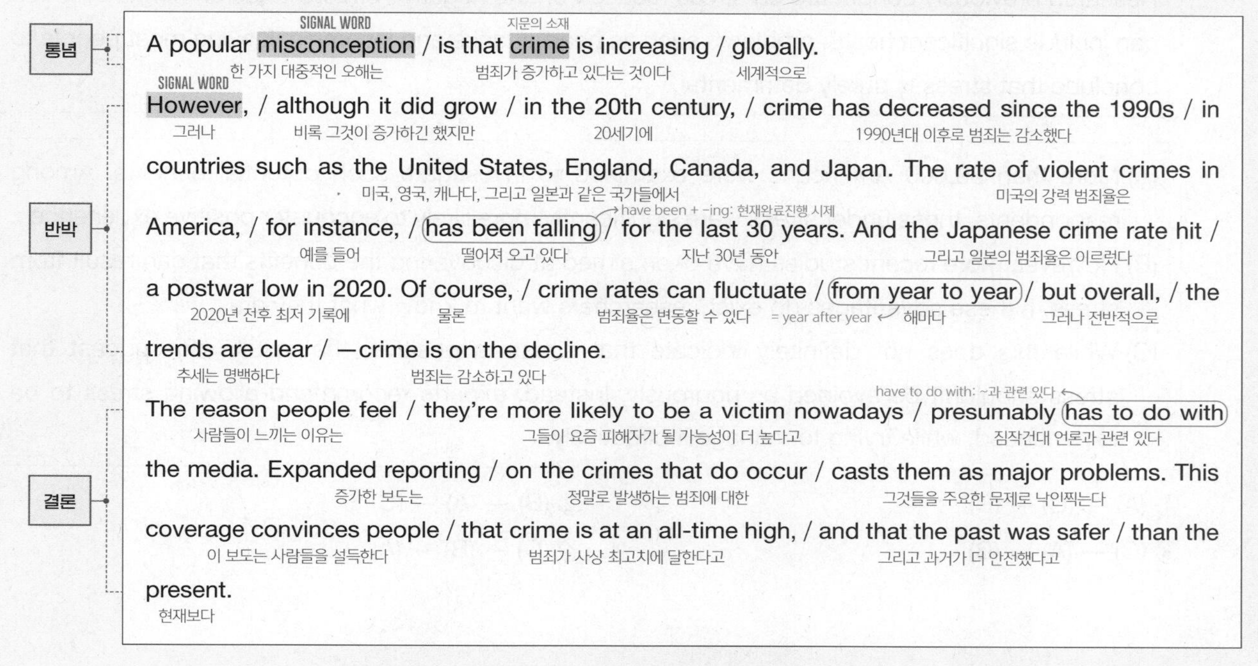

통념

SIGNAL WORD: misconception / 지문의 소재: crime

A popular misconception / is that crime is increasing / globally.
한 가지 대중적인 오해는 / 범죄가 증가하고 있다는 것이다 / 세계적으로

반박

SIGNAL WORD: However

However, / although it did grow / in the 20th century, / crime has decreased since the 1990s / in countries such as the United States, England, Canada, and Japan. The rate of violent crimes in America, / for instance, / has been falling / for the last 30 years. And the Japanese crime rate hit / a postwar low in 2020. Of course, / crime rates can fluctuate / from year to year / but overall, / the trends are clear / —crime is on the decline.

그러나 / 비록 그것이 증가하긴 했지만 / 20세기에 / 1990년대 이후로 범죄는 감소했다 / 미국, 영국, 캐나다, 그리고 일본과 같은 국가들에서 / 미국의 강력 범죄율은 / 예를 들어 / 떨어져 오고 있다 / 지난 30년 동안 / 그리고 일본의 범죄율은 이르렀다 / 2020년 전후 최저 기록에 / 물론 / 범죄율은 변동할 수 있다 / 해마다 / 그러나 전반적으로 / 추세는 명백하다 / 범죄는 감소하고 있다

has been falling → have been + -ing: 현재완료진행 시제
from year to year = year after year

결론

The reason people feel / they're more likely to be a victim nowadays / presumably has to do with the media. Expanded reporting / on the crimes that do occur / casts them as major problems. This coverage convinces people / that crime is at an all-time high, / and that the past was safer / than the present.

사람들이 느끼는 이유는 / 그들이 요즘 피해자가 될 가능성이 더 높다고 / 짐작건대 언론과 관련 있다 / 증가한 보도는 / 정말로 발생하는 범죄에 대한 / 그것들을 주요한 문제로 낙인찍는다 / 이 보도는 사람들을 설득한다 / 범죄가 사상 최고치에 달한다고 / 그리고 과거가 더 안전했다고 / 현재보다

has to do with: ~과 관련 있다

해석 한 가지 대중적인 오해는 세계적으로 범죄가 증가하고 있다는 것이다. 그러나, 비록 그것이 20세기에 증가하긴 했지만, 1990년대 이후로 미국, 영국, 캐나다, 그리고 일본과 같은 국가들에서 범죄는 감소했다. 예를 들어, 미국의 강력 범죄율은 지난 30년 동안 떨어져 오고 있다. 그리고 일본의 범죄율은 2020년 전후 최저 기록에 이르렀다. 물론, 범죄율은 해마다 변동할 수 있지만, 전반적으로 추세는 명백하다. 범죄는 감소하고 있다. 사람들이 요즘 피해자가 될 가능성이 더 높다고 느끼는 이유는 짐작건대 언론과 관련 있다. 정말로 발생하는 범죄에 대한 증가한 보도는 그것들(범죄들)을 주요한 문제로 낙인찍는다. 이 보도는 범죄가 사상 최고치에 달하며, 과거가 현재보다 더 안전했다고 사람들을 설득한다.

① 범죄율에 대한 잘못된 추측
② 현대 범죄: 가해자와 피해자
③ 언론에 의한 범죄의 미화
④ 증가하는 범죄율에 기여하는 요소들

해설 지문 전반에 걸쳐 대중적인 오해와 달리 범죄율은 1990년대 이후로 많은 국가에서 감소하고 있으며, 범죄에 대한 뉴스 보도가 증가한 것으로 인해 많은 사람들이 범죄가 증가한 것으로 생각한다고 설명하고 있다. 따라서 지문의 제목을 '범죄율에 대한 잘못된 추측'이라고 한 ①번이 정답이다.

어휘 misconception 오해 violent crime 강력범죄 postwar 전후의 fluctuate 변동하다 presumably 짐작건대, 아마 cast 낙인을 찍다, 던지다 coverage 보도 convince 설득하다 all-time 사상, 역대 assumption 추측, 가정 offender 가해자 glamorization 미화

정답: ①

02 주어진 글 다음에 이어질 글의 순서로 가장 적절한 것은?

Research previously conducted on stress focused on the negative effects it has on humans, which can include significant health problems such as heart attacks and insomnia, leaving most people to conclude that stress is purely detrimental.

(A) More than 30,000 Americans were examined to investigate such potential benefits. Among respondents, those under stress were significantly more likely to encounter positive experiences.

(B) However, more recent studies have been aimed at discovering the benefits that can result from stress. If these advantages do exist, researchers want to know what they are.

(C) While this does not definitely indicate that stress is positive, the results do suggest that stress shouldn't be avoided as rigorously. Instead, experts recommend allowing stress to be experienced, while trying to manage it effectively.

① (A) — (C) — (B)
② (B) — (A) — (C)
③ (C) — (A) — (B)
④ (C) — (B) — (A)

Mini Quiz

1. 이 지문의 중심 소재를 지문에서 찾아 쓰세요.

2. '통념과 반박' 논리 구조임을 알 수 있는 SIGNAL WORD를 지문에서 찾아 쓰세요.

정답 | 1. stress 2. previously, However, more recent studies

논리 구조 분석

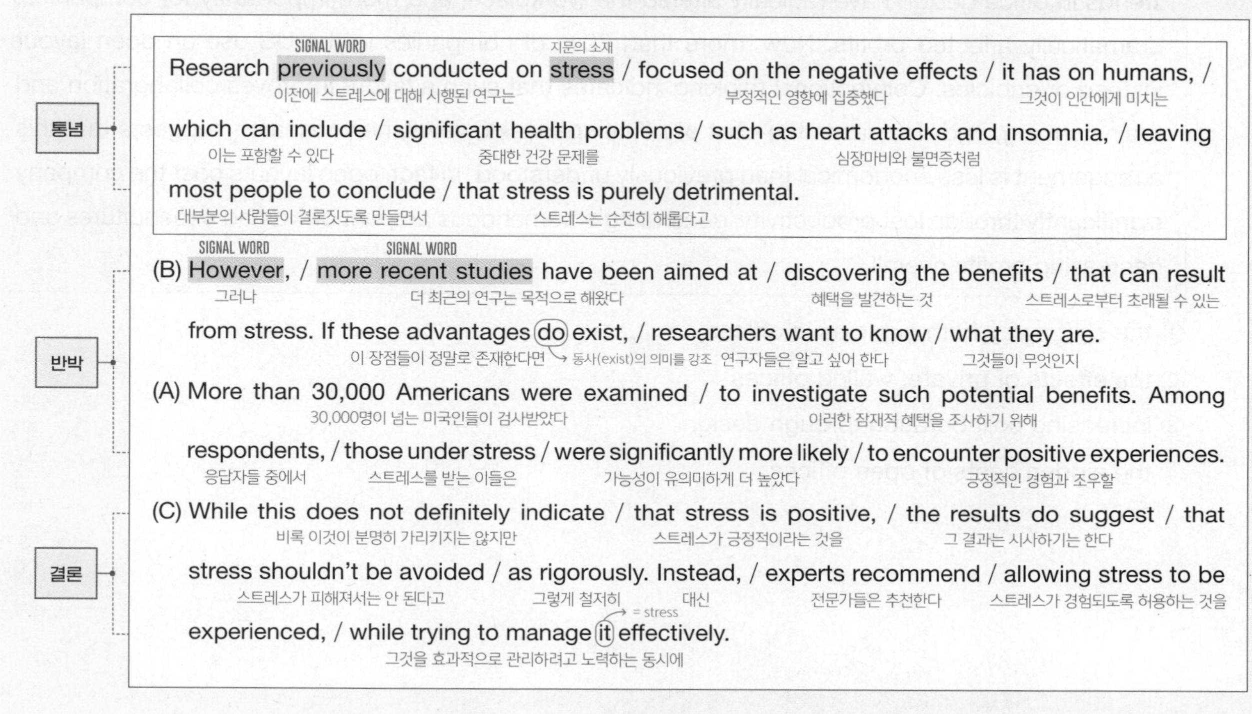

통념

SIGNAL WORD: previously / 지문의 소재: stress

Research previously conducted on stress / focused on the negative effects / it has on humans, / which can include / significant health problems / such as heart attacks and insomnia, / leaving most people to conclude / that stress is purely detrimental.

이전에 스트레스에 대해 시행된 연구는 / 부정적인 영향에 집중했다 / 그것이 인간에게 미치는 / 이는 포함할 수 있다 / 중대한 건강 문제를 / 심장마비와 불면증처럼 / 대부분의 사람들이 결론짓도록 만들면서 / 스트레스는 순전히 해롭다고

반박

SIGNAL WORD: However / SIGNAL WORD: more recent studies

(B) However, / more recent studies have been aimed at / discovering the benefits / that can result from stress. If these advantages (do) exist, / researchers want to know / what they are.

그러나 / 더 최근의 연구는 목적으로 해왔다 / 혜택을 발견하는 것 / 스트레스로부터 초래될 수 있는 / 이 장점들이 정말로 존재한다면 → 동사(exist)의 의미를 강조 / 연구자들은 알고 싶어 한다 / 그것들이 무엇인지

(A) More than 30,000 Americans were examined / to investigate such potential benefits. Among respondents, / those under stress / were significantly more likely / to encounter positive experiences.

30,000명이 넘는 미국인들이 검사받았다 / 이러한 잠재적 혜택을 조사하기 위해 / 응답자들 중에서 / 스트레스를 받는 이들은 / 가능성이 유의미하게 더 높았다 / 긍정적인 경험과 조우할

결론

(C) While this does not definitely indicate / that stress is positive, / the results do suggest / that stress shouldn't be avoided / as rigorously. Instead, / experts recommend / allowing stress to be experienced, / while trying to manage (it) effectively.

비록 이것이 분명히 가리키지는 않지만 / 스트레스가 긍정적이라는 것을 / 그 결과는 시사하기는 한다 / 스트레스가 피해져서는 안 된다고 / 그렇게 철저히 / 대신 / 전문가들은 추천한다 / 스트레스가 경험되도록 허용하는 것을 / (it) → = stress / 그것을 효과적으로 관리하려고 노력하는 동시에

해석 이전에 스트레스에 대해 시행된 연구는 심장마비와 불면증처럼 중대한 건강 문제를 포함할 수 있는, 그것(스트레스)이 인간에게 미치는 부정적인 영향에 집중하여, 대부분의 사람들이 스트레스는 순전히 해롭다고 결론짓도록 만들었다.

(B) 그러나, 더 최근의 연구는 스트레스로부터 초래될 수 있는 혜택을 발견하는 것을 목적으로 해왔다. 이 장점들이 정말로 존재한다면, 연구자들은 그것들이 무엇인지 알고 싶어 한다.

(A) 30,000명이 넘는 미국인들이 이러한 잠재적 혜택을 조사하기 위해 검사받았다. 응답자들 중에서, 스트레스를 받는 이들은 긍정적인 경험과 조우할 가능성이 유의미하게 더 높았다.

(C) 비록 이것이 분명히 스트레스가 긍정적이라는 것을 가리키지는 않지만, 그 결과는 스트레스가 그렇게 철저히 피해져서는 안 된다고 시사하기는 한다. 대신, 전문가들은 스트레스를 효과적으로 관리하려고 노력하는 동시에 그것이 경험되도록 허용하는 것을 추천한다.

해설 주어진 문장에서 스트레스에 대해 이전에 시행되었던 연구가 부정적인 영향에만 집중했다고 한 후, (B)에서 더 최근의 연구는 스트레스가 가져올 수 있는 혜택에 초점을 맞추었다며 반박하고 있다. 뒤이어 (A)에서 해당 연구의 과정과 결과를 설명하고, (C)에서 해당 연구는 스트레스를 효과적으로 관리한다면 철저히 피하지 않아도 된다는 시사점을 설명하고 있다. 따라서 주어진 문장 다음에 이어질 글의 순서는 ② (B) — (A) — (C)이다.

어휘 insomnia 불면증 detrimental 해로운 aim at ~을 목적으로 하다 encounter 조우하다, 맞이하다 rigorously 철저하게, 엄격하게

정답: ②

03 다음 글의 주제로 가장 적절한 것은?

Trends in office design have radically altered the workplace, and more importantly for companies, dramatically affected profits. Now, more than 70% of companies in the US use an open layout instead of cubicles. Conventional thinking indicates that such a layout improves collaboration and brainstorming, and decreases the cost of office space. However, new research suggests that this arrangement is less economical than previously understood. In fact, open layouts cost the company significantly through lost productivity, generating a tremendous amount of wasted expenditures and decreasing profits overall.

① the shift away from cubicles in offices

② the effects of private, walled offices

③ increasing collaboration through design

④ the hidden costs of open offices

Mini Quiz

1. 이 지문의 중심 소재를 지문에서 찾아 쓰세요.

____

2. '통념과 반박' 논리 구조임을 알 수 있는 SIGNAL WORD를 지문에서 찾아 쓰세요.

____

정답 | **1.** Trends in office design **2.** Conventional thinking, However, new research suggests, In fact

논리 구조 분석

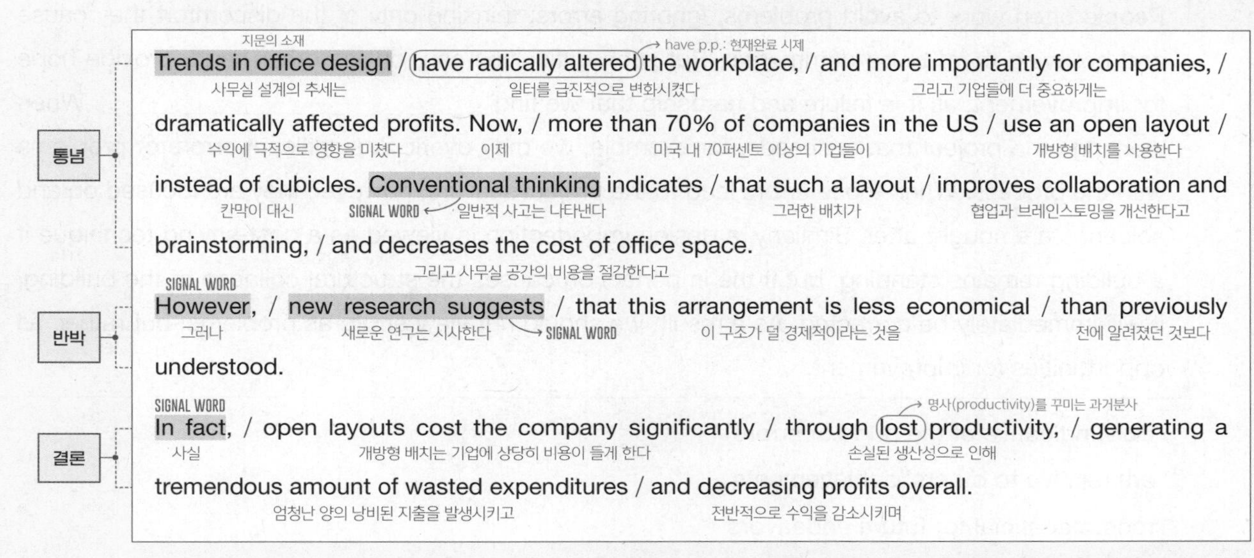

통념
지문의 소재
Trends in office design / have radically altered the workplace, / and more importantly for companies, / dramatically affected profits. Now, / more than 70% of companies in the US / use an open layout / instead of cubicles. Conventional thinking indicates / that such a layout / improves collaboration and brainstorming, / and decreases the cost of office space.
have p.p.: 현재완료 시제
사무실 설계의 추세는 / 일터를 급진적으로 변화시켰다 / 그리고 기업들에 더 중요하게는 / 수익에 극적으로 영향을 미쳤다 / 이제 / 미국 내 70퍼센트 이상의 기업들이 / 개방형 배치를 사용한다 / 칸막이 대신 / SIGNAL WORD / 일반적 사고는 나타낸다 / 그러한 배치가 / 협업과 브레인스토밍을 개선한다고 / 그리고 사무실 공간의 비용을 절감한다고
반박
SIGNAL WORD
However, / new research suggests / that this arrangement is less economical / than previously understood.
그러나 / 새로운 연구는 시사한다 / SIGNAL WORD / 이 구조가 덜 경제적이라는 것을 / 전에 알려졌던 것보다
결론
SIGNAL WORD
In fact, / open layouts cost the company significantly / through lost productivity, / generating a tremendous amount of wasted expenditures / and decreasing profits overall.
명사(productivity)를 꾸미는 과거분사
사실 / 개방형 배치는 기업에 상당히 비용이 들게 한다 / 손실된 생산성으로 인해 / 엄청난 양의 낭비된 지출을 발생시키고 / 전반적으로 수익을 감소시키며

해석 사무실 설계의 추세는 일터를 급진적으로 변화시켰고, 기업들에 더 중요하게는, 수익에 극적으로 영향을 미쳤다. 이제, 미국 내 70퍼센트 이상의 기업들이 칸막이 대신 개방형 배치를 사용한다. 일반적 사고는 그러한 배치가 협업과 브레인스토밍을 개선하며, 사무실 공간의 비용을 절감한다고 나타낸다. 그러나, 새로운 연구는 이 구조가 전에 알려졌던 것보다 덜 경제적이라는 것을 시사한다. 사실, 개방형 배치는 엄청난 양의 낭비된 지출을 발생시키고 전반적으로 수익을 감소시키며, 손실된 생산성으로 인해 기업에 상당히 비용이 들게 한다.

① 사무실 내 칸막이로부터의 변화
② 개인적이고 벽으로 둘러싸인 사무실의 효과
③ 설계를 통한 협업 증대
④ 개방형 사무실의 숨겨진 비용

해설 지문 전반에 걸쳐 일반적으로는 개방형 배치가 긍정적인 영향을 미칠 것이라고 생각되지만, 실제로는 손실된 생산성으로 기업에 상당히 비용이 들게 한다고 설명하고 있다. 따라서 지문의 주제를 '개방형 사무실의 숨겨진 비용'이라고 한 ④번이 정답이다.

어휘 **radically** 급진적으로, 급격하게 **alter** 변화시키다 **layout** 배치 **cubicle** 칸막이 **conventional** 일반적인, 전통적인 **arrangement** 구조, 배치 **expenditure** 지출, 비용 **shift away from** ~으로부터의 변화 **walled** 벽으로 둘러싸인

정답: ④

04 밑줄 친 부분에 들어갈 말로 가장 적절한 것은?

People often work to avoid problems, ignoring errors, thinking only of the discomfort they cause and believing them to be detrimental. But such difficulties can, on the other hand, provide hope for improvement, as it is failure and hardship that we find ______________________________. When working on a project that succeeds, for example, we may overlook significant errors or problems with the process. When those errors lead to the project's failure, however, they are focused on and solutions are sought after. Similarly, a design imperfection is viewed as a cost-saving technique if a building remains standing, but if the imperfection causes the structural collapse of the building, it will immediately be corrected. As a result, we should not view errors as problems, but rather, as opportunities for improvement.

① truly indicative of the odds of errors
② are relative to others' achievements
③ most beneficial for future endeavors
④ extremely distasteful to experience

Mini Quiz

1. 이 지문의 중심 소재를 지문에서 찾아 쓰세요.

____

2. '통념과 반박' 논리 구조임을 알 수 있는 SIGNAL WORD를 지문에서 찾아 쓰세요.

____

정답 | 1. errors 2. often, on the other hand, rather

논리 구조 분석

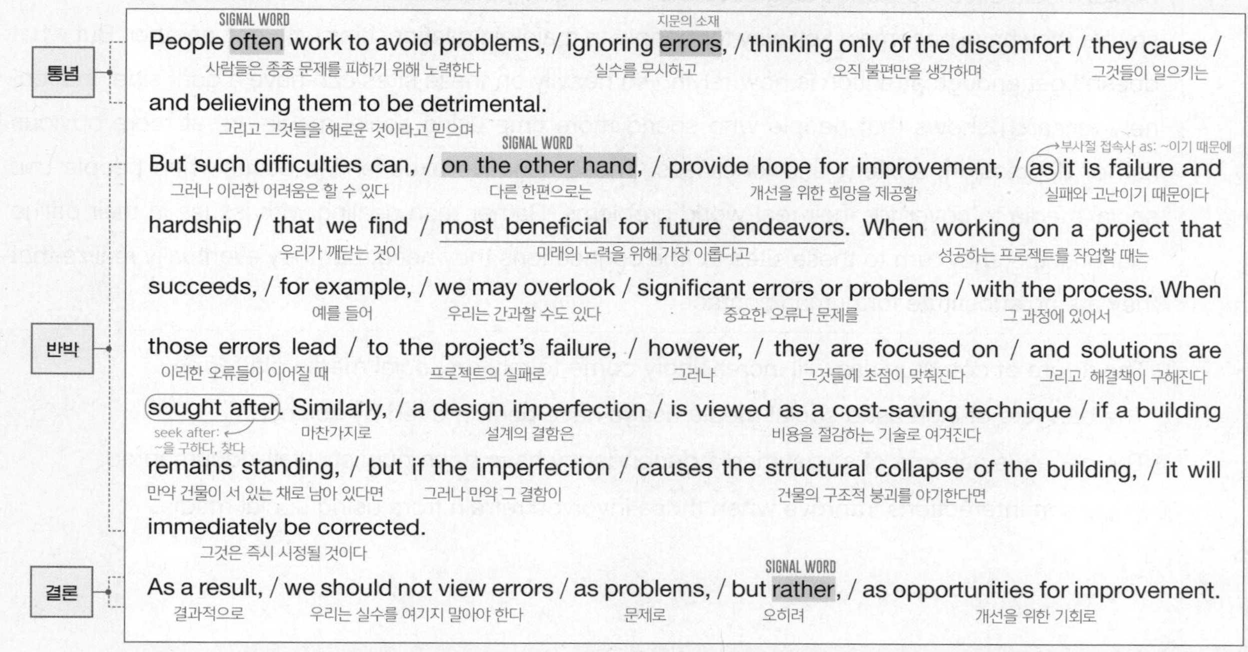

통념
반박
결론
SIGNAL WORD
지문의 소재
People often work to avoid problems, / ignoring errors, / thinking only of the discomfort / they cause /
사람들은 종종 문제를 피하기 위해 노력한다
실수를 무시하고
오직 불편만을 생각하며
그것들이 일으키는
and believing them to be detrimental.
그리고 그것들을 해로운 것이라고 믿으며
SIGNAL WORD
부사절 접속사 as: ~이기 때문에
But such difficulties can, / on the other hand, / provide hope for improvement, / as it is failure and
그러나 이러한 어려움은 할 수 있다
다른 한편으로는
개선을 위한 희망을 제공할
실패와 고난이기 때문이다
hardship / that we find / most beneficial for future endeavors. When working on a project that
우리가 깨닫는 것이
미래의 노력을 위해 가장 이롭다고
성공하는 프로젝트를 작업할 때는
succeeds, / for example, / we may overlook / significant errors or problems / with the process. When
예를 들어
우리는 간과할 수도 있다
중요한 오류나 문제를
그 과정에 있어서
those errors lead / to the project's failure, / however, / they are focused on / and solutions are
이러한 오류들이 이어질 때
프로젝트의 실패로
그러나
그것들에 초점이 맞춰진다
그리고 해결책이 구해진다
sought after. Similarly, / a design imperfection / is viewed as a cost-saving technique / if a building
seek after: ~을 구하다, 찾다
마찬가지로
설계의 결함은
비용을 절감하는 기술로 여겨진다
remains standing, / but if the imperfection / causes the structural collapse of the building, / it will
만약 건물이 서 있는 채로 남아 있다면
그러나 만약 그 결함이
건물의 구조적 붕괴를 야기한다면
immediately be corrected.
그것은 즉시 시정될 것이다
SIGNAL WORD
As a result, / we should not view errors / as problems, / but rather, / as opportunities for improvement.
결과적으로
우리는 실수를 여기지 말아야 한다
문제로
오히려
개선을 위한 기회로

해석 사람들은 종종 문제를 피하기 위해 노력하며, 실수를 무시하고, 오직 그것들(실수들)이 일으키는 불편만을 생각하며 그것들(실수들)을 해로운 것이라고 믿는다. 그러나 이러한 어려움은 다른 한편으로는 개선을 위한 희망을 제공할 수 있는데, 실패와 고난이 우리가 미래의 노력을 위해 가장 이롭다고 깨닫는 것이기 때문이다. 예를 들어, 성공하는 프로젝트를 작업할 때는, 우리는 그 과정에 있어서 중요한 오류나 문제를 간과할 수도 있다. 그러나, 이러한 오류들이 프로젝트의 실패로 이어질 때는, 그것들(오류들)에 초점이 맞춰지고 해결책이 구해진다. 마찬가지로, 만약 건물이 서 있는 채로 남아 있다면, 설계의 결함은 비용을 절감하는 기술로 여겨지지만, 만약 그 결함이 건물의 구조적 붕괴를 야기한다면, 그것은 즉시 시정될 것이다. 결과적으로, 우리는 실수를 문제로 여기지 말아야 하고, 오히려 개선을 위한 기회로 여겨야 한다.

① 진정으로 실수의 가능성을 나타낸다고
② 다른 이들의 성취에 비례한다고
③ 미래의 노력을 위해 가장 이롭다고
④ 경험하기에 극심하게 불쾌하다고

해설 지문 초반에 사람들은 실수를 해로운 것으로만 믿는다는 통념을 제시한 후, 빈칸 앞부분에서 그러나 어려움이 개선을 위한 희망을 제공할 수 있다는 반박을 제시하고, 빈칸 뒷부분에서 프로젝트가 성공하면 그 과정에서 중요한 오류나 문제를 간과할 수도 있지만 실패한다면 오류에 초점이 맞춰지고 해결책이 구해진다는 내용을 설명하고 있으므로, 실패와 고난이 '미래의 노력을 위해 가장 이롭다고' 한 ③번이 정답이다.

어휘 detrimental 해로운 overlook 간과하다 imperfection 결함 correct 시정하다; 올바른 indicative 나타내는 odds 가능성, 확률 relative to ~에 비례하여 endeavor 노력, 시도 distasteful 불쾌한

정답: ③

05 다음 글의 내용으로 추론할 수 있는 것은?

Social media sites are lauded as great tools for bringing people and communities together, so much so that they have become a key way for people to maintain relationships with one another. But what doesn't get enough attention is how relying so heavily on these sites can have a dark side. Indeed, new research shows that people who spend more time using social media are at more obvious risk of depression, anxiety, and loneliness. These negative experiences occur when people use social media to cover for their real-world problems. Rather than dealing with issues in their offline relationships, they turn to these sites for the connections they need, but they eventually realize that they are no substitute for human contact.

① The future of communities will increasingly come to rely on social media platforms.

② The dangers of increased social media usage have been proved by science.

③ The negative aspects of social media dependency have been publicly well-documented.

④ In-person interactions improve when those involved refrain from using social media.

Mini Quiz

1. 이 지문의 중심 소재를 지문에서 찾아 쓰세요.

2. '통념과 반박' 논리 구조임을 알 수 있는 SIGNAL WORD를 지문에서 찾아 쓰세요.

정답 | **1.** Social media sites **2.** Indeed, new research

논리 구조 분석

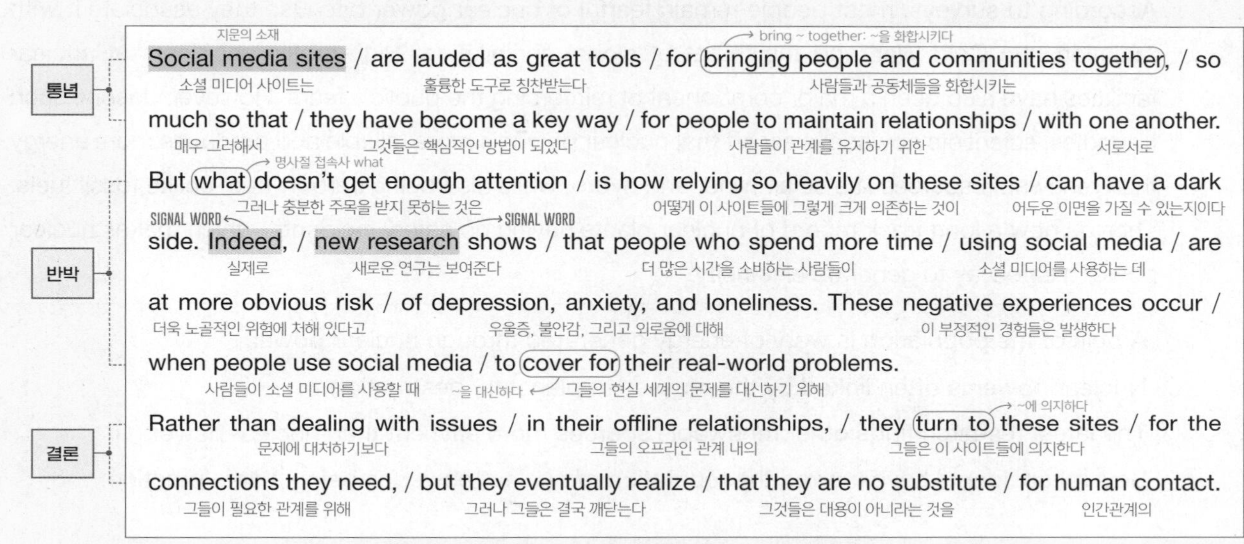

통념
반박
결론
지문의 소재
bring ~ together: ~을 화합시키다
Social media sites / are lauded as great tools / for bringing people and communities together, / so
소셜 미디어 사이트는
훌륭한 도구로 칭찬받는다
사람들과 공동체들을 화합시키는
much so that / they have become a key way / for people to maintain relationships / with one another.
매우 그러해서
그것들은 핵심적인 방법이 되었다
사람들이 관계를 유지하기 위한
서로서로
명사절 접속사 what
But what doesn't get enough attention / is how relying so heavily on these sites / can have a dark
그러나 충분한 주목을 받지 못하는 것은
어떻게 이 사이트들에 그렇게 크게 의존하는 것이
어두운 이면을 가질 수 있는지이다
SIGNAL WORD
SIGNAL WORD
side. Indeed, / new research shows / that people who spend more time / using social media / are
실제로
새로운 연구는 보여준다
더 많은 시간을 소비하는 사람들이
소셜 미디어를 사용하는 데
at more obvious risk / of depression, anxiety, and loneliness. These negative experiences occur /
더욱 노골적인 위험에 처해 있다고
우울증, 불안감, 그리고 외로움에 대해
이 부정적인 경험들은 발생한다
when people use social media / to cover for their real-world problems.
사람들이 소셜 미디어를 사용할 때
~을 대신하다
그들의 현실 세계의 문제를 대신하기 위해
~에 의지하다
Rather than dealing with issues / in their offline relationships, / they turn to these sites / for the
문제에 대처하기보다
그들의 오프라인 관계 내의
그들은 이 사이트들에 의지한다
connections they need, / but they eventually realize / that they are no substitute / for human contact.
그들이 필요한 관계를 위해
그러나 그들은 결국 깨닫는다
그것들은 대용이 아니라는 것을
인간관계의

해석 소셜 미디어 사이트는 사람들과 공동체들을 화합시키는 훌륭한 도구로 칭찬받는데, 매우 그러해서(칭찬받아서) 그것들은 사람들이 서로서로 관계를 유지하기 위한 핵심적인 방법이 되었다. 그러나 충분한 주목을 받지 못하는 것은 어떻게 이 사이트들에 그렇게 크게 의존하는 것이 어두운 이면을 가질 수 있는지이다. 실제로, 새로운 연구는 소셜 미디어를 사용하는 데 더 많은 시간을 소비하는 사람들이 우울증, 불안감, 그리고 외로움에 대해 더욱 노골적인 위험에 처해 있다고 보여준다. 이 부정적인 경험들은 사람들이 그들의 현실 세계의 문제를 대신하기 위해 소셜 미디어를 사용할 때 발생한다. 그들의 오프라인 관계 내의 문제에 대처하기보다, 그들은 필요한 관계를 위해 이 사이트들에 의지하지만, 결국 그것들은 인간관계의 대용이 아니라는 것을 깨닫는다.

① 공동체의 미래는 점점 더 소셜 미디어 플랫폼에 의존하게 될 것이다.
② 증가한 소셜 미디어 사용의 위험성은 과학에 의해 입증되었다.
③ 소셜 미디어 의존증의 부정적인 측면은 충분히 공공연하게 기록되어 왔다.
④ 대면 상호작용은 참여자들이 소셜 미디어 사용을 자제할 때 개선된다.

해설 지문 중간에서 새로운 연구가 소셜 미디어를 많이 사용하는 사람들이 우울증, 불안감, 외로움 등의 위험에 처해 있음을 보여준다고 했으므로, 증가한 소셜 미디어 사용의 위험성이 과학에 의해 입증되었다는 것을 추론할 수 있다. 따라서 ②번이 정답이다.

①번: 공동체의 미래가 점점 더 소셜 미디어 플랫폼에 의존하게 될지에 대해서는 언급되지 않았다.
③번: 소셜 미디어 사이트에 크게 의존하는 것에 대한 어두운 이면은 충분한 주목을 받지 못한다고 했으므로, 소셜 미디어 의존증의 부정적인 측면이 충분히 공공연하게 기록되었다는 것은 지문의 내용과 다르다.
④번: 소셜 미디어 사용을 자제할 때 대면 상호작용이 개선되는지에 대해서는 언급되지 않았다.

어휘 **laud** 칭찬하다 **depression** 우울증 **anxiety** 불안감 **substitute** 대용, 대체물 **dependency** 의존증, 의지 **well-documented** 충분히 기록된 **refrain from** ~을 자제하다

정답: ②

06 다음 글의 내용과 일치하지 않는 것은?

According to surveys, most people remain fearful of nuclear power because they associate it with radiation, the Cold War, and the threat of global annihilation. High-profile accidents at nuclear facilities have also been a major component of reinforcing the public's fears. However, despite such tragedies, scientists nowadays assert that nuclear power is more reliable and produces more energy than renewable sources like solar, wind, and hydro, while also being carbon-free, unlike fossil fuels. There is now a long track record of nuclear plants having no safety incidents, which makes nuclear power a safe way to generate electricity.

① A bulk of the population is wary of energy generated through nuclear power.
② Nuclear power is often linked by the masses to planetary destruction.
③ The latest research finds other renewable sources more efficient than nuclear power.
④ Several accidents have marred the reputation of nuclear power as being a safe practice.

Mini Quiz

1. 이 지문의 중심 소재를 지문에서 찾아 쓰세요.

____

2. '통념과 반박' 논리 구조임을 알 수 있는 SIGNAL WORD를 지문에서 찾아 쓰세요.

____

정답 | 1. nuclear power 2. most people, However, scientists nowadays

논리 구조 분석

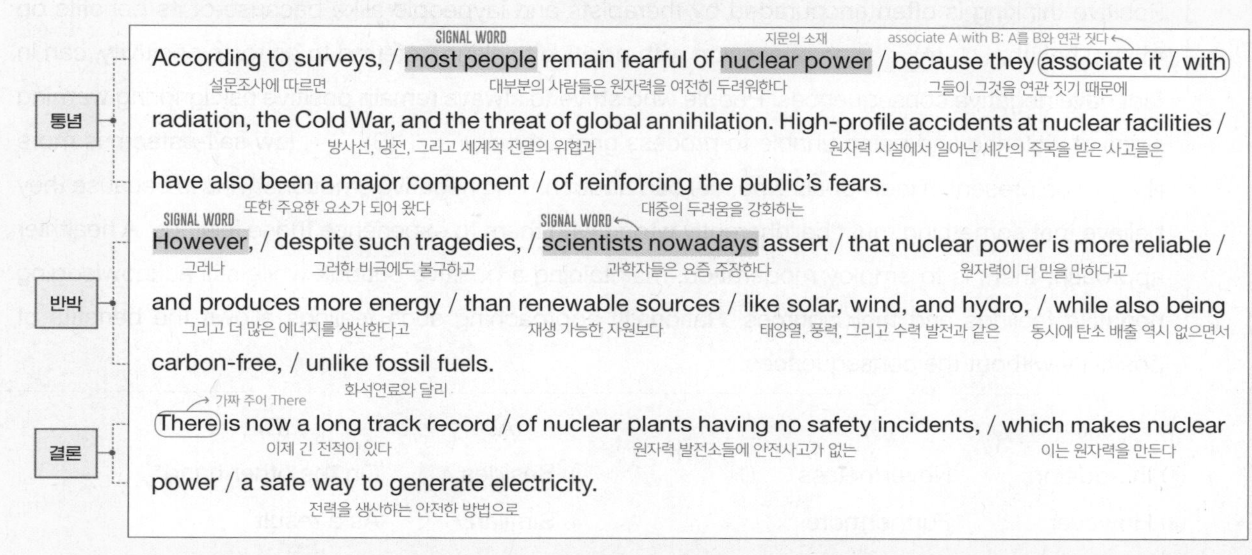

통념

SIGNAL WORD / 지문의 소재 / associate A with B: A를 B와 연관 짓다

According to surveys, / most people remain fearful of nuclear power / because they associate it / with radiation, the Cold War, and the threat of global annihilation. High-profile accidents at nuclear facilities / have also been a major component / of reinforcing the public's fears.

설문조사에 따르면 / 대부분의 사람들은 원자력을 여전히 두려워한다 / 그들이 그것을 연관 짓기 때문에 / 방사선, 냉전, 그리고 세계적 전멸의 위협과 / 원자력 시설에서 일어난 세간의 주목을 받은 사고들은 / 또한 주요한 요소가 되어 왔다 / 대중의 두려움을 강화하는

반박

SIGNAL WORD / SIGNAL WORD

However, / despite such tragedies, / scientists nowadays assert / that nuclear power is more reliable / and produces more energy / than renewable sources / like solar, wind, and hydro, / while also being carbon-free, / unlike fossil fuels.

그러나 / 그러한 비극에도 불구하고 / 과학자들은 요즘 주장한다 / 원자력이 더 믿을 만하다고 / 그리고 더 많은 에너지를 생산한다고 / 재생 가능한 자원보다 / 태양열, 풍력, 그리고 수력 발전과 같은 / 동시에 탄소 배출 역시 없으면서 / 화석연료와 달리

결론

가짜 주어 There

There is now a long track record / of nuclear plants having no safety incidents, / which makes nuclear power / a safe way to generate electricity.

이제 긴 전적이 있다 / 원자력 발전소들에 안전사고가 없는 / 이는 원자력을 만든다 / 전력을 생산하는 안전한 방법으로

해석 설문조사에 따르면, 대부분의 사람들은 원자력을 방사선, 냉전, 그리고 세계적 전멸의 위협과 연관 짓기 때문에 그것을 여전히 두려워한다. 원자력 시설에서 일어난 세간의 주목을 받은 사고들 또한 대중의 두려움을 강화하는 주요한 요소가 되어 왔다. 그러나, 그러한 비극에도 불구하고, 과학자들은 요즘 원자력이 태양열, 풍력, 그리고 수력 발전과 같은 재생 가능한 자원보다 더 믿을 만하고 더 많은 에너지를 생산하면서, 동시에 화석연료와 달리 탄소 배출 역시 없다고 주장한다. 이제 원자력 발전소들은 안전사고가 없는 긴 전적이 있는데, 이는 원자력을 전력을 생산하는 안전한 방법으로 만든다.

① 인구의 대부분은 원자력으로 발전된 에너지를 경계한다.
② 원자력은 종종 대중에 의해 지구의 파괴와 연관된다.
③ 최신의 연구는 다른 재생 가능한 자원이 원자력보다 더 효율적인 것을 발견한다.
④ 몇몇 사고가 원자력이 안전한 관행이라는 평판을 손상시켰다.

해설 ③번의 키워드인 renewable sources(재생 가능한 자원)가 그대로 등장한 지문 주변의 내용에서 원자력이 재생 가능한 자원보다 더 많은 에너지를 생산한다고 했으므로, 최신의 연구가 다른 재생 가능한 자원이 원자력보다 더 효율적인 것을 발견한다는 것은 지문의 내용과 다르다. 따라서 ③번이 지문의 내용과 일치하지 않는다.

어휘 radiation 방사선 the Cold War 냉전 annihilation 전멸 high-profile 세간의 주목을 받은 reinforce 강화하다 renewable 재생 가능한 hydro 수력 발전 carbon-free 탄소 배출이 없는 track record 전적 wary 경계하는 planetary 지구의, 행성의 mar 손상시키다

정답: ③

07 밑줄 친 (A), (B)에 들어갈 말로 가장 적절한 것은?

Positive thinking is often encouraged by therapists and laypeople alike because of its benefits on mental health. ___(A)___, an obsession with positive thinking, referred to as toxic positivity, can in fact have negative consequences. People who strive to always remain positive risk ignoring warning signs of violence and being unable to process grief properly. ___(B)___, low self-esteem is more likely to be present in individuals who feel bad about having negative emotions. This is because they believe that something must be inherently wrong with them to experience those feelings. A healthier approach, then, is to employ moderation, maintaining a positive outlook while still acknowledging negative feelings and their sources. Rationally approaching such feelings allows the benefits of positivity without the consequences.

	(A)	(B)		(A)	(B)
①	In addition	Nevertheless	②	Besides	On the other hand
③	However	Furthermore	④	Similarly	As a result

Mini Quiz

1. 이 지문의 중심 소재를 지문에서 찾아 쓰세요.

2. '통념과 반박' 논리 구조임을 알 수 있는 SIGNAL WORD를 지문에서 찾아 쓰세요.

정답 | 1. Positive thinking, toxic positivity **2.** often, However, in fact

논리 구조 분석

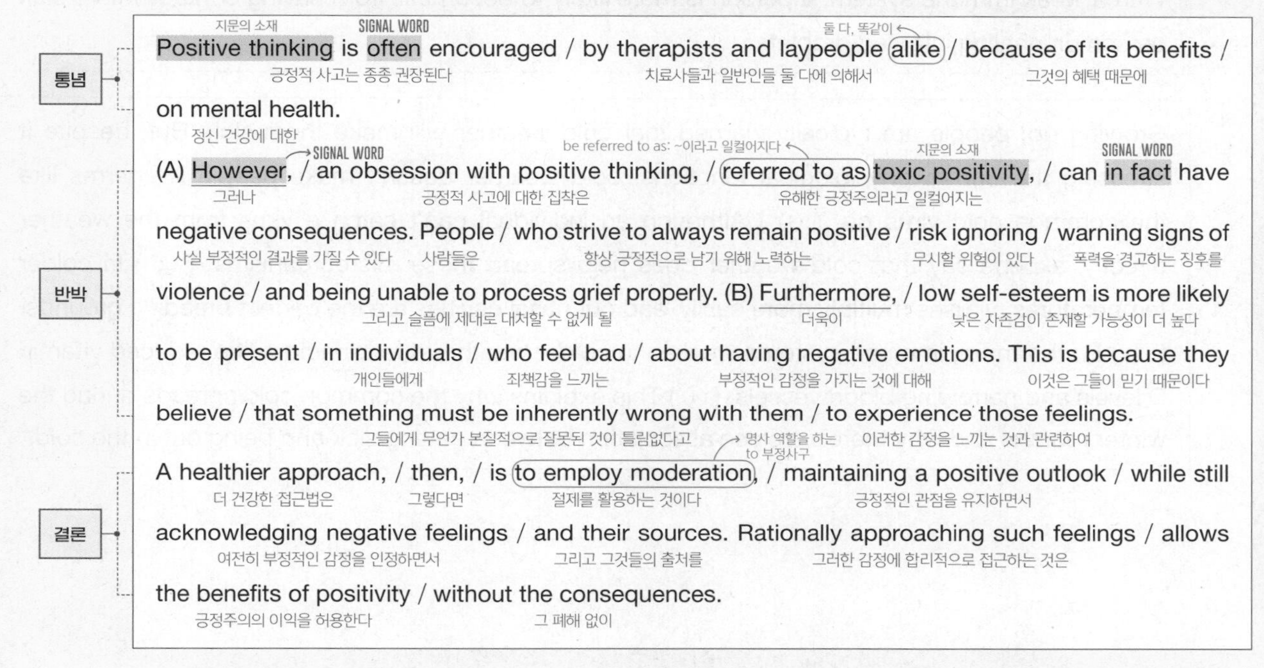

통념

지문의 소재 / SIGNAL WORD / 둘 다, 똑같이

Positive thinking is often encouraged / by therapists and laypeople alike / because of its benefits / on mental health.

긍정적 사고는 종종 권장된다 / 치료사들과 일반인들 둘 다에 의해서 / 그것의 혜택 때문에 / 정신 건강에 대한

반박

SIGNAL WORD / be referred to as: ~이라고 일컬어지다 / 지문의 소재 / SIGNAL WORD

(A) However, / an obsession with positive thinking, / referred to as toxic positivity, / can in fact have negative consequences. People / who strive to always remain positive / risk ignoring / warning signs of violence / and being unable to process grief properly. (B) Furthermore, / low self-esteem is more likely to be present / in individuals / who feel bad / about having negative emotions. This is because they believe / that something must be inherently wrong with them / to experience those feelings.

그러나 / 긍정적 사고에 대한 집착은 / 유해한 긍정주의라고 일컬어지는 / 사실 부정적인 결과를 가질 수 있다 / 사람들은 / 항상 긍정적으로 남기 위해 노력하는 / 무시할 위험이 있다 / 폭력을 경고하는 징후를 / 그리고 슬픔에 제대로 대처할 수 없게 될 / 더욱이 / 낮은 자존감이 존재할 가능성이 더 높다 / 개인들에게 / 죄책감을 느끼는 / 부정적인 감정을 가지는 것에 대해 / 이것은 그들이 믿기 때문이다 / 그들에게 무언가 본질적으로 잘못된 것이 틀림없다고 / 이러한 감정을 느끼는 것과 관련하여

결론

명사 역할을 하는 to 부정사구

A healthier approach, / then, / is to employ moderation, / maintaining a positive outlook / while still acknowledging negative feelings / and their sources. Rationally approaching such feelings / allows the benefits of positivity / without the consequences.

더 건강한 접근법은 / 그렇다면 / 절제를 활용하는 것이다 / 긍정적인 관점을 유지하면서 / 여전히 부정적인 감정을 인정하면서 / 그리고 그것들의 출처를 / 그러한 감정에 합리적으로 접근하는 것은 / 긍정주의의 이익을 허용한다 / 그 폐해 없이

해석 긍정적 사고는 그것의 정신 건강에 대한 혜택 때문에 치료사들과 일반인들 둘 다에 의해서 종종 권장된다. (A) 그러나, 유해한 긍정주의라고 일컬어지는 긍정적 사고에 대한 집착은 사실 부정적인 결과를 가질 수 있다. 항상 긍정적으로 남기 위해 노력하는 사람들은 폭력을 경고하는 징후를 무시하고 슬픔에 제대로 대처할 수 없게 될 위험이 있다. (B) 더욱이, 부정적인 감정을 가지는 것에 대해 죄책감을 느끼는 개인들에게는 낮은 자존감이 존재할 가능성이 더 높다. 이것은 그들이 이러한(부정적인) 감정을 느끼는 것과 관련하여 그들에게 무언가 본질적으로 잘못된 것이 틀림없다고 믿기 때문이다. 그렇다면, 더 건강한 접근법은 절제를 활용하여 긍정적인 관점을 유지하면서도 여전히 부정적인 감정과 그것들의 출처를 인정하는 것이다. 그러한 감정에 합리적으로 접근하는 것은 긍정주의의 폐해 없이 그것의 이익을 허용한다.

	(A)	(B)		(A)	(B)
①	추가적으로	그럼에도 불구하고	②	게다가	반면에
③	그러나	더욱이	④	비슷하게	결과적으로

해설 (A) 빈칸 앞 문장은 긍정적 사고가 권장된다는 통념에 관한 내용이고, (A) 빈칸 뒤 문장은 긍정적 사고에 대한 집착이 부정적인 결과를 낳을 수 있다는 대조적인 내용이므로 대조를 나타내는 연결어인 However(그러나)를 넣어야 한다. (B) 빈칸 앞 문장은 긍정적 사고에 집착하는 사람들이 마주하는 위험에 대한 내용이고, (B) 빈칸 뒤 문장은 그들이 낮은 자존감을 가질 가능성이 높다며 앞의 내용에 대한 설명을 첨가하고 있으므로 첨가를 나타내는 연결어인 Furthermore(더욱이)를 넣어야 한다. 따라서 ③번이 정답이다.

어휘 **laypeople** 일반인 **obsession** 집착 **consequence** 결과, 폐해 **strive** 노력하다, 분투하다 **process** 대처하다; 과정 **grief** 슬픔 **self-esteem** 자존감 **inherently** 본질적으로 **moderation** 절제 **outlook** 관점 **acknowledge** 인정하다 **rationally** 합리적으로

정답: ③

08 주어진 문장이 들어갈 위치로 가장 적절한 것은?

> With a weak immune system, a person is more likely to become ill from having contact with a sick person or inhaling infected droplets.

> Growing up, people are typically warned that cold weather will make them sick. But, despite it stressing the body's physiological functions, cold weather doesn't make people ill—germs like the common cold virus do. (①) Although an individual can't catch a virus from the weather directly, experts say that cold weather does help spread these microorganisms. (②) In colder temperatures, viruses multiply more easily, and our nasal cavities are the perfect breeding grounds. (③) Furthermore, immune systems weaken in colder weather due to factors like reduced vitamin D levels and narrowing blood vessels. (④) This explains why the common cold spreads during the winter months and why there's a close association between getting sick and being out in the cold.

Mini Quiz

1. 이 지문의 중심 소재를 지문에서 찾아 쓰세요.

____

2. '통념과 반박' 논리 구조임을 알 수 있는 SIGNAL WORD를 지문에서 찾아 쓰세요.

____

정답 | 1. weak immune system, cold weather 2. typically, But, experts say

논리 구조 분석

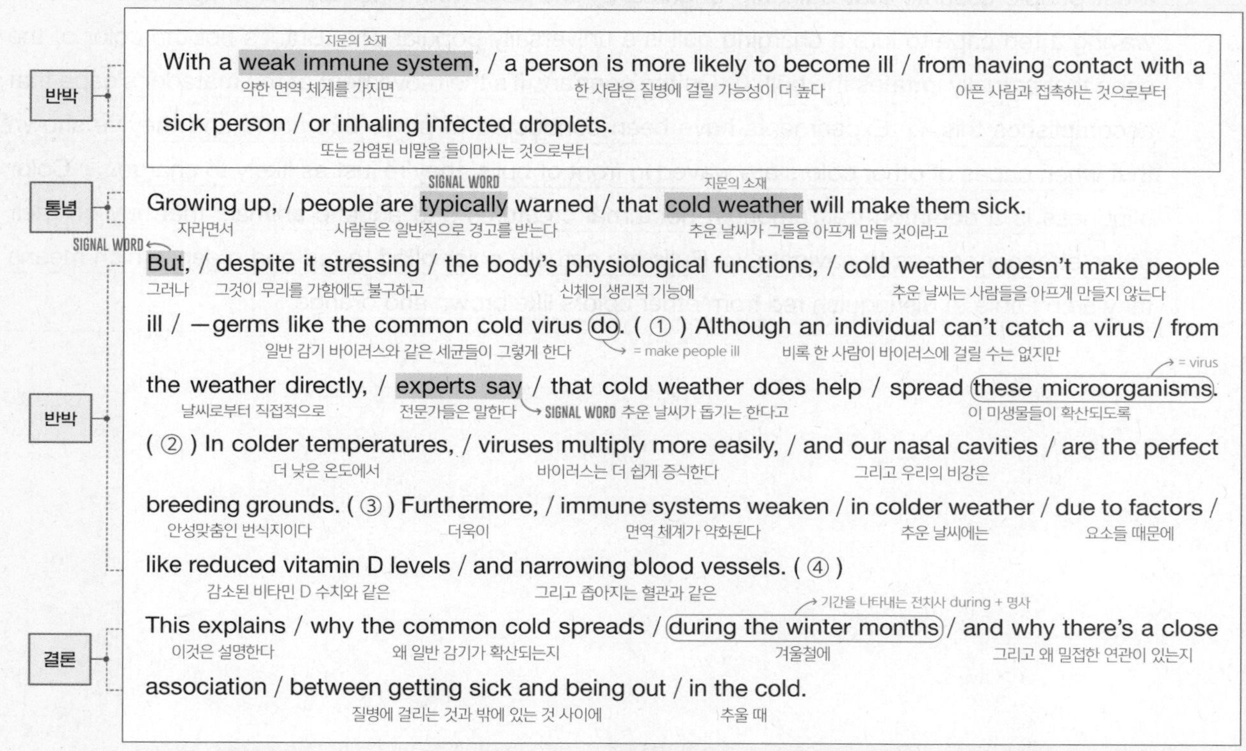
반박
지문의 소재
With a weak immune system, / a person is more likely to become ill / from having contact with a sick person / or inhaling infected droplets.
약한 면역 체계를 가지면 / 한 사람은 질병에 걸릴 가능성이 더 높다 / 아픈 사람과 접촉하는 것으로부터 / 또는 감염된 비말을 들이마시는 것으로부터

통념
SIGNAL WORD / 지문의 소재
Growing up, / people are typically warned / that cold weather will make them sick.
자라면서 / 사람들은 일반적으로 경고를 받는다 / 추운 날씨가 그들을 아프게 만들 것이라고

반박
SIGNAL WORD
But, / despite it stressing / the body's physiological functions, / cold weather doesn't make people ill / —germs like the common cold virus do. (①) Although an individual can't catch a virus / from the weather directly, / experts say / that cold weather does help / spread these microorganisms. (②) In colder temperatures, / viruses multiply more easily, / and our nasal cavities / are the perfect breeding grounds. (③) Furthermore, / immune systems weaken / in colder weather / due to factors / like reduced vitamin D levels / and narrowing blood vessels. (④)
그러나 / 그것이 우리를 가함에도 불구하고 / 신체의 생리적 기능에 / 추운 날씨는 사람들을 아프게 만들지 않는다 / 일반 감기 바이러스와 같은 세균들이 그렇게 한다 (= make people ill) / 비록 한 사람이 바이러스에 걸릴 수는 없지만 / 날씨로부터 직접적으로 / 전문가들은 말한다 (SIGNAL WORD) / 추운 날씨가 돕기는 한다고 / 이 미생물들이 확산되도록 (= virus) / 더 낮은 온도에서 / 바이러스는 더 쉽게 증식한다 / 그리고 우리의 비강은 / 안성맞춤인 번식지이다 / 더욱이 / 면역 체계가 약화된다 / 추운 날씨에는 / 요소들 때문에 / 감소된 비타민 D 수치와 같은 / 그리고 좁아지는 혈관과 같은

결론
This explains / why the common cold spreads / during the winter months / and why there's a close association / between getting sick and being out / in the cold.
이것은 설명한다 / 왜 일반 감기가 확산되는지 / 겨울철에 (기간을 나타내는 전치사 during + 명사) / 그리고 왜 밀접한 연관이 있는지 / 질병에 걸리는 것과 밖에 있는 것 사이에 / 추울 때

해석 약한 면역 체계를 가지면, 한 사람은 아픈 사람과 접촉하는 것 또는 감염된 비말을 들이마시는 것으로부터 질병에 걸릴 가능성이 더 높다.

자라면서, 사람들은 일반적으로 추운 날씨가 그들을 아프게 만들 것이라고 경고를 받는다. 그러나 그것이 신체의 생리적 기능에 무리를 가함에도 불구하고, 추운 날씨는 사람들을 아프게 만들지 않는다. 일반 감기 바이러스와 같은 세균들이 그렇게 한다(아프게 만든다). (①) 비록 한 사람이 날씨로부터 직접적으로 바이러스에 걸릴 수는 없지만, 전문가들은 추운 날씨가 이 미생물들의 확산을 돕기는 한다고 말한다. (②) 더 낮은 온도에서, 바이러스는 더 쉽게 증식할 수 있고, 우리의 비강은 안성맞춤인 번식지이다. (③) 더욱이, 추운 날씨에는 감소된 비타민 D 수치와 좁아지는 혈관 같은 요소들 때문에 면역 체계가 약화된다. (④) 이것은 왜 일반 감기가 겨울철에 확산되는지 그리고 왜 질병에 걸리는 것과 추울 때 밖에 있는 것 사이에 밀접한 연관이 있는지를 설명한다.

해설 주어진 문장의 a weak immune system(약한 면역 체계)을 통해 주어진 문장 앞에 면역 체계의 약화에 대한 내용이 나올 것임을 예상할 수 있다. ④번 앞부분에서 일반적인 믿음과 달리 추운 날씨가 사람을 아프게 만드는 것이 아니라 추운 날씨에 면역 체계가 약화된다는 것을 설명하고 있으므로, ④번 자리에 주어진 문장이 들어가야 글의 흐름이 자연스럽게 연결된다. 따라서 ④번이 정답이다.

어휘 **inhale** 들이마시다 **infect** 감염시키다 **droplet** 비말 **germ** 세균 **microorganism** 미생물 **multiply** 증식하다, 곱하다 **nasal cavity** 비강 **breeding ground** 번식지 **blood vessel** 혈관 **association** 연관, 연합

정답: ④

09 다음 글의 흐름상 가장 어색한 문장은?

Most people assume that bulls are angered by the color red. After all, the image of a matador waving a red cape to lure a charging bull is a universally popular one. But it's not the color of the cape that actually irritates the bull. ① On the contrary, it's the movement of the matador's cape that accomplishes this. ② Experiments have been conducted to prove this point, and they've shown that when capes of other colors are waved in front of bulls, they're just as likely to charge. ③ Color blindness is a common trait amongst nocturnal creatures and aquatic animals that rely on their other, stronger senses to navigate. ④ Bulls are actually color blind to red and green, which means they aren't able to distinguish red from other colors like brown and orange.

Mini Quiz

1. 이 지문의 중심 소재를 지문에서 찾아 쓰세요.

2. '통념과 반박' 논리 구조임을 알 수 있는 SIGNAL WORD를 지문에서 찾아 쓰세요.

정답 | 1. bulls are angered, color red **2.** Most people, actually, On the contrary

논리 구조 분석

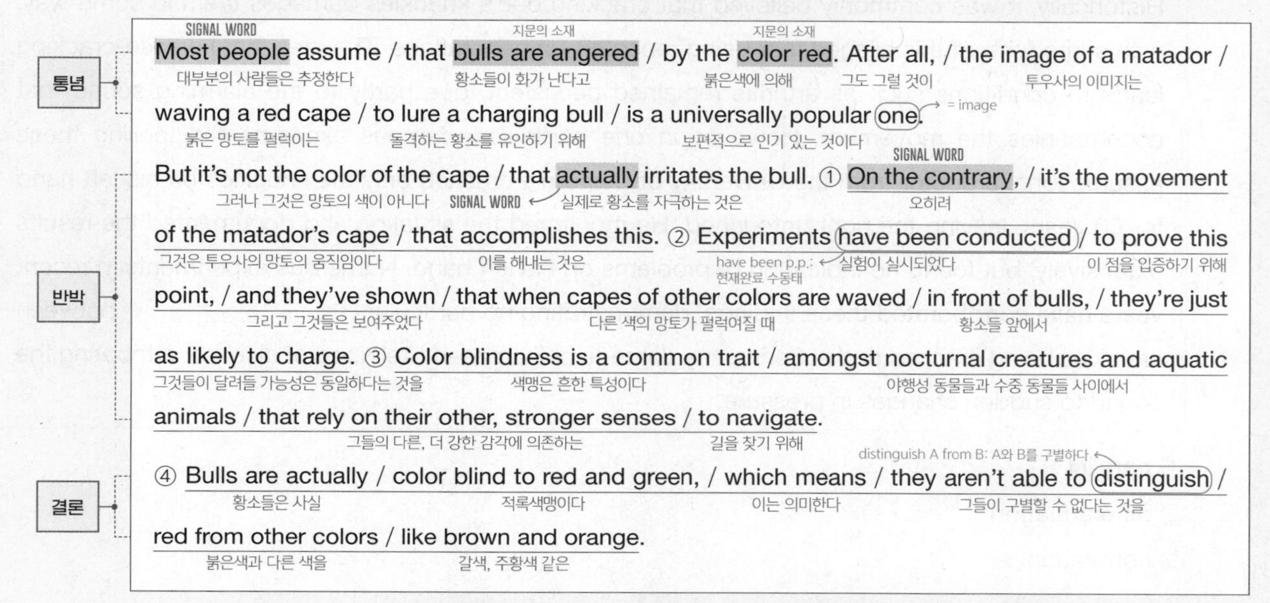

통념

SIGNAL WORD / 지문의 소재 / 지문의 소재

Most people assume / that bulls are angered / by the color red. After all, / the image of a matador /
대부분의 사람들은 추정한다 / 황소들이 화가 난다고 / 붉은색에 의해 / 그도 그럴 것이 / 투우사의 이미지는

waving a red cape / to lure a charging bull / is a universally popular one. (= image)
붉은 망토를 펄럭이는 / 돌격하는 황소를 유인하기 위해 / 보편적으로 인기 있는 것이다

반박

But it's not the color of the cape / that actually irritates the bull. ① On the contrary, / it's the movement
그러나 그것은 망토의 색이 아니다 / SIGNAL WORD ← 실제로 황소를 자극하는 것은 / SIGNAL WORD 오히려

of the matador's cape / that accomplishes this. ② Experiments have been conducted / to prove this
그것은 투우사의 망토의 움직임이다 / 이를 해내는 것은 / have been p.p.: 현재완료 수동태 ← 실험이 실시되었다 / 이 점을 입증하기 위해

point, / and they've shown / that when capes of other colors are waved / in front of bulls, / they're just
그리고 그것들은 보여주었다 / 다른 색의 망토가 펄럭여질 때 / 황소들 앞에서

as likely to charge. ③ Color blindness is a common trait / amongst nocturnal creatures and aquatic
그것들이 달려들 가능성은 동일하다는 것을 / 색맹은 흔한 특성이다 / 야행성 동물들과 수중 동물들 사이에서

animals / that rely on their other, stronger senses / to navigate.
그들의 다른, 더 강한 감각에 의존하는 / 길을 찾기 위해

결론

distinguish A from B: A와 B를 구별하다

④ Bulls are actually / color blind to red and green, / which means / they aren't able to distinguish /
황소들은 사실 / 적록색맹이다 / 이는 의미한다 / 그들이 구별할 수 없다는 것을

red from other colors / like brown and orange.
붉은색과 다른 색을 / 갈색, 주황색 같은

해석 대부분의 사람들은 황소들이 붉은색에 의해 화가 난다고 추정한다. 그도 그럴 것이, 돌격하는 황소를 유인하기 위해 붉은 망토를 펄럭이는 투우사의 이미지는 보편적으로 인기 있는 것(이미지)이다. 그러나 실제로 황소를 자극하는 것은 망토의 색이 아니다. ① 오히려, 이를 해내는 것은 투우사의 망토의 움직임이다. ② 이 점을 입증하기 위해 실험이 실시되었고, 그것들(실험들)은 황소들 앞에서 다른 색의 망토가 펄럭여질 때도 그것들(황소들)이 달려들 가능성은 동일하다는 것을 보여주었다. ③ 색맹은 길을 찾기 위해 그들의 다른, 더 강한 감각에 의존하는 야행성 동물들과 수중 동물들 사이에서 흔한 특성이다. ④ 황소들은 사실 적록색맹인데, 이는 그들이 붉은색과 갈색, 주황색 같은 다른 색을 구별할 수 없다는 것을 의미한다.

해설 지문 앞부분에서 사람들이 추정하는 것과 달리 황소들은 투우사의 망토 색에 의해 자극되지 않는다고 언급하고, ①번은 황소를 자극하는 진짜 원인, ②번은 다른 색의 망토에도 동일하게 달려드는 황소들, ④번은 적록색맹이라는 황소들의 특성에 대해 설명했다. 그러나 ③번은 '특정 동물군에서는 흔한 색맹이라는 특성'에 대한 내용으로, 지문의 흐름과 어울리지 않으므로 ③번이 정답이다.

어휘 matador 투우사 cape 망토 lure 유인하다, 유혹하다 charge 돌격하다, 달려들다 universally 보편적으로 irritate 자극하다, 거슬리게 하다 accomplish 해내다, 성취하다 color blindness 색맹 trait 특성 nocturnal 야행성의 aquatic 수중의, 수생의 navigate 길을 찾다

정답: ③

10 밑줄 친 부분에 들어갈 말로 가장 적절한 것은?

Historically, it was commonly believed that cracking one's knuckles damages them in some way, with some form of this alleged fact being repeated for generations. The idea that knuckle-cracking leads to conditions such as arthritis remained persistent, due partly to the alarming sound that accompanies the movement. However, in one particularly famous experiment dispelling these assumptions, a doctor from the University of California cracked only the knuckles on his left hand for 60 years, leaving the right untouched. He monitored the situation and documented the results extensively, but found no indication of problems on his left hand. Numerous experiments in recent years have corroborated these findings, demonstrating no particular ________ between knuckles being cracked and suffering any damage or increased likelihood of disease, attributing the sound to sudden changes in pressure.

① parallel
② differentiation
③ correlation
④ commonality

Mini Quiz

1. 이 지문의 중심 소재를 지문에서 찾아 쓰세요.

____

2. '통념과 반박' 논리 구조임을 알 수 있는 SIGNAL WORD를 지문에서 찾아 쓰세요.

____

정답 | 1. cracking one's knuckles 2. Historically, commonly, However, in recent years

논리 구조 분석

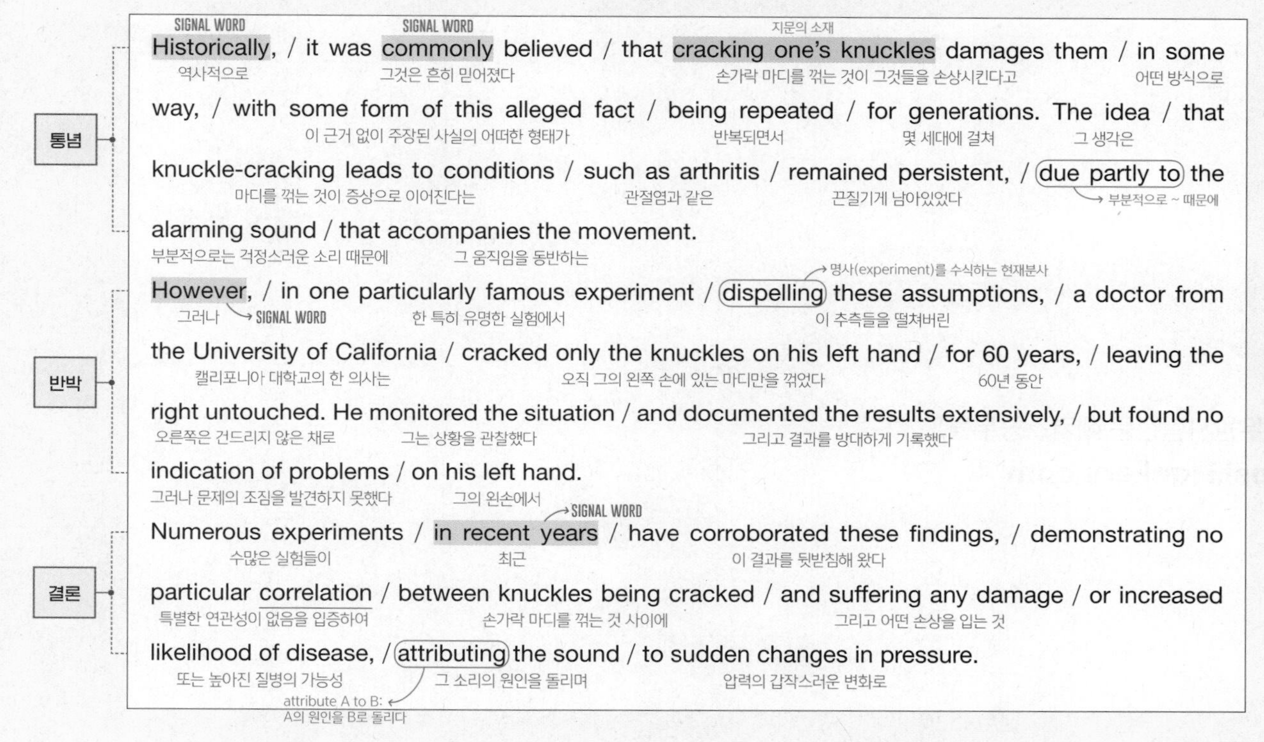

통념
반박
결론
SIGNAL WORD
Historically, / it was commonly believed / that cracking one's knuckles damages them / in some way, / with some form of this alleged fact / being repeated / for generations. The idea / that knuckle-cracking leads to conditions / such as arthritis / remained persistent, / due partly to the alarming sound / that accompanies the movement.
역사적으로 / 그것은 흔히 믿어졌다 / 지문의 소재 / 손가락 마디를 꺾는 것이 그것들을 손상시킨다고 / 어떤 방식으로 / 이 근거 없이 주장된 사실의 어떠한 형태가 / 반복되면서 / 몇 세대에 걸쳐 / 그 생각은 / 마디를 꺾는 것이 증상으로 이어진다는 / 관절염과 같은 / 끈질기게 남아있었다 / 부분적으로 ~ 때문에 / 부분적으로는 걱정스러운 소리 때문에 / 그 움직임을 동반하는
However, / in one particularly famous experiment / dispelling these assumptions, / a doctor from the University of California / cracked only the knuckles on his left hand / for 60 years, / leaving the right untouched. He monitored the situation / and documented the results extensively, / but found no indication of problems / on his left hand.
그러나 / 한 특히 유명한 실험에서 / 명사(experiment)를 수식하는 현재분사 / 이 추측들을 떨쳐버린 / 캘리포니아 대학교의 한 의사는 / 오직 그의 왼쪽 손에 있는 마디만을 꺾었다 / 60년 동안 / 오른쪽은 건드리지 않은 채로 / 그는 상황을 관찰했다 / 그리고 결과를 방대하게 기록했다 / 그러나 문제의 조짐을 발견하지 못했다 / 그의 왼손에서
Numerous experiments / in recent years / have corroborated these findings, / demonstrating no particular correlation / between knuckles being cracked / and suffering any damage / or increased likelihood of disease, / attributing the sound / to sudden changes in pressure.
수많은 실험들이 / 최근 / 이 결과를 뒷받침해 왔다 / 특별한 연관성이 없음을 입증하여 / 손가락 마디를 꺾는 것 사이에 / 그리고 어떤 손상을 입는 것 / 또는 높아진 질병의 가능성 / 그 소리의 원인을 돌리며 / 압력의 갑작스러운 변화로
attribute A to B: A의 원인을 B로 돌리다

해석 역사적으로, 손가락 마디를 꺾는 것이 그것들을 어떤 방식으로 손상시킨다는 것은 흔히 믿어졌고, 이 근거 없이 주장된 사실의 어떠한 형태가 몇 세대에 걸쳐 반복되었다. 마디를 꺾는 것이 관절염과 같은 증상으로 이어진다는 생각은 끈질기게 남아있었는데, 부분적으로는 그 움직임을 동반하는 걱정스러운 소리 때문이었다. 그러나, 이 추측들을 떨쳐버린 한 특히 유명한 실험에서, 캘리포니아 대학교의 한 의사는 60년 동안 오른쪽 손은 건드리지 않은 채로, 오직 그의 왼쪽 손에 있는 마디만을 꺾었다. 그는 상황을 관찰하고 결과를 방대하게 기록했으나, 그의 왼손에서 문제의 조짐을 발견하지 못했다. 최근 수많은 실험들이 그 소리의 원인을 압력의 갑작스러운 변화로 돌리며, 손가락 마디를 꺾는 것과 어떤 손상을 입는 것 또는 높아진 질병의 가능성 사이에 특별한 연관성이 없음을 입증하여, 이 결과를 뒷받침해 왔다.

① 유사점 ② 차별성 ③ 연관성 ④ 공통점

해설 빈칸 앞부분에서 흔히 믿어지는 것과 달리 손가락 마디를 꺾은 왼손에서 문제의 조짐을 발견하지 못했다는 내용을 설명하고 있으므로, 손가락 마디를 꺾는 것과 어떤 손상을 입거나 높아진 질병의 가능성 사이에 특별한 '연관성'이 없다고 한 ③번이 정답이다.

어휘 crack 꺾다 knuckle 손가락 마디, 관절 alleged (근거 없이) 주장된 arthritis 관절염 persistent 끈질긴 alarming 걱정스러운 accompany 동반하다 dispel 떨쳐버리다 indication 조짐, 암시 corroborate 뒷받침하다 likelihood 가능성 correlation 연관성

정답: ③

논리 구조 2

질문과 답변 / 문제점과 해결책

Question & Answer / Problem & Solution

공무원 시험 내 출제 비율

(국·지·서·법·국회)

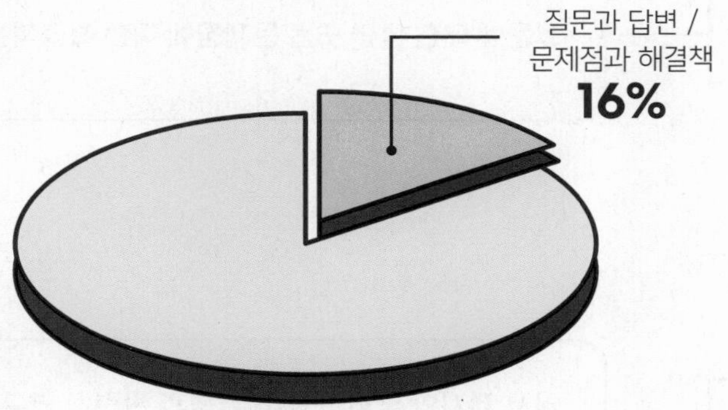
질문과 답변 /
문제점과 해결책
16%

최근 주요 공무원 시험의 전체 독해 지문 중

'질문과 답변 / 문제점과 해결책' 구조를 가진 지문은 약 **16%** 출제되었다.

논리 구조

2 질문과 답변 / 문제점과 해결책

Question & Answer / Problem & Solution

'질문과 답변 / 문제점과 해결책' 논리 구조는 지문의 도입부에서 질문이나 문제점을 제시한 후, 이에 대한 답변을 중심으로 전개되는 지문 구조이다. 도입부에서 언급한 질문이나 문제점에 대한 답변이 제시되지 않는 경우, 문제점의 원인이나 결과가 지문의 중심 주제로 제시된다.

SIGNAL WORD

because 왜냐하면 for ~이기 때문에

논리로 파악하는 글의 구조

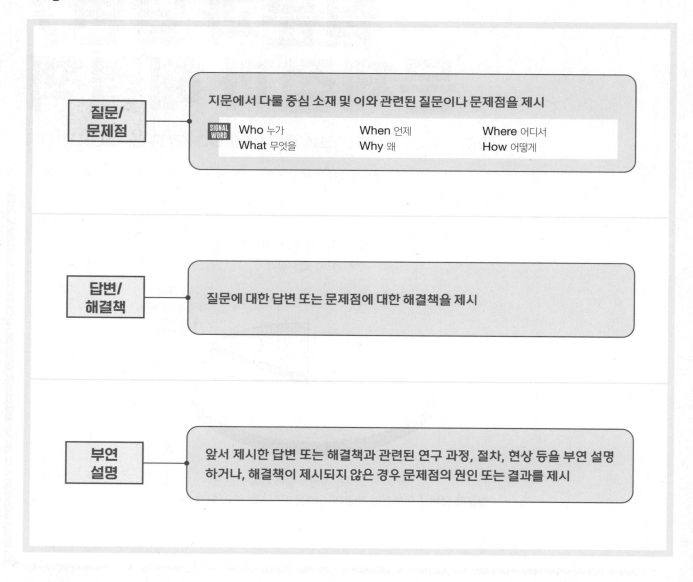

질문/문제점 — 지문에서 다룰 중심 소재 및 이와 관련된 질문이나 문제점을 제시

SIGNAL WORD

Who 누가	When 언제	Where 어디서
What 무엇을	Why 왜	How 어떻게

답변/해결책 — 질문에 대한 답변 또는 문제점에 대한 해결책을 제시

부연 설명 — 앞서 제시한 답변 또는 해결책과 관련된 연구 과정, 절차, 현상 등을 부연 설명하거나, 해결책이 제시되지 않은 경우 문제점의 원인 또는 결과를 제시

기출로 확인하는 논리 구조

1. 주어진 문장이 들어갈 위치로 가장 적절한 것은? [2021 지방직 9급]

답변 — And working offers more than financial security.

질문 — Why do workaholics (지문의 소재) enjoy their jobs so much?

답변 — Mostly because (SIGNAL WORD) working offers some important advantages. (①) It provides people with paychecks—a way to earn a living. (②) It provides people with self-confidence; they have a feeling of satisfaction when they've produced a challenging piece of work and are able to say, "I made that". (③) Psychologists claim that work also gives people an identity; they work so that they can get a sense of self and individualism. (④) In addition, most jobs provide people with a socially acceptable way to meet others.

부연 설명 — It could be said that working is a positive addiction; maybe workaholics are compulsive about their work, but their addiction seems to be a safe—even an advantageous—one.

해석 그리고 일하는 것은 금전적인 안정 이상을 제공한다.

왜 워커홀릭들은 그들의 일을 그렇게 많이 즐길까? 대부분 일하는 것이 몇몇 중요한 이점들을 제공하기 때문이다. (①) 그것은 사람들에게 생계를 유지하는 한 방법인 급료를 제공해 준다. (②) 그것은 사람들에게 자신감을 제공한다. 그들은 그들이 힘든 작업을 완성하고 '내가 저것을 해냈어'라고 말할 수 있을 때 만족감의 느낌을 갖는다. (③) 심리학자들은 일은 또한 사람들에게 주체성을 준다고 주장한다. 그들은 그들이 자아의식과 개성을 얻을 수 있도록 일한다. (④) 게다가, 대부분의 일은 사람들에게 사회적으로 받아들여지는 다른 사람들을 만나기 위한 수단을 제공한다. 일하는 것은 긍정적인 중독이라고 말할 수 있다. 아마 워커홀릭들은 그들의 일에 대해서 강박적일 것이지만, 그들의 중독은 안전한, 심지어는 유익한 것처럼 보인다.

해설 지문 초반에 제시된 질문에 대한 답변으로 워커홀릭들이 일을 즐기는 이유를 설명하며 ②번 앞 문장에서 일하는 것은 사람들에게 급료를 제공해 준다고 하고, ②번 뒤 문장에서는 그것은 사람들에게 자신감을 제공한다고 했다. 따라서 ②번 자리에 일하는 것이 금전적인 안정 이상을 제공한다는 내용의 주어진 문장이 나와야 지문이 자연스럽게 연결된다.

어휘 paycheck 급료 earn a living 생계를 유지하다 individualism 개성 acceptable 받아들여지는 compulsive 강박적인 addiction 중독 advantageous 유익한, 이로운

정답: ②

실전에 더 강해지는 구조 독해 TIP

질문이 등장한다면, 답변이 있는 질문인지를 잘 판단해야 한다! 지문의 도입부에 질문이 등장한다면 이에 대한 답변이 뒤이어 제시될 가능성이 높지만, 지문의 중후반부에 질문이 등장하는 경우 이는 특정 내용을 강조하기 위한 수사의문문일 가능성이 높다.

기출로 확인하는 논리 구조

2. 밑줄 친 부분에 들어갈 말로 알맞은 것은? [2023년 국가직 9급]

문제점

Over the last fifty years, all major subdisciplines in psychology (지문의 소재) have become more and more isolated (SIGNAL WORD) from each other as training becomes increasingly specialized and narrow in focus.

해결책

As some psychologists have long argued, if the field of psychology is to mature and advance scientifically, its disparate parts (for example, neuroscience, developmental, cognitive, personality, and social) must become whole and integrated again (SIGNAL WORD). Science advances when distinct topics become theoretically and empirically integrated under simplifying theoretical frameworks. Psychology of science will encourage collaboration among psychologists from various sub-areas, helping the field achieve coherence rather than continued fragmentation.

부연 설명

In this way, psychology of science might act as a template for psychology as a whole by integrating under one discipline all of the major fractions/factions within the field. It would be no small feat and of no small import if the psychology of science could become a model for the parent discipline on how to combine resources and study science ________________.

① from a unified perspective

② in dynamic aspects

③ throughout history

④ with accurate evidence

해석 지난 50년 동안, 심리학의 모든 주요 하위 학문들은 훈련이 점점 더 전문화되고 초점이 좁혀짐에 따라 서로 점점 더 고립되었다. 일부 심리학자들이 오랫동안 주장해 온 것처럼, 심리학 분야가 과학적으로 성장하고 발전하려면, 서로 다른 부분들이 (예를 들어, 신경과학, 발달 심리학, 인지 심리학, 성격 심리학, 그리고 사회 심리학) 완전해지고 다시 통합되어야 한다. 과학은 서로 다른 주제가 단순화하는 이론적인 틀 아래에서 이론적으로 그리고 경험적으로 통합될 때 발전한다. 과학 심리학은 다양한 하위 영역의 심리학자들 간의 협업을 장려하여 그 분야가 지속적인 분열보다는 결합의 긴밀성을 달성하도록 도울 것이다. 이러한 방식으로, 과학 심리학은 그 분야 내의 모든 주요 분파와 파벌을 하나의 학문 아래 통합함으로써 전체로써의 심리학의 본보기로 작용할지도 모른다. 과학 심리학이 자원을 결합하고 통일된 관점에서 과학을 연구하는 방법에 대한 모학문의 본보기가 될 수 있다면 그것은 작지 않은 업적일 것이고 작지 않은 중요성이 있을 것이다.

① 통일된 관점에서
② 역동적인 측면에서
③ 역사를 통틀어
④ 정확한 증거로

해설 지문 처음에서 심리학 분야가 과학적으로 성장하고 발전하려면, 서로 다른 부분들이 완전해지고 다시 통합되어야 한다고 했고, 지문 마지막에서 과학 심리학은 그 분야 내의 모든 주요 분파와 파벌을 하나의 학문 아래 통합함으로써 전체로써의 심리학의 본보기로 작용할지도 모른다고 했으므로, 빈칸에는 과학 심리학이 자원을 결합하고 '① 통일된 관점에서' 과학을 연구하는 방법에 대한 모학문의 본보기가 될 수 있다면 그것은 작지 않은 업적일 것이고 작지 않은 중요성이 있을 것이라는 내용이 들어가야 한다.

어휘 **subdiscipline** 하위 학문 **psychology** 심리학 **isolate** 고립시키다 **mature** 성장하다 **disparate** 서로 다른, 이질적인 **neuroscience** 신경과학 **developmental** 발달의 **cognitive** 인지적인 **personality** 성격 **integrate** 통합하다 **theoretically** 이론적으로 **empirically** 경험적으로 **simplify** 단순화하다 **framework** 틀 **coherence** 결합의 긴밀성, 일관성 **fraction** 분파 **faction** 파벌, 알력 **feat** 업적 **import** 중요(성), 수입 **unified** 통일된 **aspect** 측면 **accurate** 정확한

정답: ①

01 다음 글의 주제로 가장 적절한 것은?

Imagine receiving offers for two jobs. On the whole, they are equal, but one pays slightly more while the other offers better non-monetary benefits, such as insurance plans, vacation time, or educational financing. Which would you choose? If you're like the respondents of a recent survey, you're more likely to accept the lower salary. Over three quarters said that they would choose more benefits over a higher salary—even if the salary difference is 30 percent. Employees today see these types of benefits as more enticing because they show that the company is interested in their well-being, not just their profit-making ability, which is a good indicator of a positive work environment. These benefits—free meals or in-office fitness facilities, for instance—can also save employees money. So, while they are earning less on paper, they may effectively make more.

① the high cost of non-monetary benefits
② the effect of reduced workplace benefits
③ the importance of benefits packages
④ the types of employee benefits

Mini Quiz

1. 이 지문의 중심 소재를 지문에서 찾아 쓰세요.

____

2. '질문과 답변 / 문제점과 해결책' 논리 구조임을 알 수 있는 SIGNAL WORD를 지문에서 찾아 쓰세요.

____

정답 | 1. non-monetary benefits 2. Which, because

논리 구조 분석

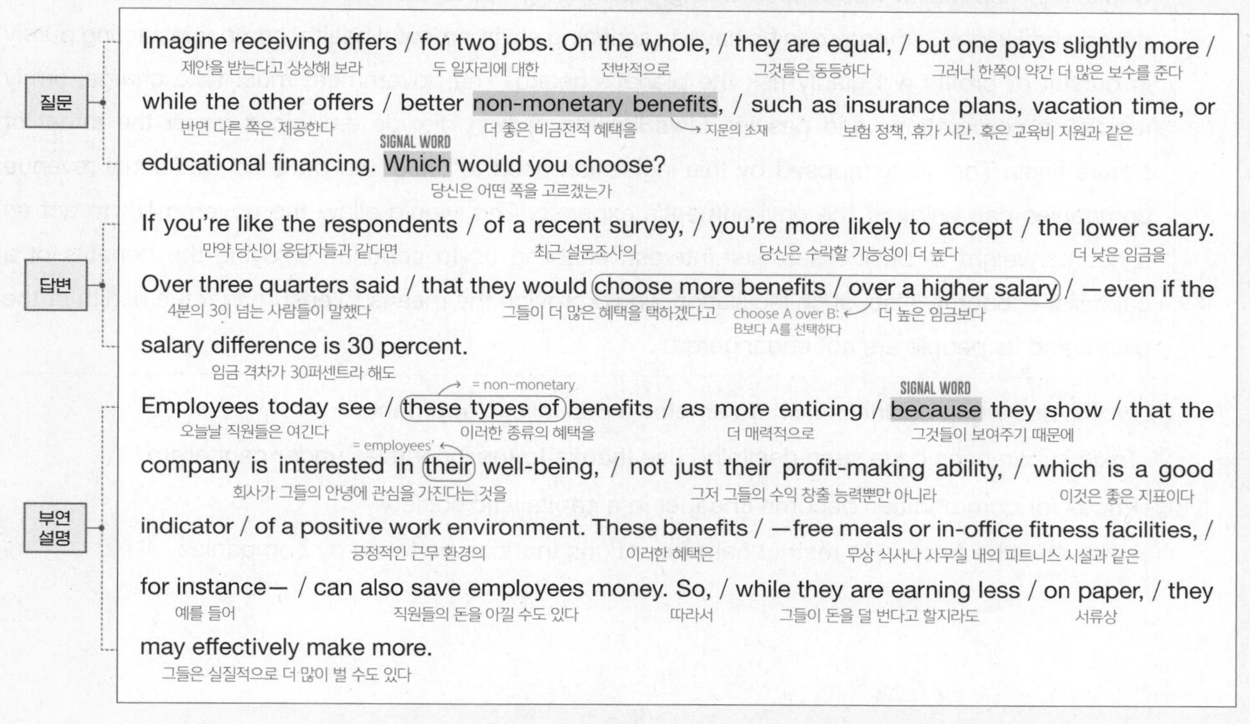
질문
Imagine receiving offers / for two jobs. On the whole, / they are equal, / but one pays slightly more /
제안을 받는다고 상상해 보라 / 두 일자리에 대한 / 전반적으로 / 그것들은 동등하다 / 그러나 한쪽이 약간 더 많은 보수를 준다
while the other offers / better non-monetary benefits, / such as insurance plans, vacation time, or
반면 다른 쪽은 제공한다 / 더 좋은 비금전적 혜택을 / 지문의 소재 / 보험 정책, 휴가 시간, 혹은 교육비 지원과 같은
SIGNAL WORD
educational financing. Which would you choose?
당신은 어떤 쪽을 고르겠는가
답변
If you're like the respondents / of a recent survey, / you're more likely to accept / the lower salary.
만약 당신이 응답자들과 같다면 / 최근 설문조사의 / 당신은 수락할 가능성이 더 높다 / 더 낮은 임금을
Over three quarters said / that they would choose more benefits / over a higher salary / —even if the
4분의 3이 넘는 사람들이 말했다 / 그들이 더 많은 혜택을 택하겠다고 / choose A over B: B보다 A를 선택하다 / 더 높은 임금보다
salary difference is 30 percent.
임금 격차가 30퍼센트라 해도
부연 설명
= non-monetary
SIGNAL WORD
Employees today see / these types of benefits / as more enticing / because they show / that the
오늘날 직원들은 여긴다 / 이러한 종류의 혜택을 / 더 매력적으로 / 그것들이 보여주기 때문에
= employees'
company is interested in their well-being, / not just their profit-making ability, / which is a good
회사가 그들의 안녕에 관심을 가진다는 것을 / 그저 그들의 수익 창출 능력뿐만 아니라 / 이것은 좋은 지표이다
indicator / of a positive work environment. These benefits / —free meals or in-office fitness facilities, /
긍정적인 근무 환경의 / 이러한 혜택은 / 무상 식사나 사무실 내의 피트니스 시설과 같은
for instance— / can also save employees money. So, / while they are earning less / on paper, / they
예를 들어 / 직원들의 돈을 아낄 수도 있다 / 따라서 / 그들이 돈을 덜 번다고 할지라도 / 서류상
may effectively make more.
그들은 실질적으로 더 많이 벌 수도 있다

해석 두 일자리에 대한 제안을 받는다고 상상해 보라. 전반적으로 그것들은 동등하지만, 한쪽이 약간 더 많은 보수를 주는 반면 다른 쪽은 보험 정책, 휴가 시간, 혹은 교육비 지원과 같은 더 좋은 비금전적 혜택을 제공한다. 당신은 어떤 쪽을 고르겠는가? 만약 당신이 최근 설문조사의 응답자들과 같다면, 당신은 더 낮은 임금을 수락할 가능성이 더 높다. 4분의 3이 넘는 사람들이 임금 격차가 30퍼센트라 해도, 더 높은 임금보다 더 많은 혜택을 택하겠다고 말했다. 오늘날 직원들은 회사가 그저 그들의 수익 창출 능력뿐만 아니라 그들의 안녕에 관심을 가진다는 것을 보여주기 때문에 이러한 종류의 혜택을 더 매력적으로 여기는데, 이것은 긍정적인 근무 환경의 좋은 지표이다. 예를 들어, 무상 식사나 사무실 내의 피트니스 시설과 같은 이러한 혜택은 직원들의 돈을 아낄 수도 있다. 따라서, 그들이 서류상 돈을 덜 번다고 할지라도, 실질적으로 더 많이 벌 수도 있다.

① 비금전적 혜택의 높은 비용
② 감소된 사내 혜택의 효과
③ 복리후생 제도의 중요성
④ 직원 혜택의 종류

해설 지문 초반에서 높은 보수 혹은 비금전적 혜택이 있는 일자리 중 어떤 쪽을 고를지 질문한 후, 지문 전반에 걸쳐 오늘날 회사원들은 높은 임금보다 비금전적 혜택을 선호하는데, 이는 회사가 직원들의 안녕에도 관심을 가진다는 의미이며 돈을 아낄 수도 있기 때문이라고 설명하고 있다. 따라서 지문의 주제를 '복리후생 제도의 중요성'이라고 한 ③번이 정답이다.

어휘 monetary 금전적인 enticing 매력적인 indicator 지표 on paper 서류상 effectively 실질적으로, 사실상 benefits package 복리후생 제도

정답: ③

02 다음 글의 요지로 가장 적절한 것은?

Capitalism has led to businesses willingly damaging the environment. With unrestricted carbon dioxide emissions, if money can be saved sacrificing environmental health, companies acting purely in pursuit of profits will gladly risk the planet's health. The government must take charge, firmly regulating corporations and passing laws limiting carbon dioxide emissions under the threat of severe fines. The fines imposed by this legislation need to offset the potential additional revenue companies can enjoy at the environment's expense. This would allow the government to act as a counterweight to businesses' self-interest, enabling us to continue enjoying the benefits of a capitalist economy. Also, such legislation would provide the means to ensure that the health of the planet and its people are not endangered.

① Profits rise when business owners employ a capitalistic approach.

② Toxic substances have seen declining use thanks to the incentives under capitalism.

③ Prices for commodities become cheaper in a capitalistic society.

④ Laws must be passed to restrict harmful actions that can be taken by companies.

Mini Quiz

1. 이 지문의 중심 소재를 지문에서 찾아 쓰세요.

____

2. '질문과 답변 / 문제점과 해결책' 논리 구조임을 알 수 있는 SIGNAL WORD를 지문에서 찾아 쓰세요.

____

정답 | **1.** businesses willingly damaging the environment **2.** risk, allow

논리 구조 분석

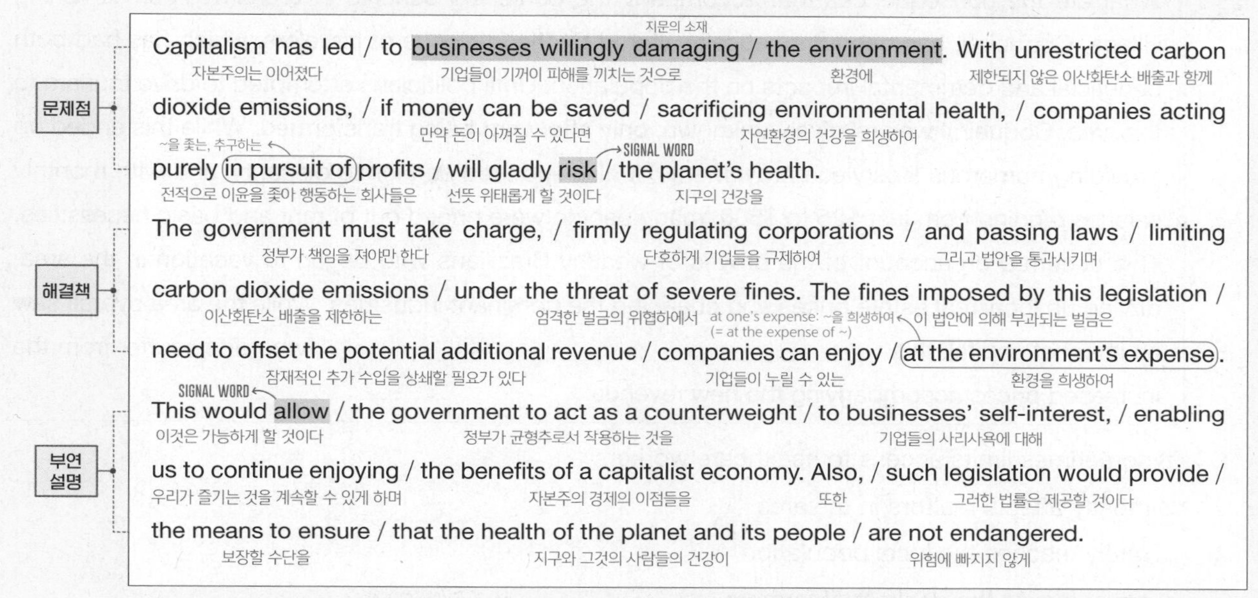

지문의 소재
문제점
Capitalism has led / to businesses willingly damaging / the environment. With unrestricted carbon
자본주의는 이어졌다 기업들이 기꺼이 피해를 끼치는 것으로 환경에 제한되지 않은 이산화탄소 배출과 함께
dioxide emissions, / if money can be saved / sacrificing environmental health, / companies acting
만약 돈이 아껴질 수 있다면 자연환경의 건강을 희생하여
~을 좇는, 추구하는
SIGNAL WORD
purely in pursuit of profits / will gladly risk / the planet's health.
전적으로 이윤을 좇아 행동하는 회사들은 선뜻 위태롭게 할 것이다 지구의 건강을
해결책
The government must take charge, / firmly regulating corporations / and passing laws / limiting
정부가 책임을 져야만 한다 단호하게 기업들을 규제하여 그리고 법안을 통과시키며
carbon dioxide emissions / under the threat of severe fines. The fines imposed by this legislation /
이산화탄소 배출을 제한하는 엄격한 벌금의 위협하에서 at one's expense: ~을 희생하여 (= at the expense of ~) 이 법안에 의해 부과되는 벌금은
need to offset the potential additional revenue / companies can enjoy / at the environment's expense.
잠재적인 추가 수입을 상쇄할 필요가 있다 기업들이 누릴 수 있는 환경을 희생하여
부연 설명
SIGNAL WORD
This would allow / the government to act as a counterweight / to businesses' self-interest, / enabling
이것은 가능하게 할 것이다 정부가 균형추로서 작용하는 것을 기업들의 사리사욕에 대해
us to continue enjoying / the benefits of a capitalist economy. Also, / such legislation would provide /
우리가 즐기는 것을 계속할 수 있게 하며 자본주의 경제의 이점들을 또한 그러한 법률은 제공할 것이다
the means to ensure / that the health of the planet and its people / are not endangered.
보장할 수단을 지구와 그것의 사람들의 건강이 위험에 빠지지 않게

해석 자본주의는 기업들이 기꺼이 환경에 피해를 끼치는 것으로 이어졌다. 제한되지 않은 이산화탄소 배출과 함께, 만약 자연환경의 건강을 희생하여 돈이 아껴질 수 있다면, 전적으로 이윤을 좇아 행동하는 회사들은 지구의 건강을 선뜻 위태롭게 할 것이다. 정부가 단호하게 기업들을 규제하고 엄격한 벌금의 위협하에 이산화탄소 배출을 제한하는 법안을 통과시키며, 책임을 져야만 한다. 이 법안에 의해 부과되는 벌금은 기업들이 환경을 희생하여 누릴 수 있는 잠재적인 추가 수입을 상쇄할 필요가 있다. 이것은 정부가 기업들의 사리사욕에 대해 균형추로서 작용하는 것을 가능하게 하여, 우리가 자본주의 경제의 이점들을 즐기는 것을 계속할 수 있게 할 것이다. 또한, 그러한 법률은 지구와 그것의 사람들의 건강이 위험에 빠지지 않게 보장할 수단을 제공할 것이다.

① 경영주들이 자본주의적 접근법을 이용할 때 이윤은 상승한다.
② 유해 물질은 자본주의 하의 장려책 덕분에 감소하는 사용을 보였다.
③ 상품의 가격은 자본주의 사회에서 더 저렴해진다.
④ 기업들에 의해 행해질 수 있는 해로운 행동들을 제한하기 위해 법률들이 통과되어야 한다.

해설 지문 초반에서 자본주의 경제하에서 기업들이 환경을 희생시켜 스스로의 이윤을 추구할 위험이 있다는 문제점을 제시한 후, 해결책으로 정부 차원에서 법적 규제의 필요성과 예상되는 효과에 대해 설명하고 있다. 따라서 지문의 요지를 '기업들에 의해 행해질 수 있는 해로운 행동들을 제한하기 위해 법률들이 통과되어야 한다'라고 한 ④번이 정답이다.

어휘 **capitalism** 자본주의 **carbon dioxide** 이산화탄소 **emission** 배출 **risk** 위태롭게 하다, 각오하다; 위험 **impose** 부과하다 **offset** 상쇄하다 **revenue** 수입, 수익 **counterweight** 균형추 **self-interest** 사리사욕 **incentive** 장려책, 우대책 **commodity** 상품, 원자재

정답: ④

03 밑줄 친 부분에 들어갈 말로 가장 적절한 것은?

What are the consequences that accompany the perceived benefits of tourism? A small fishing village, Coqueiral, has been dramatically altered by the influence of travelers, which has had both beneficial and detrimental impacts on the population. Until politicians attempted to drive tourism to the area, Coqueiral was relatively unknown, only afterward being transformed. While this ended up providing numerous lifestyle improvements, it also widened economic disparity, and with monthly salaries ranging from just $25 to $500, many people were priced out of rent and basic necessities. This occurred on account of the droves of wealthy Brazilians who began to vacation in the area, driving up local real estate prices and changing the dominant industries. While the area overall saw an influx of capital, this ______________________________________, who often suffer from the increased prices accompanying the new revenue.

① sometimes limits access to healthcare workers
② mostly affects realtors in the area
③ rarely reaches the local population
④ never leaves the pockets of farmers

Mini Quiz

1. 이 지문의 중심 소재를 지문에서 찾아 쓰세요.

____

2. '질문과 답변 / 문제점과 해결책' 논리 구조임을 알 수 있는 SIGNAL WORD를 지문에서 찾아 쓰세요.

____

정답 | 1. tourism, Coqueiral **2.** What

논리 구조 분석

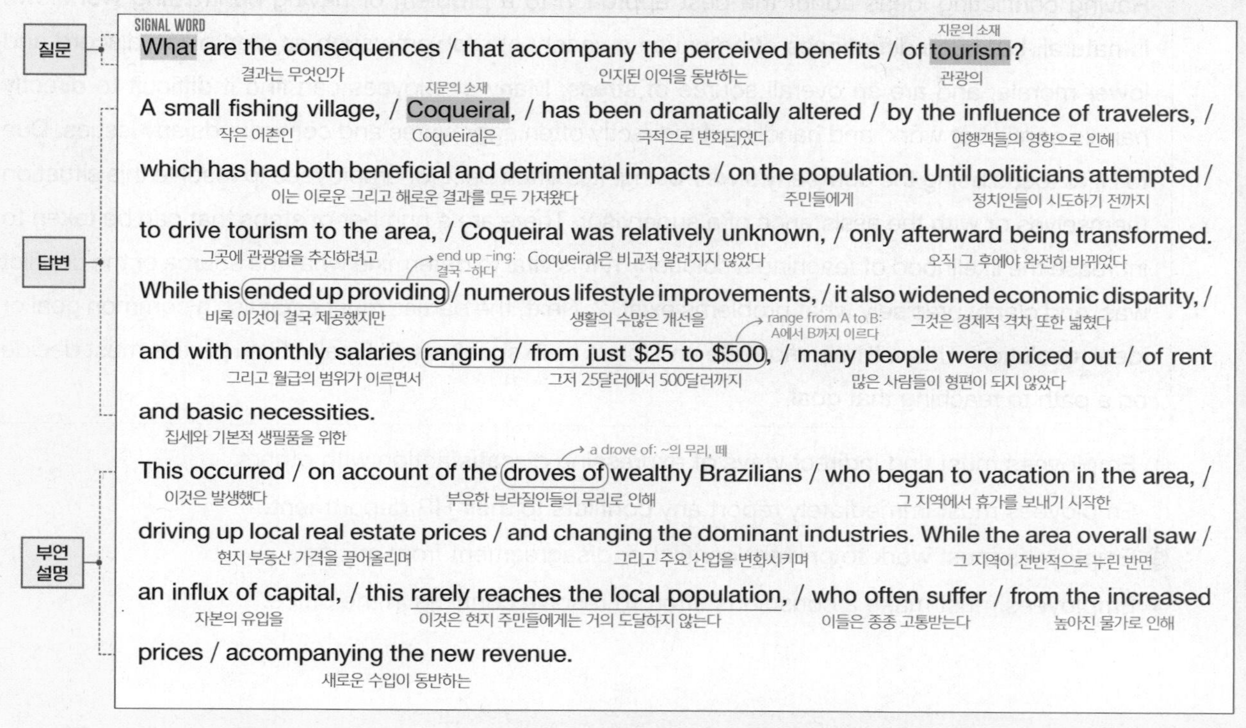
질문
SIGNAL WORD
What are the consequences / that accompany the perceived benefits / of tourism?
결과는 무엇인가 / 인지된 이익을 동반하는 / 관광의 (지문의 소재)

답변
A small fishing village, / Coqueiral, / has been dramatically altered / by the influence of travelers, /
작은 어촌인 / Coqueiral은 (지문의 소재) / 극적으로 변화되었다 / 여행객들의 영향으로 인해
which has had both beneficial and detrimental impacts / on the population. Until politicians attempted /
이는 이로운 그리고 해로운 결과를 모두 가져왔다 / 주민들에게 / 정치인들이 시도하기 전까지
to drive tourism to the area, / Coqueiral was relatively unknown, / only afterward being transformed.
그곳에 관광업을 추진하려고 / Coqueiral은 비교적 알려지지 않았다 / 오직 그 후에야 완전히 바뀌었다
While this ended up providing / numerous lifestyle improvements, / it also widened economic disparity, /
(end up -ing: 결국 ~하다)
비록 이것이 결국 제공했지만 / 생활의 수많은 개선을 / 그것은 경제적 격차 또한 넓혔다
and with monthly salaries ranging / from just $25 to $500, / many people were priced out / of rent
(range from A to B: A에서 B까지 이르다)
그리고 월급의 범위가 이르면서 / 그저 25달러에서 500달러까지 / 많은 사람들이 형편이 되지 않았다
and basic necessities.
집세와 기본적 생필품을 위한

부연 설명
This occurred / on account of the droves of wealthy Brazilians / who began to vacation in the area, /
(a drove of: ~의 무리, 떼)
이것은 발생했다 / 부유한 브라질인들의 무리로 인해 / 그 지역에서 휴가를 보내기 시작한
driving up local real estate prices / and changing the dominant industries. While the area overall saw /
현지 부동산 가격을 끌어올리며 / 그리고 주요 산업을 변화시키며 / 그 지역이 전반적으로 누린 반면
an influx of capital, / this rarely reaches the local population, / who often suffer / from the increased
자본의 유입을 / 이것은 현지 주민들에게는 거의 도달하지 않는다 / 이들은 종종 고통받는다 / 높아진 물가로 인해
prices / accompanying the new revenue.
새로운 수입이 동반하는

해석 관광의 인지된 이익을 동반하는 결과는 무엇인가? 작은 어촌인 Coqueiral은 여행객들의 영향으로 인해 극적으로 변화되었는데, 이는 주민들에게 이로운 그리고 해로운 결과를 모두 가져왔다. 정치인들이 그곳에 관광업을 추진하려고 시도하기 전까지, Coqueiral은 비교적 알려지지 않았고, 오직 그 후에야 완전히 바뀌었다. 비록 이것이 결국 생활의 수많은 개선을 제공했지만, 그것은 경제적 격차 또한 넓혔고, 월급의 범위가 그저 25달러부터 500달러까지 이르면서, 많은 사람들은 집세와 기본적 생필품을 위한 형편이 되지 않았다. 이것은 그 지역에서 휴가를 보내기 시작하며, 현지 부동산 가격을 끌어올리고 주요 산업을 변화시킨 부유한 브라질인들의 무리로 인해 발생했다. 그 지역이 전반적으로 자본의 유입을 누린 반면, 이것은 현지 주민들에게는 거의 도달하지 않는데, 이들은 종종 새로운 수입이 동반하는 높아진 물가로 인해 고통받는다.

① 이따금 의료서비스 근로자들에 대한 접근을 제한하는데
② 대부분 지역의 부동산업자들에게 영향을 미치는데
③ 현지 주민들에게는 거의 도달하지 않는데
④ 절대 농부들의 주머니를 떠나지 않는데

해설 빈칸 앞부분에 Coqueiral의 관광업이 주민들의 경제적 격차를 넓히는 등 해로운 결과를 가져왔다는 내용이 있고, 빈칸 뒷부분에는 이들이 높아진 물가로 인해 고통받는다고 했으므로, 자본의 유입이 '현지 주민들에게는 거의 도달하지 않는다'라고 한 ③번이 정답이다.

어휘 **accompany** 동반하다, 수반하다 **perceive** 인지하다 **detrimental** 해로운 **disparity** 격차 **be priced out of** ~을 위한 형편이 되지 않다 **vacation** 휴가를 보내다; 휴가 **real estate** 부동산 **influx** 유입 **revenue** 수입 **realtor** 부동산업자, 공인중개사

정답: ③

04 다음 글의 요지로 가장 적절한 것은?

Having conflicting ideas about the best approach to a problem or having contrasting workflows is natural, but such differences often cause a variety of problems such as workplace discord and lower morale, and are an overall source of stress. Many employees can find it difficult to directly handle conflict at work, and handling it indirectly often aggravates and compounds any issues. Due to HR's focus being the company's well-being, it is often best for employees to resolve this situation themselves or with the assistance of a supervisor. There are a number of steps that can be taken to increase the likelihood of reaching a solution: 1. It is vital to determine what the source of the conflict was, and clarify precisely what problems exist. 2. Next, the parties must establish a common goal or ideal resolution. This will help motivate and focus both speakers. 3. Finally, both parties must decide on a path to reaching that goal.

① Employees must find indirect ways of expressing dissatisfaction with others.
② Employees must immediately report any conflicts to their HR department.
③ Employees must work to prevent conflict or disagreement from arising.
④ Employees must make a conscious effort to resolve conflicts in the office.

Mini Quiz

1. 이 지문의 중심 소재를 지문에서 찾아 쓰세요.

____

2. '질문과 답변 / 문제점과 해결책' 논리 구조임을 알 수 있는 SIGNAL WORD를 지문에서 찾아 쓰세요.

____

정답 | 1. handle conflict at work **2.** problems, resolve, solution

논리 구조 분석

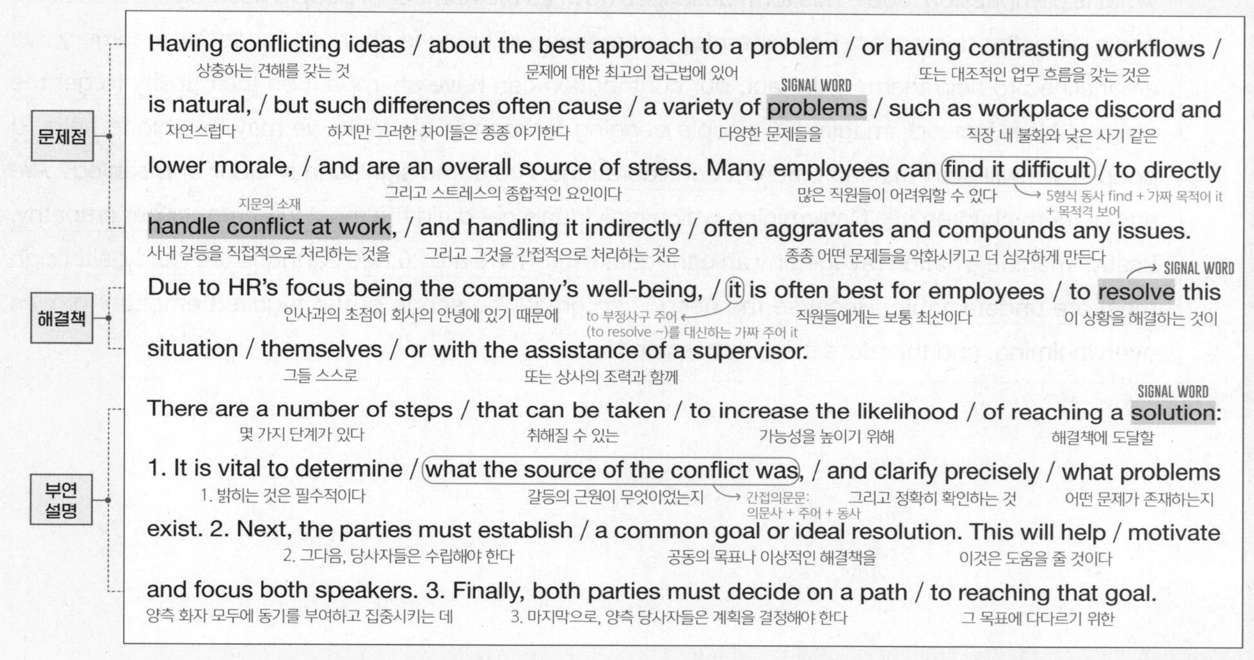
문제점
해결책
부연 설명
Having conflicting ideas / about the best approach to a problem / or having contrasting workflows /
상충하는 견해를 갖는 것 문제에 대한 최고의 접근법에 있어 또는 대조적인 업무 흐름을 갖는 것은
SIGNAL WORD
is natural, / but such differences often cause / a variety of problems / such as workplace discord and
자연스럽다 하지만 그러한 차이들은 종종 야기한다 다양한 문제들을 직장 내 불화와 낮은 사기 같은
lower morale, / and are an overall source of stress. Many employees can find it difficult / to directly
그리고 스트레스의 종합적인 요인이다 많은 직원들이 어려워할 수 있다
5형식 동사 find + 가짜 목적어 it + 목적격 보어
지문의 소재
handle conflict at work, / and handling it indirectly / often aggravates and compounds any issues.
사내 갈등을 직접적으로 처리하는 것을 그리고 그것을 간접적으로 처리하는 것은 종종 어떤 문제들을 악화시키고 더 심각하게 만든다
SIGNAL WORD
Due to HR's focus being the company's well-being, / it is often best for employees / to resolve this
인사과의 초점이 회사의 안녕에 있기 때문에 직원들에게는 보통 최선이다 이 상황을 해결하는 것이
to 부정사구 주어 (to resolve ~)를 대신하는 가짜 주어 it
situation / themselves / or with the assistance of a supervisor.
그들 스스로 또는 상사의 조력과 함께
SIGNAL WORD
There are a number of steps / that can be taken / to increase the likelihood / of reaching a solution:
몇 가지 단계가 있다 취해질 수 있는 가능성을 높이기 위해 해결책에 도달할
1. It is vital to determine / what the source of the conflict was, / and clarify precisely / what problems
1. 밝히는 것은 필수적이다 갈등의 근원이 무엇이었는지 그리고 정확히 확인하는 것 어떤 문제가 존재하는지
간접의문문: 의문사 + 주어 + 동사
exist. 2. Next, the parties must establish / a common goal or ideal resolution. This will help / motivate
2. 그다음, 당사자들은 수립해야 한다 공동의 목표나 이상적인 해결책을 이것은 도움을 줄 것이다
and focus both speakers. 3. Finally, both parties must decide on a path / to reaching that goal.
양측 화자 모두에 동기를 부여하고 집중시키는 데 3. 마지막으로, 양측 당사자들은 계획을 결정해야 한다 그 목표에 다다르기 위한

해석 문제에 대한 최고의 접근법에 있어 상충하는 견해나 대조적인 업무 흐름을 갖는 것은 자연스럽지만, 그러한 차이들은 종종 직장 내 불화와 낮은 사기 같은 다양한 문제들을 야기하며, 스트레스의 종합적인 요인이다. 많은 직원들이 사내 갈등을 직접적으로 처리하는 것을 어려워할 수 있고, 그것을 간접적으로 처리하는 것은 어떤 문제들을 악화시키고 더 심각하게 만들 수 있다. 인사과의 초점이 회사의 안녕에 있기 때문에, 직원들에게는 그들 스스로 또는 상사의 조력과 함께 이 상황을 해결하는 것이 보통 최선이다. 해결책에 도달할 가능성을 높이기 위해 취해질 수 있는 몇 가지 단계가 있다. 1. 갈등의 근원이 무엇이었는지 밝히는 것과 어떤 문제가 존재하는지 정확히 확인하는 것은 필수적이다. 2. 그다음, 당사자들은 공동의 목표나 이상적인 해결책을 수립해야 한다. 이것은 양측 화자 모두에게 동기를 부여하고 집중시키는 데 도움을 줄 것이다. 3. 마지막으로, 양측 당사자들은 그 목표에 다다르기 위한 계획을 결정해야 한다.

① 직원들은 다른 이들에 대한 불만을 간접적으로 표현하는 방법을 찾아야만 한다.
② 직원들은 어떠한 갈등이라도 인사 부서에 즉시 보고해야만 한다.
③ 직원들은 갈등 또는 의견 충돌이 일어나는 것을 방지하기 위해 노력해야 한다.
④ 직원들은 사내 갈등을 해소하기 위해 의식적인 노력을 기울여야 한다.

해설 지문 초반에 직장에서 일어날 수 있는 문제를 언급하고 직원들이 그것을 스스로 해결하는 것이 최선의 방법이라고 해결책을 제시하며, 그들이 취할 수 있는 단계적인 방법을 설명하고 있다. 따라서 지문의 요지를 '직원들은 사내 갈등을 해소하기 위해 의식적인 노력을 기울여야 한다'라고 한 ④번이 정답이다.

어휘 conflicting 상충하는 discord 불화 morale 사기, 의욕 aggravate 악화시키다 compound 더 심각하게 만들다 HR 인사과 party 당사자

정답: ④

05 다음 글의 흐름상 가장 어색한 문장은?

What is compassion fade? This term describes how, as the number of people needing aid increases, one's empathy decreases. For example, if someone we know is short on funds for a surgery, we are inclined to help them. ① In fact, our contribution can have an impact on their ability to get the surgery. Now instead, imagine 10 people begging for money. ② While we may be able to help 10 people, we will start making different considerations. Are some significantly older or disabled? Are any of them children? ③ Determining which individuals need aid the most will hamper our empathy. Lastly, imagine a nation ravaged by an earthquake. ④ There are 20,000 earthquakes yearly, although most are undetectable. Because the need is so great, the scope of the required empathy proves overwhelming, and therefore the compassion fades.

Mini Quiz

1. 이 지문의 중심 소재를 지문에서 찾아 쓰세요.

____

2. '질문과 답변 / 문제점과 해결책' 논리 구조임을 알 수 있는 SIGNAL WORD를 지문에서 찾아 쓰세요.

____

정답 | **1.** compassion fade **2.** What

논리 구조 분석

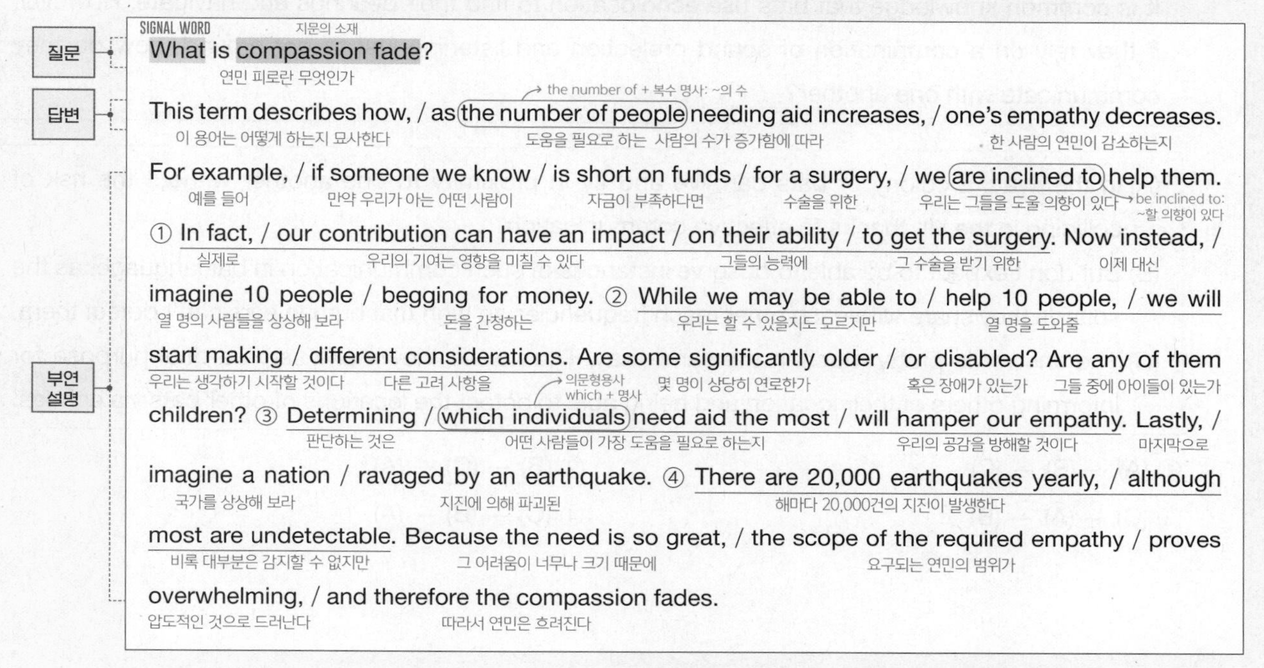
질문
답변
부연 설명
SIGNAL WORD
지문의 소재
What is compassion fade?
연민 피로란 무엇인가
the number of + 복수 명사: ~의 수
This term describes how, / as the number of people needing aid increases, / one's empathy decreases.
이 용어는 어떻게 하는지 묘사한다
도움을 필요로 하는 사람의 수가 증가함에 따라
한 사람의 연민이 감소하는지
For example, / if someone we know / is short on funds / for a surgery, / we are inclined to help them.
예를 들어
만약 우리가 아는 어떤 사람이
자금이 부족하다면
수술을 위한
우리는 그들을 도울 의향이 있다
be inclined to: ~할 의향이 있다
① In fact, / our contribution can have an impact / on their ability / to get the surgery. Now instead, /
실제로
우리의 기여는 영향을 미칠 수 있다
그들의 능력에
그 수술을 받기 위한
이제 대신
imagine 10 people / begging for money. ② While we may be able to / help 10 people, / we will
열 명의 사람들을 상상해 보라
돈을 간청하는
우리는 할 수 있을지도 모르지만
열 명을 도와줄
start making / different considerations. Are some significantly older / or disabled? Are any of them
우리는 생각하기 시작할 것이다
다른 고려 사항을
몇 명이 상당히 연로한가
혹은 장애가 있는가
그들 중에 아이들이 있는가
의문형용사 which + 명사
children? ③ Determining / which individuals need aid the most / will hamper our empathy. Lastly, /
판단하는 것은
어떤 사람들이 가장 도움을 필요로 하는지
우리의 공감을 방해할 것이다
마지막으로
imagine a nation / ravaged by an earthquake. ④ There are 20,000 earthquakes yearly, / although
국가를 상상해 보라
지진에 의해 파괴된
해마다 20,000건의 지진이 발생한다
most are undetectable. Because the need is so great, / the scope of the required empathy / proves
비록 대부분은 감지할 수 없지만
그 어려움이 너무나 크기 때문에
요구되는 연민의 범위가
overwhelming, / and therefore the compassion fades.
압도적인 것으로 드러난다
따라서 연민은 흐려진다

해석 연민 피로란 무엇인가? 이 용어는 도움을 필요로 하는 사람의 수가 증가함에 따라, 한 사람의 연민이 어떻게 감소하는지 묘사한다. 예를 들어, 만약 우리가 아는 어떤 사람이 수술을 위한 자금이 부족하다면, 우리는 그들을 도울 의향이 있다. ① 실제로, 우리의 기여는 그들이 그 수술을 받기 위한 능력에 영향을 미칠 수 있다. 이제 대신, 돈을 간청하는 열 명의 사람들을 상상해 보라. ② 우리는 열 명을 도와줄 수 있을지도 모르지만, 다른 고려 사항을 생각하기 시작할 것이다. 몇 명이 상당히 연로하거나 장애가 있는가? 그들 중에 아이들이 있는가? ③ 어떤 사람들이 가장 도움을 필요로 하는지 판단하는 것은 우리의 공감을 방해할 것이다. 마지막으로, 지진에 의해 파괴된 국가를 상상해 보라. ④ 비록 대부분은 감지할 수 없지만, 해마다 20,000건의 지진이 발생한다. 그 어려움이 너무나 크기 때문에, 요구되는 연민의 범위가 압도적인 것으로 드러나고, 따라서 연민은 흐려진다.

해설 첫 문장에서 '연민 피로'가 무엇인지 질문한 후, 이어서 연민 피로의 정의를 설명하고, ①, ②, ③번에서 그에 대한 예시를 제시했다. 그러나 ④번은 '해마다 발생하는 지진의 수'에 대한 내용으로, 지문의 흐름과 어울리지 않으므로 ④번이 정답이다.

어휘 **empathy** 연민, 공감 **be short on** ~이 부족하다 **disabled** 장애가 있는 **hamper** 방해하다 **ravage** 파괴하다, 유린하다 **undetectable** 감지할 수 없는 **scope** 범위 **overwhelming** 압도적인

정답: ④

06 주어진 글 다음에 이어질 글의 순서로 가장 적절한 것은?

It is common knowledge that bats use echolocation to find their bearings and navigate. However, if they rely on a combination of sound projection and listening just to get around, how do they communicate with one another?

(A) In this way, a colony of bats can live and fly in proximity to one another without the risk of colliding in the air, thanks to effective communication.

(B) But don't expect to be able to observe instances of such communication in bat language, as the sounds they share with each other reach frequencies so high that human ears can't detect them.

(C) The answer is pretty much in the same way. The noises they make serve a dual purpose for informing others of their location and being able to detect the locations of other bats via echoes.

① (A) — (B) — (C)　② (B) — (C) — (A)

③ (C) — (A) — (B)　④ (C) — (B) — (A)

Mini Quiz

1. 이 지문의 중심 소재를 지문에서 찾아 쓰세요.

2. '질문과 답변 / 문제점과 해결책' 논리 구조임을 알 수 있는 SIGNAL WORD를 지문에서 찾아 쓰세요.

정답 | **1.** bats use echolocation **2.** how, answer

논리 구조 분석

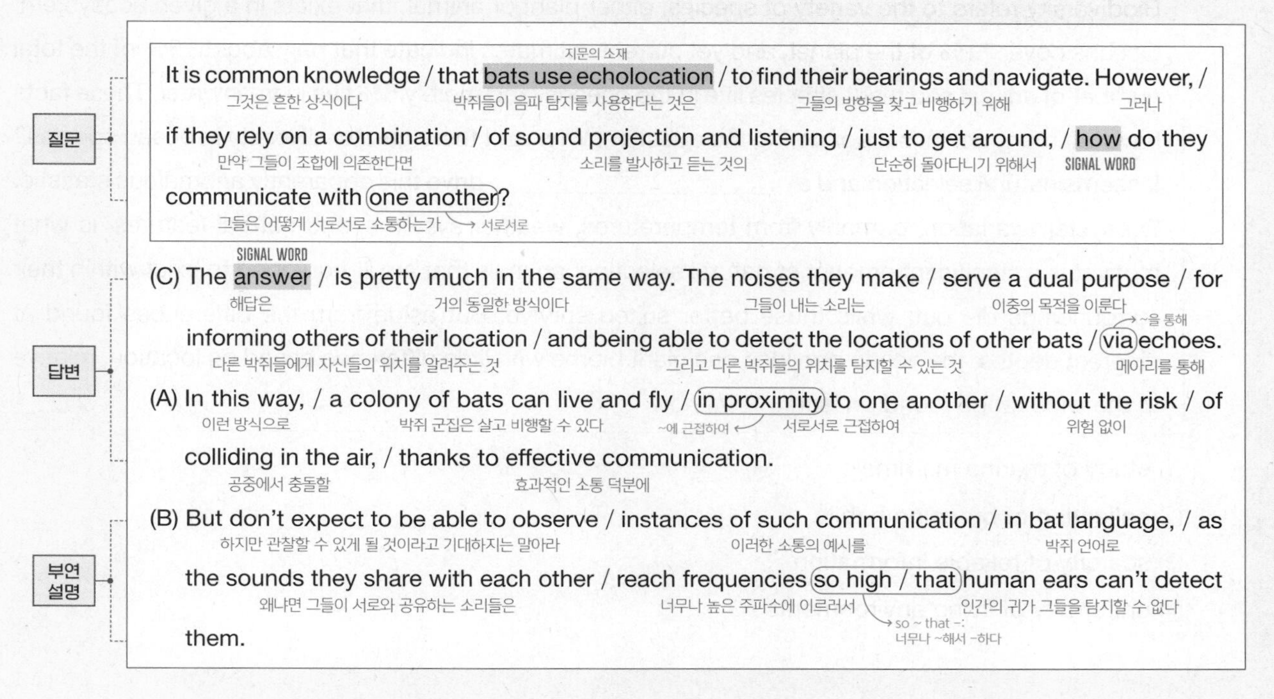

질문
지문의 소재
It is common knowledge / that bats use echolocation / to find their bearings and navigate. However, /
그것은 흔한 상식이다 박쥐들이 음파 탐지를 사용한다는 것은 그들의 방향을 찾고 비행하기 위해 그러나
if they rely on a combination / of sound projection and listening / just to get around, / how do they
만약 그들이 조합에 의존한다면 소리를 발사하고 듣는 것의 단순히 돌아다니기 위해서 SIGNAL WORD
communicate with one another?
그들은 어떻게 서로서로 소통하는가 서로서로
답변
SIGNAL WORD
(C) The answer / is pretty much in the same way. The noises they make / serve a dual purpose / for
해답은 거의 동일한 방식이다 그들이 내는 소리는 이중의 목적을 이룬다
~을 통해
informing others of their location / and being able to detect the locations of other bats / via echoes.
다른 박쥐들에게 자신들의 위치를 알려주는 것 그리고 다른 박쥐들의 위치를 탐지할 수 있는 것 메아리를 통해
(A) In this way, / a colony of bats can live and fly / in proximity to one another / without the risk / of
이런 방식으로 박쥐 군집은 살고 비행할 수 있다 ~에 근접하여 서로서로 근접하여 위험 없이
colliding in the air, / thanks to effective communication.
공중에서 충돌할 효과적인 소통 덕분에
부연 설명
(B) But don't expect to be able to observe / instances of such communication / in bat language, / as
하지만 관찰할 수 있게 될 것이라고 기대하지는 말아라 이러한 소통의 예시를 박쥐 언어로
the sounds they share with each other / reach frequencies so high / that human ears can't detect
왜냐면 그들이 서로와 공유하는 소리들은 너무나 높은 주파수에 이르러서 인간의 귀가 그들을 탐지할 수 없다
them.
so ~ that ~: 너무나 ~해서 ~하다

해석 박쥐들이 그들의 방향을 찾고 비행하기 위해 음파 탐지를 사용한다는 것은 흔한 상식이다. 그러나, 만약 그들이 단순히 돌아다니기 위해서 소리를 발사하고 듣는 것의 조합에 의존한다면, 그들은 어떻게 서로서로 소통하는가?

(C) 해답은 거의 동일한 방식이다. 그들이 내는 소리는 다른 박쥐들에게 자신들의 위치를 알려주고 메아리를 통해 다른 박쥐들의 위치를 탐지할 수 있는 이중의 목적을 이룬다.

(A) 이런 방식으로, 박쥐 군집은 효과적인 소통 덕분에 공중에서 충돌할 위험 없이 서로서로 근접하여 살고 비행할 수 있다.

(B) 하지만 그들이 서로와 공유하는 소리들은 너무나 높은 주파수에 이르러서 인간의 귀가 탐지할 수 없기 때문에, 박쥐 언어로 이러한 소통의 예시를 관찰할 수 있게 될 것이라고 기대하지는 말아라.

해설 주어진 문장에서 박쥐들이 서로 소통하는 방식에 대해 질문한 후, (C)에서 그 질문에 대한 답변으로 길을 찾는 것과 동일한 음파 탐지의 방식을 언급했다. 이어서 (A)에서 이러한 방식으로 박쥐들이 서로 충돌하지 않고 살고 비행할 수 있다고 하고, (B)에서 그들이 주고받는 소리는 인간이 탐지할 수 없으므로 우리가 박쥐들의 소통을 관찰할 수는 없다고 설명하고 있다. 따라서 주어진 글 다음에 이어질 순서는 ③ (C) ― (A) ― (B)이다.

어휘 echolocation 음파 탐지 bearing 방향, 방위 navigate 비행하다, 항해하다 projection 발사 get around 돌아다니다 dual 이중의 detect 탐지하다 colony 군집, 식민지 proximity 근접, 가까움 collide 충돌하다 frequency 주파수

정답: ③

07 밑줄 친 부분에 들어갈 말로 가장 적절한 것은?

Biodiversity refers to the variety of species, either plant or animal, that exists in a given ecosystem. Oceans cover 71% of the planet, and yet current estimates indicate that only about 15% of the total number of animal and plant species live in the oceans, and merely 5% live in freshwater. These facts have left many scientists pondering the question: Why isn't there greater diversity in ocean species? It seems natural selection and a ______________________ drive this apparently anomalous statistic. Ecosystem variation, primarily from temperatures, weather systems, and natural features, is what motivates a significant amount of natural selection; animals that are ill-equipped to exist within their surroundings die out, while those better suited survive. But aside from the differences found at different depths, the ocean provides one giant biome with little difference based on location, relative to the wide range found on land.

① study of marine mammals
② collection of breeding habits
③ scarcity of reliable information
④ uniformity of living environments

Mini Quiz

1. 이 지문의 중심 소재를 지문에서 찾아 쓰세요.

____

2. '질문과 답변 / 문제점과 해결책' 논리 구조임을 알 수 있는 SIGNAL WORD를 지문에서 찾아 쓰세요.

____

정답 | 1. Biodiversity, ocean species **2.** question, Why

논리 구조 분석

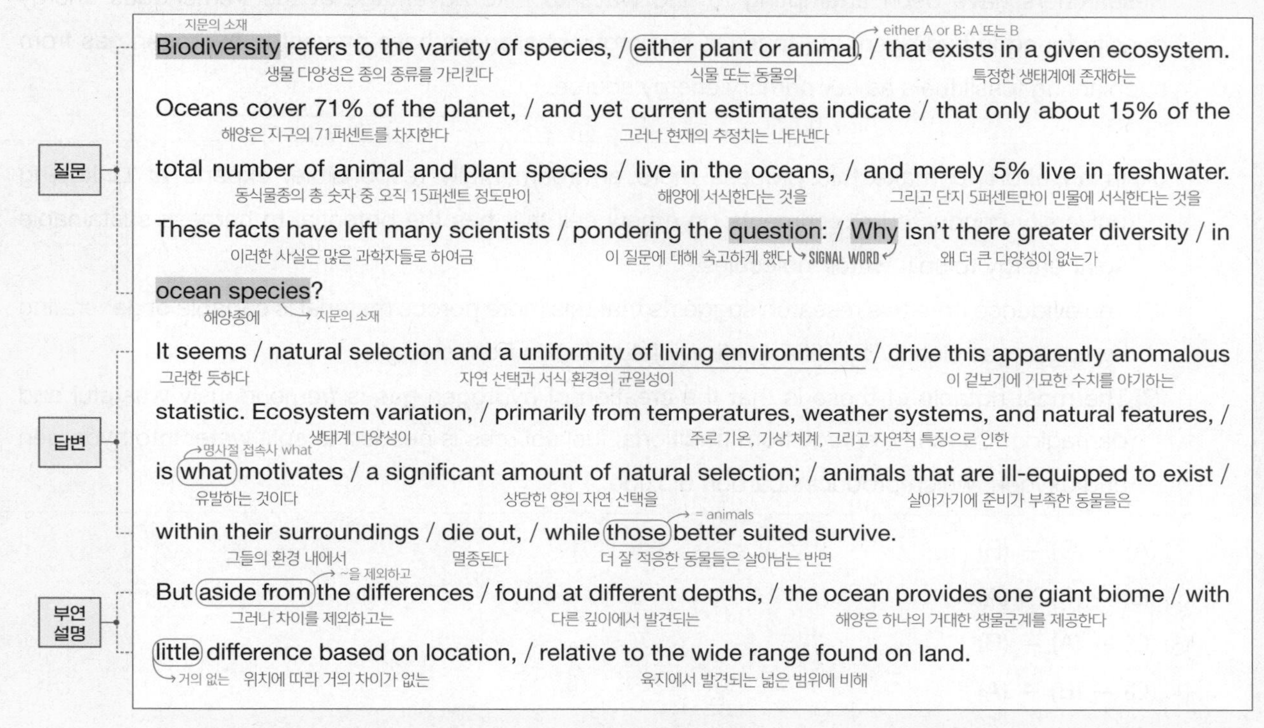
질문
답변
부연 설명
지문의 소재
Biodiversity refers to the variety of species, / either plant or animal, / that exists in a given ecosystem.
either A or B: A 또는 B
생물 다양성은 종의 종류를 가리킨다
식물 또는 동물의
특정한 생태계에 존재하는
Oceans cover 71% of the planet, / and yet current estimates indicate / that only about 15% of the
해양은 지구의 71퍼센트를 차지한다
그러나 현재의 추정치는 나타낸다
total number of animal and plant species / live in the oceans, / and merely 5% live in freshwater.
동식물종의 총 숫자 중 오직 15퍼센트 정도만이
해양에 서식한다는 것을
그리고 단지 5퍼센트만이 민물에 서식한다는 것을
These facts have left many scientists / pondering the question: / Why isn't there greater diversity / in
이러한 사실은 많은 과학자들로 하여금
이 질문에 대해 숙고하게 했다
SIGNAL WORD
왜 더 큰 다양성이 없는가
ocean species?
해양종에
지문의 소재
It seems / natural selection and a uniformity of living environments / drive this apparently anomalous
그러한 듯하다
자연 선택과 서식 환경의 균일성이
이 겉보기에 기묘한 수치를 야기하는
statistic. Ecosystem variation, / primarily from temperatures, weather systems, and natural features, /
생태계 다양성이
주로 기온, 기상 체계, 그리고 자연적 특징으로 인한
명사절 접속사 what
is what motivates / a significant amount of natural selection; / animals that are ill-equipped to exist /
유발하는 것이다
상당한 양의 자연 선택을
살아가기에 준비가 부족한 동물들은
= animals
within their surroundings / die out, / while those better suited survive.
그들의 환경 내에서
멸종된다
더 잘 적응한 동물들은 살아남는 반면
~을 제외하고
But aside from the differences / found at different depths, / the ocean provides one giant biome / with
그러나 차이를 제외하고는
다른 깊이에서 발견되는
해양은 하나의 거대한 생물군계를 제공한다
little difference based on location, / relative to the wide range found on land.
거의 없는
위치에 따라 거의 차이가 없는
육지에서 발견되는 넓은 범위에 비해

해석 생물 다양성은 특정한 생태계에 존재하는 식물 또는 동물종의 종류를 가리킨다. 해양은 지구의 71퍼센트를 차지하나, 현재의 추정치는 동식물종의 총 숫자 중 오직 15퍼센트 정도만이 해양에 서식하며, 단지 5퍼센트만이 민물에 서식한다는 것을 나타낸다. 이러한 사실은 많은 과학자들로 하여금 이 질문에 대해 숙고하게 했다. 왜 해양종에 더 큰 다양성이 없는가? 자연 선택과 서식 환경의 균일성이 이 겉보기에 기묘한 수치를 야기하는 듯하다. 주로 기온, 기상 체계, 그리고 자연적 특징으로 인한 생태계 다양성이 상당한 양의 자연 선택을 유발하는 것이다. 그들의 환경 내에서 살아가기에 준비가 부족한 동물들은 멸종되는 반면, 더 잘 적응한 동물들은 살아남는다. 그러나 다른 깊이에서 발견되는 차이를 제외하고는, 해양은 육지에서 발견되는 넓은 범위에 비해 위치에 따라 거의 차이가 없는 하나의 거대한 생물군계를 제공한다.

① 해양 포유류의 연구
② 번식 습관의 수집
③ 믿을 만한 정보의 부족
④ 서식 환경의 균일성

해설 지문 초반에 제시한 해양종의 생물 다양성에 대한 질문의 답변으로, 마지막 문장에 육지의 환경에 비해서 해양은 위치에 따른 차이가 거의 없는 하나의 거대한 생물군계를 제공한다는 내용이 있으므로, '서식 환경의 균일성'이라고 한 ④번이 정답이다.

어휘 biodiversity 생물 다양성 ecosystem 생태계 merely 단지 freshwater 민물 ponder 숙고하다 apparently 겉보기에는 anomalous 기묘한, 이례적인 ill-equipped 준비가 부족한 die out 멸종되다 biome 생물군계 relative to ~에 비해서 scarcity 부족 uniformity 균일성

정답: ④

08 주어진 글 다음에 이어질 글의 순서로 가장 적절한 것은?

Researchers have been attempting to find ways to take advantage of the tremendous energy density found in hydrogen, but thus far, numerous challenges have prevented hydrogen gas from supplanting fossil fuels as our primary energy source.

(A) In an effort to make this process more environmentally responsible, experts at Linkoping university conducted experiments on a new cell that has the potential to harness sustainable solar energy to split water molecules.

(B) The evidence from this research suggests that this more porous material is capable of generating hydrogen gas cleanly by utilizing ultraviolet radiation from sunlight.

(C) The most notable of these is that the creation of hydrogen gas is tremendously wasteful and damaging. Currently, energy from traditional fuel sources is needed to split water into hydrogen and oxygen, which produces carbon dioxide.

① (A) — (C) — (B)
② (B) — (C) — (A)
③ (C) — (A) — (B)
④ (C) — (B) — (A)

Mini Quiz

1. 이 지문의 중심 소재를 지문에서 찾아 쓰세요.

2. '질문과 답변 / 문제점과 해결책' 논리 구조임을 알 수 있는 SIGNAL WORD를 지문에서 찾아 쓰세요.

정답 | 1. hydrogen gas, supplanting fossil fuels **2.** numerous challenges

논리 구조 분석

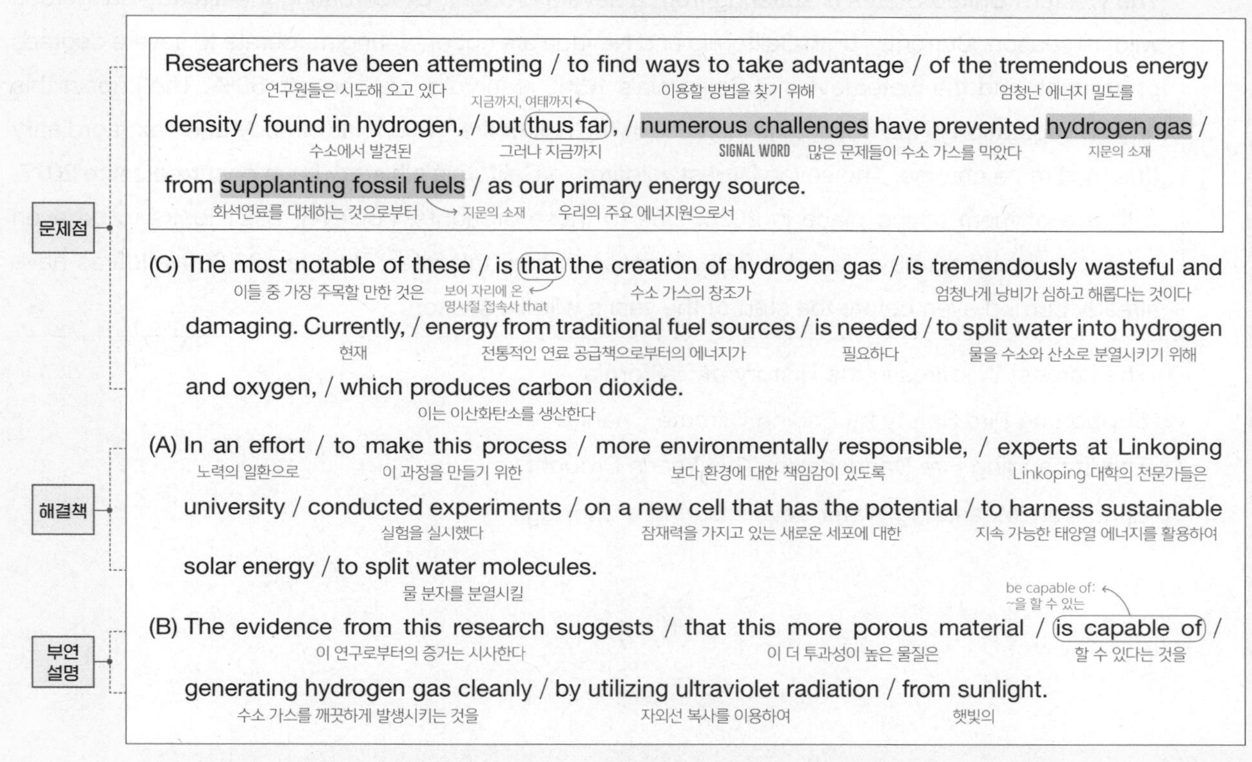

Researchers have been attempting / to find ways to take advantage / of the tremendous energy density / found in hydrogen, / but thus far, / numerous challenges have prevented hydrogen gas / from supplanting fossil fuels / as our primary energy source.
연구원들은 시도해 오고 있다
이용할 방법을 찾기 위해
엄청난 에너지 밀도를
지금까지, 여태까지
수소에서 발견된
그러나 지금까지
SIGNAL WORD
많은 문제들이 수소 가스를 막았다
지문의 소재
화석연료를 대체하는 것으로부터
지문의 소재
우리의 주요 에너지원으로서
문제점
(C) The most notable of these / is that the creation of hydrogen gas / is tremendously wasteful and damaging. Currently, / energy from traditional fuel sources / is needed / to split water into hydrogen and oxygen, / which produces carbon dioxide.
이들 중 가장 주목할 만한 것은
보어 자리에 온 명사절 접속사 that
수소 가스의 창조가
엄청나게 낭비가 심하고 해롭다는 것이다
현재
전통적인 연료 공급책으로부터의 에너지가
필요하다
물을 수소와 산소로 분열시키기 위해
이는 이산화탄소를 생산한다
해결책
(A) In an effort / to make this process / more environmentally responsible, / experts at Linkoping university / conducted experiments / on a new cell that has the potential / to harness sustainable solar energy / to split water molecules.
노력의 일환으로
이 과정을 만들기 위한
보다 환경에 대한 책임감이 있도록
Linkoping 대학의 전문가들은
실험을 실시했다
잠재력을 가지고 있는 새로운 세포에 대한
지속 가능한 태양열 에너지를 활용하여
물 분자를 분열시킬
부연 설명
(B) The evidence from this research suggests / that this more porous material / is capable of / generating hydrogen gas cleanly / by utilizing ultraviolet radiation / from sunlight.
이 연구로부터의 증거는 시사한다
이 더 투과성이 높은 물질은
be capable of: ~을 할 수 있는
할 수 있다는 것을
수소 가스를 깨끗하게 발생시키는 것을
자외선 복사를 이용하여
햇빛의

해석 연구원들은 수소에서 발견된 엄청난 에너지 밀도를 이용할 방법을 찾기 위해 시도해 오고 있으나, 지금까지 많은 문제들이 우리의 주요 에너지원으로서 화석연료를 대체하는 것으로부터 수소 가스를 막았다.

(C) 이들 중 가장 주목할 만한 것은 수소 가스의 창조가 엄청나게 낭비가 심하고 해롭다는 것이다. 현재, 물을 수소와 산소로 분열시키기 위해서는 전통적인 연료 공급책으로부터의 에너지가 필요한데, 이는 이산화탄소를 생산한다.

(A) 이 과정을 보다 환경에 대한 책임감이 있도록 만들기 위한 노력의 일환으로, Linkoping 대학의 전문가들은 지속 가능한 태양열 에너지를 활용하여 물 분자를 분열시킬 잠재력을 가지고 있는 새로운 세포에 대한 실험을 실시했다.

(B) 이 연구로부터의 증거는 이 더 투과성이 높은 물질이 햇빛의 자외선 복사를 이용하여 깨끗하게 수소 가스를 발생시킬 수 있다는 것을 시사한다.

해설 주어진 문장에서 여러 문제들이 수소 가스의 화석연료 대체를 막았다고 언급한 후, (C)에서 특히 수소 가스를 만드는 것이 낭비가 심하고 해롭다는 점을 설명했다. (A)에서 수소 가스 제조 과정을 친환경적으로 만들고자 실시한 실험을 언급한 후, 뒤이어 (B)에서 해당 연구의 증거가 수소 가스를 깨끗하게 발생시키는 것의 가능성을 시사한다고 설명하고 있다. 따라서 주어진 문장 다음에 이어질 순서는 ③ (C) − (A) − (B)이다.

어휘 density 밀도, 농도 hydrogen 수소 supplant 대체하다 wasteful 낭비가 심한 harness 활용하다; 마구 split 분열시키다 molecule 분자 porous 투과성이 높은 utilize 이용하다 ultraviolet 자외선의 radiation (열, 에너지 등의) 복사

정답: ③

09 다음 글의 제목으로 가장 적절한 것은?

The western United States is suffering from a severe drought, exacerbating the already dangerous wildfire season. Currently, both California and Nevada are encountering moderate to severe degrees of drought, and the water levels in California's 1,500 reservoirs are beneath 50%. The impact this has on vegetation is the noticeable increase in the risk of fire, which has already been extraordinary due to climate change. The seven largest wildfires in California's history have occurred since 2017, with five of them taking place in 2020. Due to these droughts, however, 2021 looks to be even worse, as residents have faced a 30% increase in fires this year. Thus far, 26,000 wildfires have already burned even before the start of the year's wildfire season.

① The Largest Wildfires in the History of California
② Supporting Fire Safety by Ending Climate Change
③ The Impending Fire Danger from This Year's Drought
④ Effectively Measuring Water Levels During a Shortage

Mini Quiz

1. 이 지문의 중심 소재를 지문에서 찾아 쓰세요.

____

2. '질문과 답변 / 문제점과 해결책' 논리 구조임을 알 수 있는 SIGNAL WORD를 지문에서 찾아 쓰세요.

____

정답 | **1.** a severe drought, wildfire **2.** impact

논리 구조 분석

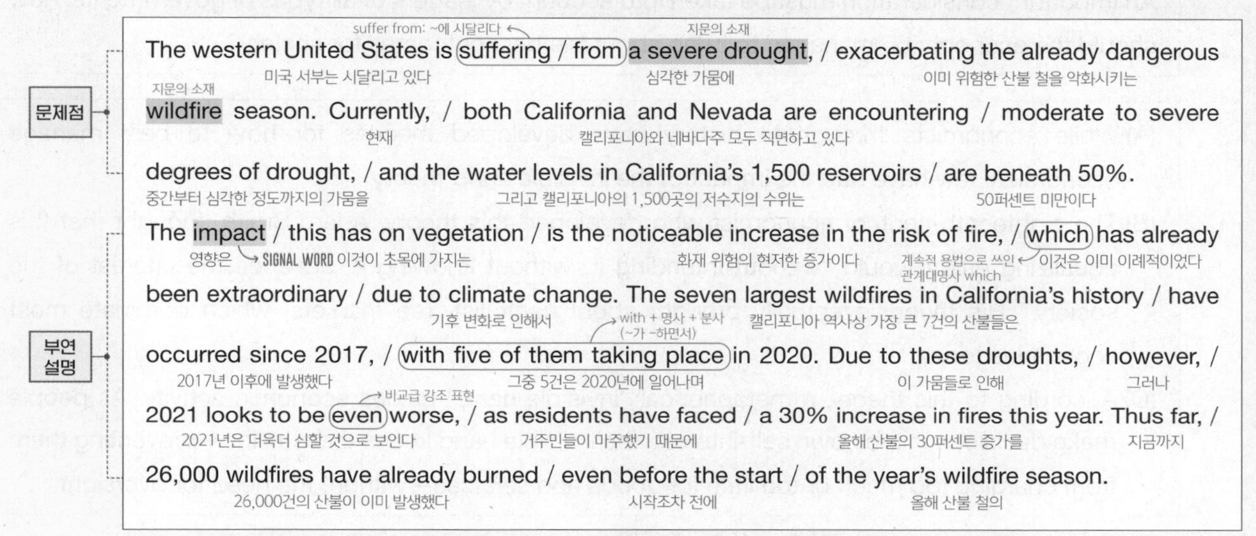

문제점

The western United States is suffering / from a severe drought, / exacerbating the already dangerous wildfire season. Currently, / both California and Nevada are encountering / moderate to severe degrees of drought, / and the water levels in California's 1,500 reservoirs / are beneath 50%.

(suffer from: ~에 시달리다 / 지문의 소재 / 미국 서부는 시달리고 있다 / 심각한 가뭄에 / 이미 위험한 산불 철을 악화시키는 / 지문의 소재 / 현재 / 캘리포니아와 네바다주 모두 직면하고 있다 / 중간부터 심각한 정도까지의 가뭄을 / 그리고 캘리포니아의 1,500곳의 저수지의 수위는 / 50퍼센트 미만이다)

부연 설명

The impact / this has on vegetation / is the noticeable increase in the risk of fire, / which has already been extraordinary / due to climate change. The seven largest wildfires in California's history / have occurred since 2017, / with five of them taking place in 2020. Due to these droughts, / however, / 2021 looks to be even worse, / as residents have faced / a 30% increase in fires this year. Thus far, / 26,000 wildfires have already burned / even before the start / of the year's wildfire season.

(영향은 → SIGNAL WORD 이것이 초목에 가지는 / 화재 위험의 현저한 증가이다 / 계속적 용법으로 쓰인 관계대명사 which / 이것은 이미 이례적이었다 / 기후 변화로 인해서 / with + 명사 + 분사 (~가 ~하면서) / 캘리포니아 역사상 가장 큰 7건의 산불들은 / 2017년 이후에 발생했다 / 그중 5건은 2020년에 일어나며 / 이 가뭄들로 인해 / 그러나 / 비교급 강조 표현 / 2021년은 더욱더 심할 것으로 보인다 / 거주민들이 마주했기 때문에 / 올해 산불의 30퍼센트 증가를 / 지금까지 / 26,000건의 산불이 이미 발생했다 / 시작조차 전에 / 올해 산불 철의)

해석 미국 서부는 이미 위험한 산불 철을 악화시키는 심각한 가뭄에 시달리고 있다. 현재, 캘리포니아와 네바다주 모두 중간부터 심각한 정도까지의 가뭄을 직면하고 있으며, 캘리포니아의 1,500곳의 저수지의 수위는 50퍼센트 미만이다. 이것이 초목에 가지는 영향은 화재 위험의 현저한 증가인데, 이는 기후 변화로 인해 이미 이례적이었다. 캘리포니아 역사상 가장 큰 7건의 산불들은 2017년 이후에 발생했는데, 그중 5건은 2020년에 일어났다. 그러나, 이 가뭄들로 인해 2021년은 더욱더 심할 것으로 보이는데, 거주민들이 올해 산불의 30퍼센트 증가를 마주했기 때문이다. 지금까지, 올해 산불 철의 시작조차 전에 26,000건의 산불이 이미 발생했다.

① 캘리포니아 역사상 가장 큰 산불
② 기후 변화를 종결시킴으로써 화재 안전 돕기
③ 올해 가뭄으로 인해 임박한 화재 위험
④ 물 부족 기간에 효과적으로 수위 측정하기

해설 지문 초반에서 미국 서부의 심각한 가뭄으로 인한 문제를 소개하고, 이후 지문 전반에 걸쳐 이 가뭄으로 인해 화재 위험이 현저히 증가하였다는 결과를 설명하고 있다. 따라서 지문의 제목을 '올해 가뭄으로 인해 임박한 화재 위험'이라고 한 ③번이 정답이다.

어휘 **severe** 심각한 **drought** 가뭄 **exacerbate** 악화시키다 **wildfire** 산불, 들불 **encounter** 직면하다, 마주치다 **moderate** 중간의 **reservoir** 저수지 **vegetation** 초목 **noticeable** 현저한 **extraordinary** 이례적인, 기이한 **take place** 일어나다, 발생하다 **impending** 임박한

정답: ③

10 주어진 글 다음에 이어질 글의 순서로 가장 적절한 것은?

An important consideration must be taken into account by leaders of all types of governments: how should the economy be managed to bring about the best outcomes for society?

(A) While economists throughout history have developed theories for how to best manage economies, few have had the impact of the *invisible hand* theory.

(B) The eighteenth-century economist who developed this theory, Adam Smith, thought that this equalizing effect would "without intending it, without knowing it, advance the interest of the society." His theory eventually brought about capitalist free markets, which dominate most economies today.

(C) According to this theory, a metaphorical "invisible hand" guides economic activity. As people make decisions in their own self-interest, the invisible hand keeps them in line—preventing them from charging too much or too little for goods and services—without the need for oversight.

① (A) — (B) — (C)

② (A) — (C) — (B)

③ (B) — (C) — (A)

④ (C) — (A) — (B)

Mini Quiz

1. 이 지문의 중심 소재를 지문에서 찾아 쓰세요.

____

2. '질문과 답변 / 문제점과 해결책' 논리 구조임을 알 수 있는 SIGNAL WORD를 지문에서 찾아 쓰세요.

____

정답 | 1. economy be managed, *invisible hand* theory **2.** how

논리 구조 분석

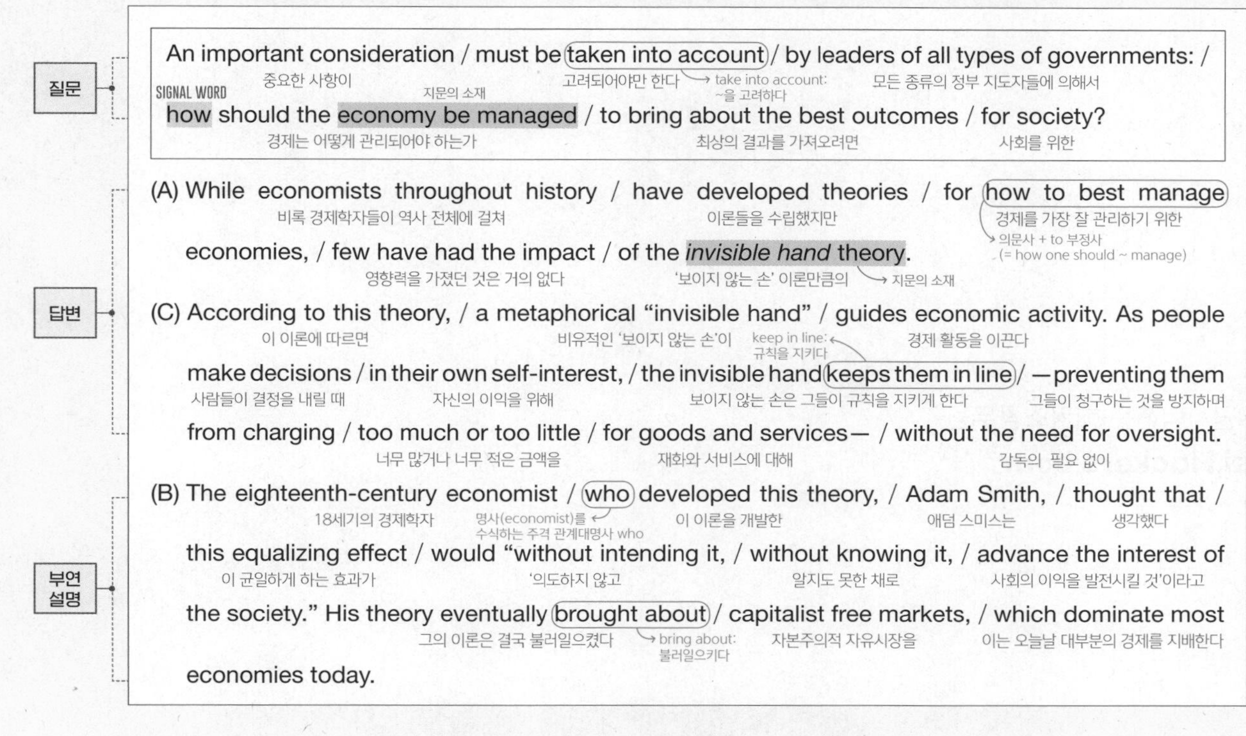

질문

SIGNAL WORD

An important consideration / must be (taken into account) / by leaders of all types of governments: / how should the economy be managed / to bring about the best outcomes / for society?

중요한 사항이 / 고려되어야만 한다 (take into account: ~을 고려하다) / 모든 종류의 정부 지도자들에 의해서 / 경제는 어떻게 관리되어야 하는가(지문의 소재) / 최상의 결과를 가져오려면 / 사회를 위한

답변

(A) While economists throughout history / have developed theories / for (how to best manage) economies, / few have had the impact / of the *invisible hand* theory.

비록 경제학자들이 역사 전체에 걸쳐 / 이론들을 수립했지만 / 경제를 가장 잘 관리하기 위한 (의문사 + to 부정사 (= how one should ~ manage)) / 영향력을 가졌던 것은 거의 없다 / '보이지 않는 손' 이론만큼의 (지문의 소재)

(C) According to this theory, / a metaphorical "invisible hand" / guides economic activity. As people make decisions / in their own self-interest, / the invisible hand (keeps them in line) / — preventing them from charging / too much or too little / for goods and services — / without the need for oversight.

이 이론에 따르면 / 비유적인 '보이지 않는 손'이 / 경제 활동을 이끈다 / 사람들이 결정을 내릴 때 / 자신의 이익을 위해 / 보이지 않는 손은 그들이 규칙을 지키게 한다 (keep in line: 규칙을 지키다) / 그들이 청구하는 것을 방지하며 / 너무 많거나 너무 적은 금액을 / 재화와 서비스에 대해 / 감독의 필요 없이

부연 설명

(B) The eighteenth-century economist / (who) developed this theory, / Adam Smith, / thought that / this equalizing effect / would "without intending it, / without knowing it, / advance the interest of the society." His theory eventually (brought about) / capitalist free markets, / which dominate most economies today.

18세기의 경제학자 / 명사(economist)를 수식하는 주격 관계대명사 who / 이 이론을 개발한 / 애덤 스미스는 / 생각했다 / 이 균일하게 하는 효과가 / '의도하지 않고 / 알지도 못한 채로 / 사회의 이익을 발전시킬 것'이라고 / 그의 이론은 결국 불러일으켰다 (bring about: 불러일으키다) / 자본주의적 자유시장을 / 이는 오늘날 대부분의 경제를 지배한다

해석

모든 종류의 정부 지도자들에 의해서 중요한 사항이 고려되어야만 한다. 사회를 위한 최상의 결과를 가져오려면 경제는 어떻게 관리되어야 하는가?

(A) 비록 경제학자들이 역사 전체에 걸쳐 경제를 가장 잘 관리하기 위한 이론들을 수립했으나, '보이지 않는 손' 이론만큼의 영향력을 가졌던 것은 거의 없다.

(C) 이 이론에 따르면, 비유적인 '보이지 않는 손'이 경제 활동을 이끈다. 사람들이 자신의 이익을 위해 결정을 내릴 때, 보이지 않는 손은 그들이 규칙을 지키게 하여, 감독의 필요 없이 그들이 재화와 서비스에 대해 너무 많거나 너무 적은 금액을 청구하는 것을 방지한다.

(B) 이 이론을 개발한 18세기의 경제학자 애덤 스미스는 이 균일하게 하는 효과가 '의도하지 않고, 알지도 못한 채로 사회의 이익을 발전시킬 것'이라고 생각했다. 그의 이론은 결국 자본주의적 자유시장을 불러일으켰는데, 이는 오늘날 대부분의 경제를 지배한다.

해설 주어진 문장에서 정부 지도자들이 경제를 어떻게 관리해야 하는지 질문을 제시한 후, (A)에서 가장 큰 영향력을 가졌던 보이지 않는 손 이론을 언급했다. 이후 (C)에서 이 이론이 어떻게 경제를 관리하는지 설명하고, 뒤이어 (B)에서 그것이 오늘날 자본주의적 자유시장을 불러일으켰다고 설명하고 있다. 따라서 주어진 문장 다음에 이어질 순서는 ② (A) — (C) — (B)이다.

어휘 outcome 결과 invisible 보이지 않는 metaphorical 비유적 self-interest 자신의 이익, 사리 oversight 감독 equalize 균일하게 하다 capitalist 자본주의적인; 자본주의자

정답: ②

논리 구조 3

원인과 결과

Cause & Effect

공무원 시험 내 출제 비율

(국·지·서·법·국회)

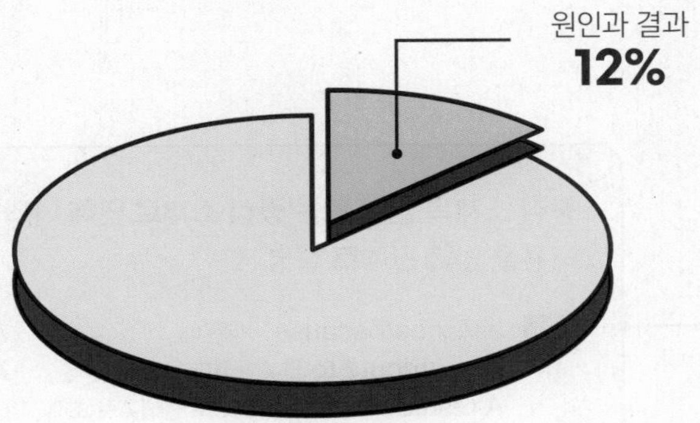
원인과 결과
12%

최근 주요 공무원 시험의 전체 독해 지문 중
'원인과 결과' 구조를 가진 지문은 약 **12%** 출제되었다.

논리 구조

3 원인과 결과

Cause & Effect

'원인과 결과' 논리 구조는 지문의 세부 정보를 뒷받침하는 논리 구조이므로, 중심 소재와 주제문을 먼저 파악한 후 이를 중심으로 원인과 결과 구조를 찾을 수 있다.

SIGNAL WORD though/although/even though/even if 비록 ~일지라도 despite/in spite of A, B A임에도 불구하고, B하다

논리로 파악하는 글의 구조

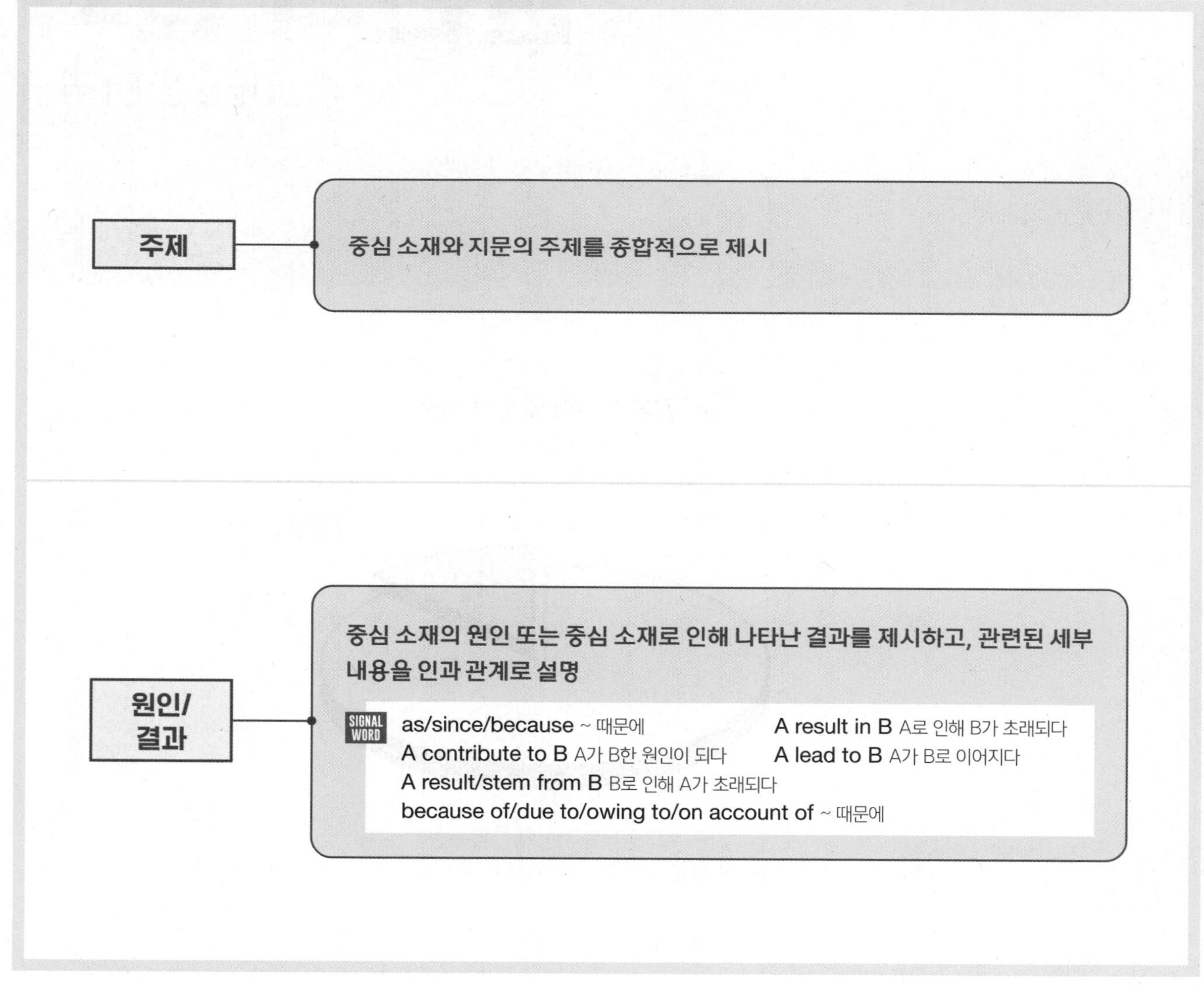

주제
중심 소재와 지문의 주제를 종합적으로 제시
원인/결과
중심 소재의 원인 또는 중심 소재로 인해 나타난 결과를 제시하고, 관련된 세부 내용을 인과 관계로 설명
SIGNAL WORD
as/since/because ~ 때문에
A result in B A로 인해 B가 초래되다
A contribute to B A가 B한 원인이 되다
A lead to B A가 B로 이어지다
A result/stem from B B로 인해 A가 초래되다
because of/due to/owing to/on account of ~ 때문에

기출로 확인하는 논리 구조

밑줄 친 부분에 들어갈 말로 알맞은 것은? [2023년 국가직 9급]

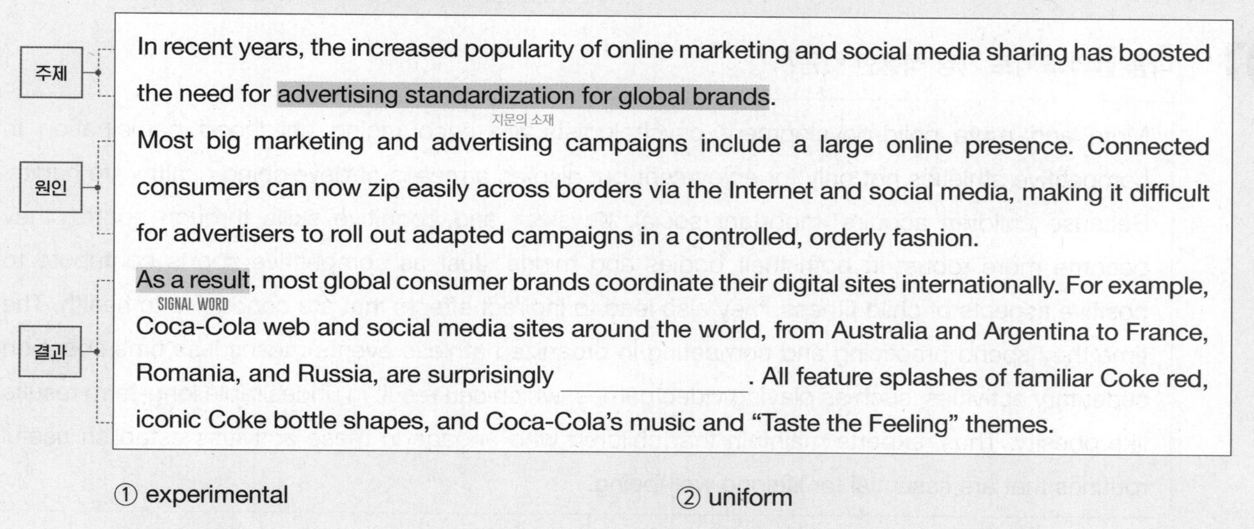

주제

In recent years, the increased popularity of online marketing and social media sharing has boosted the need for advertising standardization for global brands.

지문의 소재

원인

Most big marketing and advertising campaigns include a large online presence. Connected consumers can now zip easily across borders via the Internet and social media, making it difficult for advertisers to roll out adapted campaigns in a controlled, orderly fashion.

결과

As a result, most global consumer brands coordinate their digital sites internationally. For example, Coca-Cola web and social media sites around the world, from Australia and Argentina to France, Romania, and Russia, are surprisingly ________. All feature splashes of familiar Coke red, iconic Coke bottle shapes, and Coca-Cola's music and "Taste the Feeling" themes.

SIGNAL WORD

① experimental ② uniform

③ localized ④ diverse

해석 최근에, 온라인 마케팅과 소셜 미디어 공유의 높아진 인기는 글로벌 브랜드에 대한 광고 표준화의 필요성을 북돋웠다. 대부분의 대규모 마케팅과 광고 캠페인은 대규모의 온라인상에서의 존재감을 포함한다. 연결된 소비자들은 이제 인터넷과 소셜 미디어를 통해 국경을 쉽게 넘나들 수 있고, 이는 광고주들이 적합한 캠페인을 통제되고 질서정연한 방식으로 시작하는 것을 어렵게 만든다. 결과적으로, 대부분의 글로벌 소비자 브랜드는 그들의 디지털 사이트를 국제적으로 동등하게 한다. 예를 들어, 호주와 아르헨티나부터 프랑스, 루마니아, 그리고 러시아에 이르기까지, 전 세계의 코카콜라 웹 사이트와 소셜 미디어 사이트는 놀랍게도 똑같다. 전부 친숙한 코카콜라 빨간색의 물방울들, 상징적인 콜라병 모양, 그리고 코카콜라의 음악과 '이 맛, 이 느낌' 테마를 특징으로 한다.

① 실험의 ② 똑같은

③ 국한된 ④ 다양한

해설 지문 처음에서 최근에 온라인 마케팅과 소셜 미디어 공유의 높아진 인기는 글로벌 브랜드에 대한 광고 표준화의 필요성을 북돋웠다고 했고, 지문 마지막에서 대부분의 글로벌 소비자 브랜드는 그들의 디지털 사이트를 국제적으로 동등하게 하는데, 코카콜라 웹 사이트는 전부 친숙한 코카콜라 빨간색의 물방울들, 상징적인 콜라병 모양, 그리고 코카콜라의 음악과 '이 맛, 이 느낌' 테마를 특징으로 한다고 했으므로, 빈칸에는 전 세계의 코카콜라 웹 사이트와 소셜 미디어 사이트는 놀랍게도 '② 똑같다'는 내용이 들어가야 한다.

어휘 popularity 인기 advertising 광고 standardization 표준화 online presence 온라인상에서의 존재감, 영향력 consumer 소비자 border 국경 via (특정한 사람·시스템 등을) 통해 roll out 시작하다, 출시하다 adapted 적합한, 알맞은 fashion 방식 coordinate 동등하게 하다, 조정하다 feature ~을 특징으로 하다 iconic 상징적인 experimental 실험의 uniform 똑같은 localize ~을 국한시키다

정답: ②

실전에 더 강해지는 구조 독해 TIP

원인과 결과 중에서 더 나중에 등장하는 것이 더 중요한 내용임을 명심하라! 세부 내용에 원인과 결과가 모두 언급될 경우, 이 중 더 나중에 등장하는 요소가 지문에서 더 중점적으로 말하고자 하는 내용이다.

01 다음 글의 요지로 가장 적절한 것은?

More and more child-development psychologists are encouraging childhood participation in competitive athletics not only for enjoyment but also as a means of developing healthy life habits. Because children acquire important social, physical, and cognitive skills through sports, they become more robust in both their bodies and minds. Just as competitive sports contribute to positive aspects of child fitness, they also lead to indirect effects that are conducive to health. The time they spend practicing and competing in organized athletic events means less time spent on sedentary activities, such as playing video games, which can result in undesirable long-term results like obesity. Thus, experts maintain that children who engage in these activities establish useful routines that are essential for lifelong well-being.

① Competitive sports are dissuaded by most psychologists.

② Competitive sports increase the chances of long-term health.

③ Competitive sports limit the stress experienced by children.

④ Competitive sports are proven to reduce risky behavior.

Mini Quiz

1. 이 지문의 중심 소재를 지문에서 찾아 쓰세요.

____

2. '원인과 결과' 논리 구조임을 알 수 있는 SIGNAL WORD를 지문에서 찾아 쓰세요.

____

정답 | 1. childhood participation in competitive athletics 2. Because, contribute to, lead to, result in

논리 구조 분석

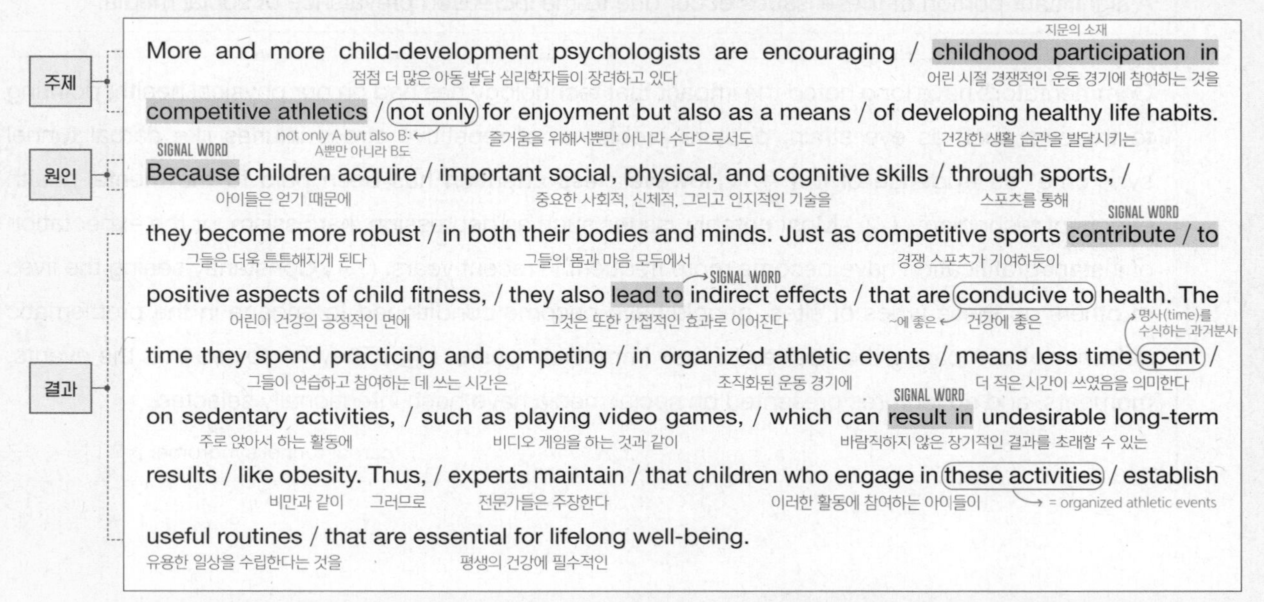

주제
원인
결과
지문의 소재
More and more child-development psychologists are encouraging / childhood participation in
점점 더 많은 아동 발달 심리학자들이 장려하고 있다
어린 시절 경쟁적인 운동 경기에 참여하는 것을
competitive athletics / not only for enjoyment but also as a means / of developing healthy life habits.
not only A but also B: A뿐만 아니라 B도
즐거움을 위해서뿐만 아니라 수단으로서도
건강한 생활 습관을 발달시키는
SIGNAL WORD
Because children acquire / important social, physical, and cognitive skills / through sports, /
아이들은 얻기 때문에
중요한 사회적, 신체적, 그리고 인지적인 기술을
스포츠를 통해
SIGNAL WORD
they become more robust / in both their bodies and minds. Just as competitive sports contribute / to
그들은 더욱 튼튼해지게 된다
그들의 몸과 마음 모두에서
경쟁 스포츠가 기여하듯이
SIGNAL WORD
positive aspects of child fitness, / they also lead to indirect effects / that are conducive to health. The
어린이 건강의 긍정적인 면에
그것은 또한 간접적인 효과로 이어진다
~에 좋은
건강에 좋은
명사(time)를 수식하는 과거분사
time they spend practicing and competing / in organized athletic events / means less time spent /
그들이 연습하고 참여하는 데 쓰는 시간은
조직화된 운동 경기에
더 적은 시간이 쓰였음을 의미한다
SIGNAL WORD
on sedentary activities, / such as playing video games, / which can result in undesirable long-term
주로 앉아서 하는 활동에
비디오 게임을 하는 것과 같이
바람직하지 않은 장기적인 결과를 초래할 수 있는
results / like obesity. Thus, / experts maintain / that children who engage in these activities / establish
비만과 같이
그러므로
전문가들은 주장한다
이러한 활동에 참여하는 아이들이
= organized athletic events
useful routines / that are essential for lifelong well-being.
유용한 일상을 수립한다는 것을
평생의 건강에 필수적인

해석 점점 더 많은 아동 발달 심리학자들이 즐거움을 위해서뿐만 아니라 건강한 생활 습관을 발달시키는 수단으로서도 어린 시절 경쟁적인 운동 경기에 참여하는 것을 장려하고 있다. 아이들은 중요한 사회적, 신체적, 그리고 인지적인 기술을 스포츠를 통해 얻기 때문에, 그들은 몸과 마음 모두에서 더욱 튼튼해지게 된다. 경쟁 스포츠가 어린이 건강의 긍정적인 면에 기여하듯이, 그것은 또한 건강에 좋은 간접적인 효과로 이어진다. 그들(아이들)이 조직화된 운동 경기를 연습하고 (그것에) 참여하는 데 쓰는 시간은 비디오 게임을 하는 것과 같이 주로 앉아서 하는 활동에 더 적은 시간이 쓰였음을 의미하는데, 이것(앉아서 하는 활동)은 비만과 같이 바람직하지 않은 장기적인 결과를 초래할 수 있다. 그러므로, 전문가들은 이러한 활동에 참여하는 아이들이 평생의 건강에 필수적인 유용한 일상을 수립한다고 주장한다.

① 경쟁 스포츠는 대부분의 심리학자들에 의해 만류된다.
② 경쟁 스포츠는 장기적인 건강의 가능성을 높인다.
③ 경쟁 스포츠는 아이들이 느끼는 스트레스를 제한한다.
④ 경쟁 스포츠는 위험한 행동을 줄인다고 증명되었다.

해설 지문 전반에 걸쳐 경쟁 스포츠에 참여하는 것이 건강한 생활 습관을 발달시키는 데 유용하며, 아이들의 건강에 여러 긍정적인 영향을 미친다는 결과를 설명하고 있다. 따라서 지문의 요지를 '경쟁 스포츠는 장기적인 건강의 가능성을 높인다'라고 한 ②번이 정답이다.

어휘 **cognitive** 인지적인 **robust** 튼튼한, 건강한 **sedentary** 주로 앉아서 하는 **dissuade** 만류하다

정답: ②

02 주어진 문장이 들어갈 위치로 가장 적절한 것은?

> A significant portion of these issues occur due to the increased prevalence of social media.

Commentators have long noted the impact that technology has had on our physical health, pointing to troubles such as eye strain, posture problems, or repetitive stress injuries like carpal tunnel syndrome* as evidence of it. (①) However, less attention has been paid to the mental-health effects of technology. (②) Most notably, issues such as depression, narcissism, or the expectation of instant gratification have become more frequent in recent years. (③) Constantly seeing the lives of others on these types of sites, people have become conditioned to engage in the problematic behavior of comparing themselves to their immediate peers. (④) They fail to see that the events, moments, and adventures presented on social media have been intentionally selected.

*carpal tunnel syndrome: 손목 터널 증후군

Mini Quiz

1. 이 지문의 중심 소재를 지문에서 찾아 쓰세요.

____

2. '원인과 결과' 논리 구조임을 알 수 있는 SIGNAL WORD를 지문에서 찾아 쓰세요.

____

정답 | **1.** mental-health effects of technology **2.** due to

논리 구조 분석

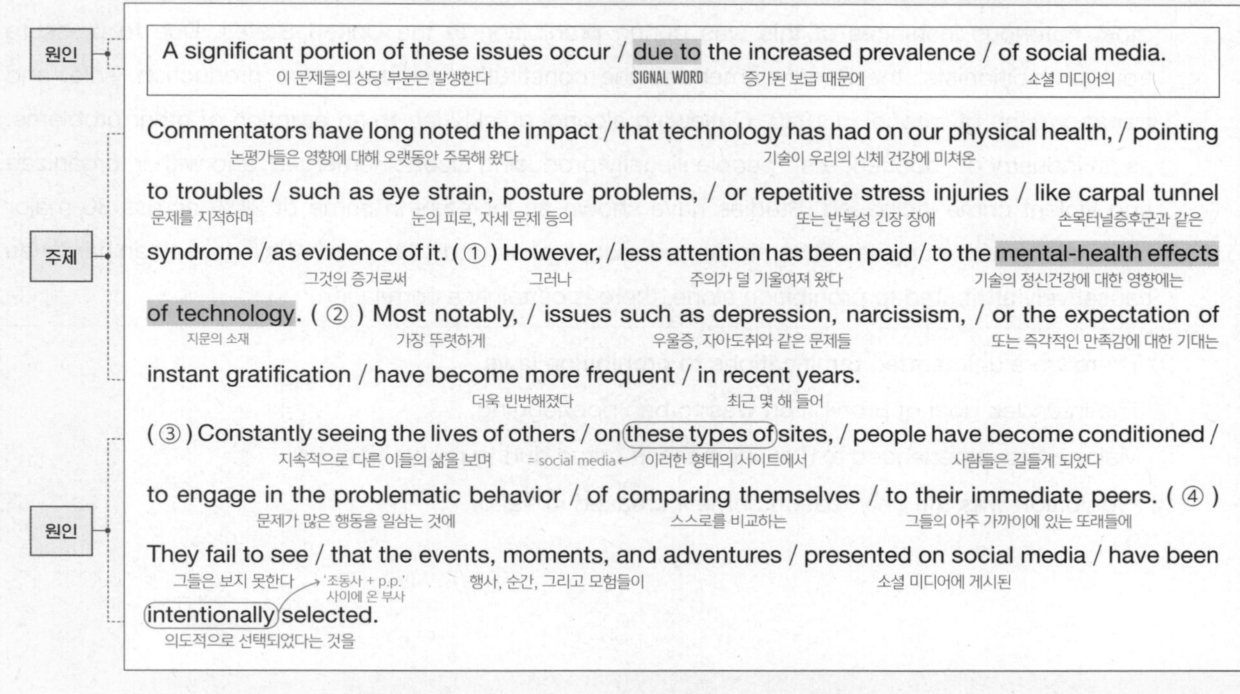

원인: A significant portion of these issues occur / due to the increased prevalence / of social media.
(이 문제들의 상당 부분은 발생한다 / SIGNAL WORD / 증가된 보급 때문에 / 소셜 미디어의)

주제: Commentators have long noted the impact / that technology has had on our physical health, / pointing to troubles / such as eye strain, posture problems, / or repetitive stress injuries / like carpal tunnel syndrome / as evidence of it. (①) However, / less attention has been paid / to the mental-health effects of technology. (②) Most notably, / issues such as depression, narcissism, / or the expectation of instant gratification / have become more frequent / in recent years.
(논평가들은 영향에 대해 오랫동안 주목해 왔다 / 기술이 우리의 신체 건강에 미쳐온 / 문제를 지적하며 / 눈의 피로, 자세 문제 등의 / 또는 반복성 긴장 장애 / 손목터널증후군과 같은 / 그것의 증거로써 / 그러나 / 주의가 덜 기울여져 왔다 / 기술의 정신건강에 대한 영향에는 / 지문의 소재 / 가장 뚜렷하게 / 우울증, 자아도취와 같은 문제들 / 또는 즉각적인 만족감에 대한 기대는 / 더욱 빈번해졌다 / 최근 몇 해 들어)

원인: (③) Constantly seeing the lives of others / on these types of sites, / people have become conditioned / to engage in the problematic behavior / of comparing themselves / to their immediate peers. (④) They fail to see / that the events, moments, and adventures / presented on social media / have been intentionally selected.
(지속적으로 다른 이들의 삶을 보며 / = social media / 이러한 형태의 사이트에서 / 사람들은 길들게 되었다 / 문제가 많은 행동을 일삼는 것에 / 스스로를 비교하는 / 그들의 아주 가까이에 있는 또래들에 / 그들은 보지 못한다 / '조동사 + p.p.' 사이에 온 부사 / 행사, 순간, 그리고 모험들이 / 소셜 미디어에 게시된 / 의도적으로 선택되었다는 것을)

해석 이 문제들의 상당 부분은 증가된 소셜 미디어의 보급 때문에 발생한다.

논평가들은 눈의 피로, 자세 문제, 또는 손목터널증후군과 같은 반복성 긴장 장애 등의 문제를 증거로써 지적하며, 기술이 우리의 신체 건강에 미쳐온 영향에 대해 오랫동안 주목해 왔다. (①) 그러나, 기술의 정신건강에 대한 영향에는 주의가 덜 기울여져 왔다. (②) 가장 뚜렷하게, 우울증, 자아도취, 또는 즉각적인 만족감에 대한 기대와 같은 문제들이 최근 몇 해 들어 더욱 빈번해졌다. (③) 이러한 형태의 사이트에서 지속적으로 다른 이들의 삶을 보며, 사람들은 스스로를 아주 가까이에 있는 또래들에 비교하는 문제가 많은 행동을 일삼는 것에 길들게 되었다. (④) 그들은 소셜 미디어에 게시된 행사, 순간, 그리고 모험들이 의도적으로 선택되었다는 것을 보지 못한다.

해설 주어진 문장의 these issues(이 문제들)를 통해 주어진 문장 앞에 여러 문제들이 언급되어야 한다는 것을 예상할 수 있다. ③번 앞 문장에서 우울증, 자아도취 등의 문제가 최근 빈번해졌다고 하고, ③번 뒤 문장에서 사람들이 이러한 형태의 사이트(소셜 미디어)에서 스스로를 또래에 비교한다며 그 원인을 제시하고 있으므로, ③번에 주어진 문장이 나와야 지문이 자연스럽게 연결된다. 따라서 ③번이 정답이다.

어휘 prevalence 보급, 만연 strain 피로, 긴장 repetitive 반복성의, 반복적인 narcissism 자아도취, 자기애 gratification 만족감
frequent 빈번한, 잦은 conditioned 길든 problematic 문제가 많은 immediate 아주 가까이에 있는, 즉각적인 peer 또래, 동료

정답: ③

03 다음 글의 내용과 일치하는 것은?

New laws often carry consequences that are unrelated to what they are regulating. One of the most notorious instances of this was during prohibition in the United States. Due to pressure from prohibitionists, the Senate amended the constitution to outlaw the production, sale, and transportation of alcohol in 1920. Outlawing alcohol quickly led to an eruption of other problems, as an industry of "bootleggers," people illegally producing alcohol, emerged, and with it, organized and violent crime increased. Studies have shown an increase in crime of 24% across 30 major cities, along with increases in homicide and assault of around 13% each. While these can hardly be causatively attributed to prohibition alone, there is certainly a correlation.

① There were unintended ramifications to prohibition laws.
② The intended goal of prohibition was to ban bootlegging.
③ Major cities experienced a 13% increase in crime during prohibition.
④ Prohibition was the only reason crime increased in 1920.

Mini Quiz

1. 이 지문의 중심 소재를 지문에서 찾아 쓰세요.

____

2. '원인과 결과' 논리 구조임을 알 수 있는 SIGNAL WORD를 지문에서 찾아 쓰세요.

____

정답 | 1. prohibition **2.** consequences, Due to, led to

논리 구조 분석

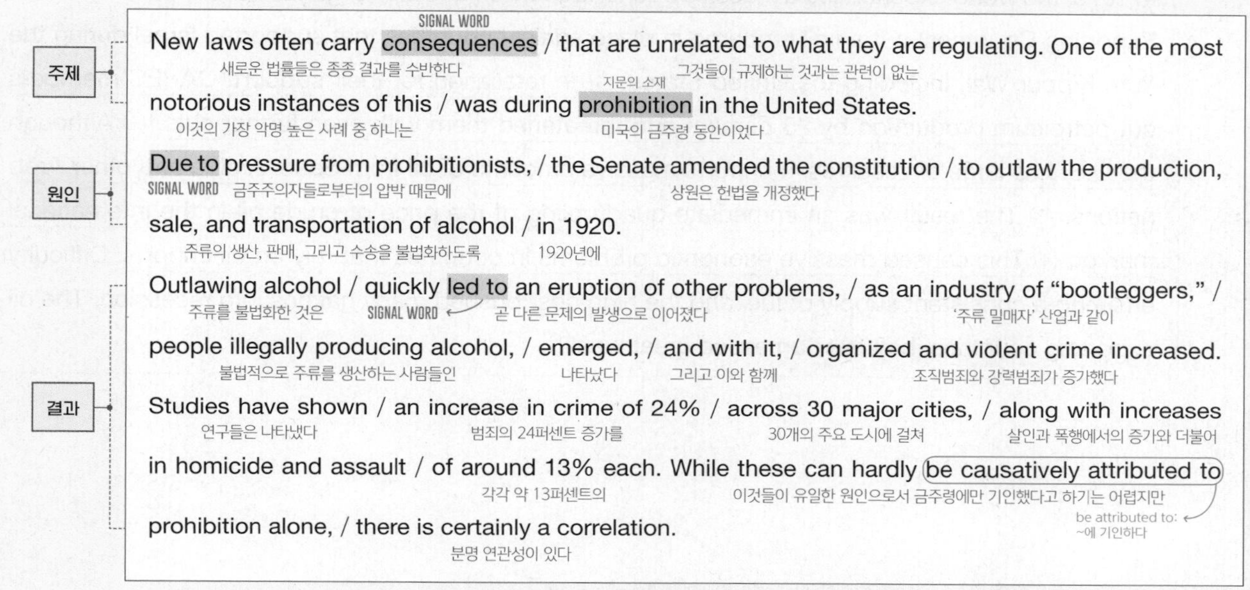

주제
원인
결과
SIGNAL WORD
New laws often carry consequences / that are unrelated to what they are regulating. One of the most
새로운 법률들은 종종 결과를 수반한다
그것들이 규제하는 것과는 관련이 없는
지문의 소재
notorious instances of this / was during prohibition in the United States.
이것의 가장 악명 높은 사례 중 하나는
미국의 금주령 동안이었다
Due to pressure from prohibitionists, / the Senate amended the constitution / to outlaw the production,
SIGNAL WORD
금주주의자들로부터의 압박 때문에
상원은 헌법을 개정했다
sale, and transportation of alcohol / in 1920.
주류의 생산, 판매, 그리고 수송을 불법화하도록
1920년에
Outlawing alcohol / quickly led to an eruption of other problems, / as an industry of "bootleggers," /
주류를 불법화한 것은
SIGNAL WORD
곧 다른 문제의 발생으로 이어졌다
'주류 밀매자' 산업과 같이
people illegally producing alcohol, / emerged, / and with it, / organized and violent crime increased.
불법적으로 주류를 생산하는 사람들인
나타났다
그리고 이와 함께
조직범죄와 강력범죄가 증가했다
Studies have shown / an increase in crime of 24% / across 30 major cities, / along with increases
연구들은 나타냈다
범죄의 24퍼센트 증가를
30개의 주요 도시에 걸쳐
살인과 폭행에서의 증가와 더불어
in homicide and assault / of around 13% each. While these can hardly be causatively attributed to
각각 약 13퍼센트의
이것들이 유일한 원인으로서 금주령에만 기인했다고 하기는 어렵지만
be attributed to: ~에 기인하다
prohibition alone, / there is certainly a correlation.
분명 연관성이 있다

해석 새로운 법률들은 종종 그것들이 규제하는 것과는 관련이 없는 결과를 수반한다. 이것의 가장 악명 높은 사례 중 하나는 미국의 금주령 동안이었다. 금주주의자들로부터의 압박 때문에, 상원은 1920년에 주류의 생산, 판매, 그리고 수송을 불법화하도록 헌법을 개정했다. 주류를 불법화한 것은 곧 불법적으로 주류를 생산하는 사람들인 '주류 밀매자' 산업이 나타난 것과 같이 다른 문제의 발생으로 이어졌고, 이와 함께 조직범죄와 강력범죄가 증가했다. 연구들은 30개의 주요 도시에 걸쳐 살인과 폭행에서 각각 약 13퍼센트의 증가와 더불어 범죄의 24퍼센트 증가를 나타냈다. 이것들이 유일한 원인으로서 금주령에만 기인했다고 하기는 어렵지만, 분명 연관성이 있다.

① 금주법에는 의도되지 않은 영향이 있었다.
② 금주령의 의도된 목표는 주류 밀매를 금지시키는 것이었다.
③ 주요 도시는 금주령 동안 13퍼센트의 범죄율 증가를 경험했다.
④ 금주령은 1920년 범죄가 증가한 유일한 이유였다.

해설 ①번의 키워드인 unintended ramifications(의도되지 않은 영향)를 바꾸어 표현한 지문의 consequences that are unrelated(관련이 없는 결과) 주변에서 새로운 법률들은 종종 규제 대상과는 관련이 없는 결과를 수반한다고 한 후, 그 사례로 미국의 금주령에 대해 설명하고 있으므로 ①번이 지문의 내용과 일치한다.

②번: '주류 밀매자' 산업은 금주령 때문에 발생한 문제이므로, 금주령의 의도된 목표가 주류 밀매 금지였다는 것은 지문의 내용과 다르다.

③번: 30개의 주요 도시에서 범죄가 24퍼센트 증가했다고 했으므로, 금주령 동안 13퍼센트의 범죄율 증가를 경험했다는 것은 지문의 내용과 다르다.

④번: 증가한 범죄율이 금주령에만 기인했다기에는 어렵다고 했으므로, 금주령이 1920년 범죄 증가의 유일한 이유라는 것은 지문의 내용과 다르다.

어휘 notorious 악명 높은 prohibition (1920년대 미국의) 금주령 the Senate 상원 amend 개정하다 constitution 헌법 outlaw 불법화하다 bootlegger (미국 금주령 시대의) 주류 밀매자 homicide 살인 causatively 원인으로서 ramification 영향

정답: ①

04 다음 글에서 전체 흐름과 관계없는 문장은?

In 1973, the world experienced a massive oil shortage when OAPEC (Organization of Arab Petroleum Exporting Countries) put an oil embargo in place against countries that supported Israel during the Yom Kippur War, including the United States. ① In retaliation for their support, OAPEC members cut petroleum production by 25 percent and threatened them with even further cuts. ② Although the U.S. has large oil reserves, it imports massive amounts of oil from Saudi Arabia and other Arab nations. ③ The result was an immediate quadrupling of the price of crude oil in the international market. ④ This caused massive economic problems in countries that rely on oil imports. Difficulty ensuring a consistent supply of fuel and the high cost pushed many nations into recession. The oil exporting countries, however, amassed great wealth.

Mini Quiz

1. 이 지문의 중심 소재를 지문에서 찾아 쓰세요.

____

2. '원인과 결과' 논리 구조임을 알 수 있는 SIGNAL WORD를 지문에서 찾아 쓰세요.

____

정답 | 1. oil embargo **2.** result, caused

논리 구조 분석

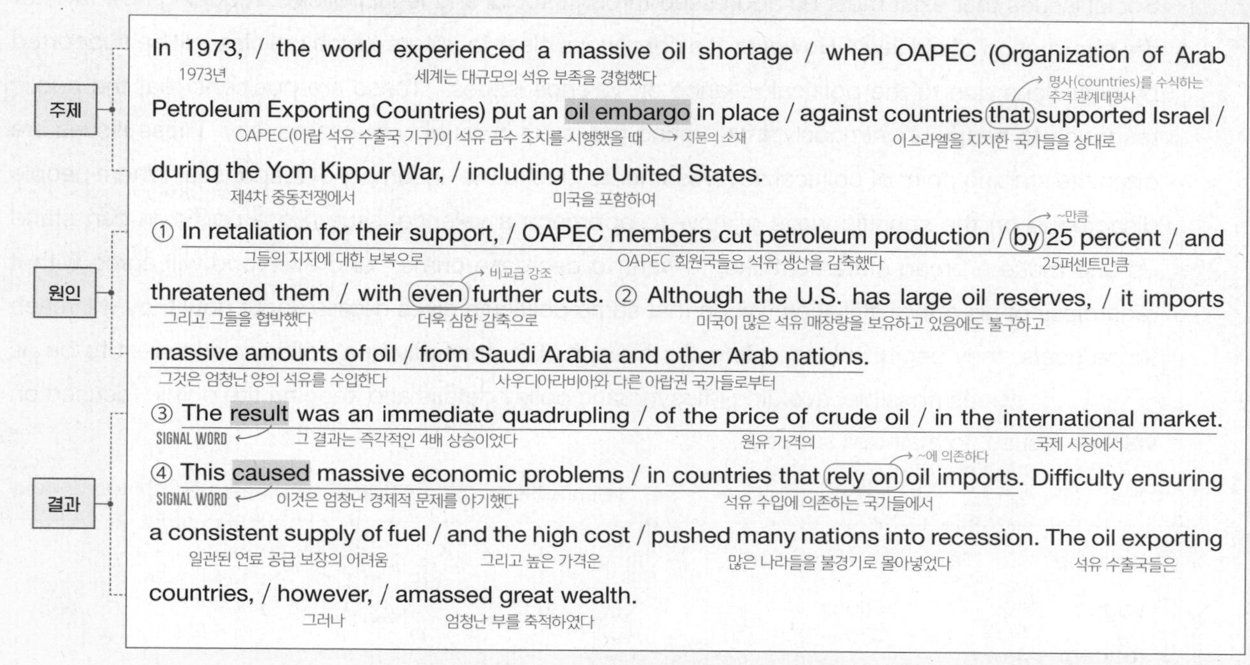

주제
In 1973, / the world experienced a massive oil shortage / when OAPEC (Organization of Arab Petroleum Exporting Countries) put an oil embargo in place / against countries that supported Israel / during the Yom Kippur War, / including the United States.
1973년 / 세계는 대규모의 석유 부족을 경험했다 / OAPEC(아랍 석유 수출국 기구)이 석유 금수 조치를 시행했을 때 / 지문의 소재 / 명사(countries)를 수식하는 주격 관계대명사 / 이스라엘을 지지한 국가들을 상대로 / 제4차 중동전쟁에서 / 미국을 포함하여
원인
① In retaliation for their support, / OAPEC members cut petroleum production / by 25 percent / and threatened them / with even further cuts. ② Although the U.S. has large oil reserves, / it imports massive amounts of oil / from Saudi Arabia and other Arab nations.
그들의 지지에 대한 보복으로 / OAPEC 회원국들은 석유 생산을 감축했다 / ~만큼 / 25퍼센트만큼 / 그리고 그들을 협박했다 / 비교급 강조 / 더욱 심한 감축으로 / 미국이 많은 석유 매장량을 보유하고 있음에도 불구하고 / 그것은 엄청난 양의 석유를 수입한다 / 사우디아라비아와 다른 아랍권 국가들로부터
결과
③ The result was an immediate quadrupling / of the price of crude oil / in the international market.
SIGNAL WORD / 그 결과는 즉각적인 4배 상승이었다 / 원유 가격의 / 국제 시장에서
④ This caused massive economic problems / in countries that rely on oil imports. Difficulty ensuring a consistent supply of fuel / and the high cost / pushed many nations into recession. The oil exporting countries, / however, / amassed great wealth.
SIGNAL WORD / 이것은 엄청난 경제적 문제를 야기했다 / ~에 의존하다 / 석유 수입에 의존하는 국가들에서 / 일관된 연료 공급 보장의 어려움 / 그리고 높은 가격은 / 많은 나라들을 불경기로 몰아넣었다 / 석유 수출국들은 / 그러나 / 엄청난 부를 축적하였다

해석 1973년, OAPEC(아랍 석유 수출국 기구)이 미국을 포함하여 제4차 중동전쟁에서 이스라엘을 지지한 국가들을 상대로 석유 금수 조치를 시행했을 때 세계는 대규모의 석유 부족을 경험했다. ① 그들의 지지에 대한 보복으로, OAPEC 회원국들은 석유 생산을 25퍼센트만큼 감축했고 더욱 심한 감축으로 그들(이스라엘을 지지한 국가들)을 협박했다. ② 미국은 많은 석유 매장량을 보유하고 있음에도 불구하고, 사우디아라비아와 다른 아랍권 국가들로부터 엄청난 양의 석유를 수입한다. ③ 그 결과는 국제 시장에서 원유 가격의 즉각적인 4배 상승이었다. ④ 이것은 석유 수입에 의존하는 국가들에서 엄청난 경제적 문제를 야기했다. 일관된 연료 공급 보장의 어려움과 높은 가격은 많은 나라들을 불경기로 몰아넣었다. 그러나, 석유 수출국들은 엄청난 부를 축적하였다.

해설 첫 문장에서 'OAPEC의 석유 금수 조치'에 대해 언급하고, ①번에서 금수 조치의 세부 내용, ③번과 ④번에서 금수 조치의 영향에 대해 설명하고 있다. 그러나 ②번은 미국이 많은 석유 매장량을 보유하고 있음에도 아랍권 국가들로부터 석유를 수입한다는 내용으로, OAPEC의 금수 조치와 그 영향에 대해 설명하는 지문 전체의 흐름과 어울리지 않으므로 ②번이 정답이다.

어휘 petroleum 석유 embargo 금수 조치, 통상 정지 retaliation 보복 reserve 매장량, 비축 import 수입하다; 수입 quadruple 4배가 되다; 4배의 crude oil 원유 ensure 보장하다, 확보하다 consistent 일관된, 변함없는 recession 불경기, 퇴거 amass 축적하다

정답: ②

05 밑줄 친 부분에 들어갈 말로 가장 적절한 것은?

Social issues that exist must be addressed through social and legal policies, requiring new laws or the reformation of old laws. However, it's not always clear to voters which policies will be supported by politicians due to the political reliance on valence issues*. These are positions that the public responds to nearly unanimously, interpreting the issue in roughly the same way. These issues are often the starting point of political advertisements, due to the uniformity of responses. Where people disagree is on the specific ways of how to approach a valence issue. So a politician can stand up and make a broad statement like, "I want to decrease crime," and everyone will agree with it regardless of his or her affiliation. When that same politician gives details about how they will reach those goals, they begin to lose voters. As a result, it is generally in a politician's interest to be as ____________ as possible, avoiding idiosyncratic policy details and keeping the public focused on valence issues, to maintain support.

*valence issue: 대다수의 투표자들 사이에서 의견 합치가 이루어지는 이슈

① pellucid
② vague
③ reticent
④ affable

Mini Quiz

1. 이 지문의 중심 소재를 지문에서 찾아 쓰세요.

____

2. '원인과 결과' 논리 구조임을 알 수 있는 SIGNAL WORD를 지문에서 찾아 쓰세요.

____

정답 | 1. valence issues **2.** due to, So, As a result

논리 구조 분석

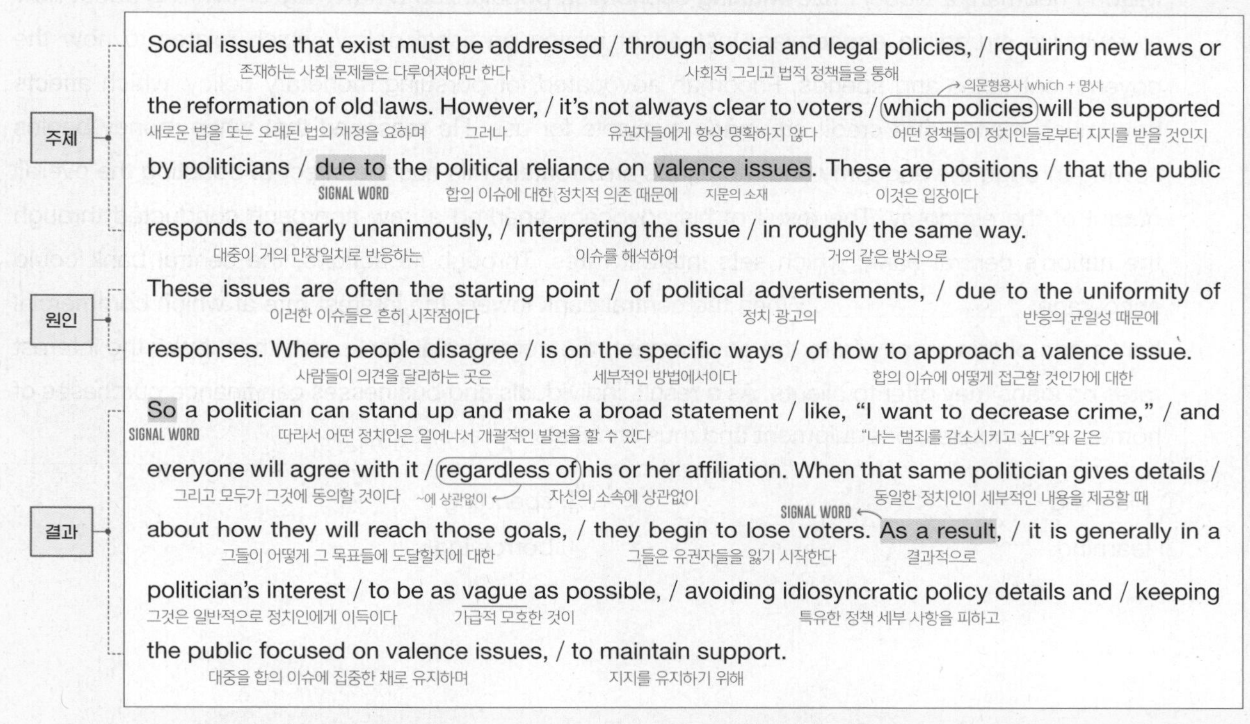

주제

Social issues that exist must be addressed / through social and legal policies, / requiring new laws or the reformation of old laws. However, / it's not always clear to voters / which policies will be supported by politicians / due to the political reliance on valence issues. These are positions / that the public responds to nearly unanimously, / interpreting the issue / in roughly the same way.

존재하는 사회 문제들은 다루어져야만 한다 / 사회적 그리고 법적 정책들을 통해 / 새로운 법을 또는 오래된 법의 개정을 요하며 / 그러나 / 유권자들에게 항상 명확하지 않다 / 어떤 정책들이 정치인들로부터 지지를 받을 것인지 (의문형용사 which + 명사) / SIGNAL WORD / 합의 이슈에 대한 정치적 의존 때문에 / 지문의 소재 / 이것은 입장이다 / 대중이 거의 만장일치로 반응하는 / 이슈를 해석하여 / 거의 같은 방식으로

원인

These issues are often the starting point / of political advertisements, / due to the uniformity of responses. Where people disagree / is on the specific ways / of how to approach a valence issue.

이러한 이슈들은 흔히 시작점이다 / 정치 광고의 / 반응의 균일성 때문에 / 사람들이 의견을 달리하는 곳은 / 세부적인 방법에서이다 / 합의 이슈에 어떻게 접근할 것인가에 대한

결과

So a politician can stand up and make a broad statement / like, "I want to decrease crime," / and everyone will agree with it / regardless of his or her affiliation. When that same politician gives details / about how they will reach those goals, / they begin to lose voters. As a result, / it is generally in a politician's interest / to be as vague as possible, / avoiding idiosyncratic policy details and / keeping the public focused on valence issues, / to maintain support.

SIGNAL WORD / 따라서 어떤 정치인은 일어나서 개괄적인 발언을 할 수 있다 / "나는 범죄를 감소시키고 싶다"와 같은 / 그리고 모두가 그것에 동의할 것이다 / ~에 상관없이 / 자신의 소속에 상관없이 / 동일한 정치인이 세부적인 내용을 제공할 때 / 그들이 어떻게 그 목표들에 도달할지에 대한 / 그들은 유권자들을 잃기 시작한다 / SIGNAL WORD / 결과적으로 / 그것은 일반적으로 정치인에게 이득이다 / 가급적 모호한 것이 / 특유한 정책 세부 사항을 피하고 / 대중을 합의 이슈에 집중한 채로 유지하며 / 지지를 유지하기 위해

해석 존재하는 사회 문제들은 새로운 법 또는 오래된 법의 개정을 요하며 사회적 그리고 법적 정책들을 통해 다루어져야만 한다. 그러나, 합의 이슈에 대한 정치적 의존 때문에 어떤 정책들이 정치인들로부터 지지를 받을 것인지는 유권자들에게 항상 명확하지 않다. 이것(합의 이슈)은 대중이 거의 같은 방식으로 이슈를 해석하여, 거의 만장일치로 반응하는 입장이다. 이러한 이슈들은 반응의 균일성 때문에 흔히 정치 광고의 시작점이다. 사람들이 의견을 달리하는 곳은 합의 이슈에 어떻게 접근할 것인가에 대한 세부적인 방법에서이다. 따라서 어떤 정치인은 일어나서 "나는 범죄를 감소시키고 싶다"와 같은 개괄적인 발언을 할 수 있고, 자신의 소속에 상관없이 모두가 그것에 동의할 것이다. 동일한 정치인이 어떻게 그 목표들에 도달할지에 대한 세부적인 내용을 제공할 때, 그들은 유권자들을 잃기 시작한다. 결과적으로, 지지를 유지하기 위해 특유한 정책 세부 사항을 피하고 대중을 합의 이슈에 집중한 채로 유지하며 가급적 모호한 것이 일반적으로 정치인에게 이득이다.

① 명쾌한 ② 모호한 ③ 과묵한 ④ 상냥한

해설 지문 중간에서 합의 이슈에 어떻게 접근할 것인지에 대한 세부적인 방법에서 사람들이 의견을 달리한다는 원인을 설명하고, 빈칸 앞 문장에서 정치인은 합의 이슈에 대한 접근법의 세부적인 내용을 제공할 때 유권자들을 잃기 시작한다는 결과를 설명하고 있으므로, 가급적 '모호한' 것이 일반적으로 정치인에게 이득이라고 한 ②번이 정답이다.

어휘 address 다루다, 연설하다 reformation 개정, 개선 voter 유권자 unanimously 만장일치로 interpret 해석하다, 통역하다 uniformity 균일성 broad 개괄적인, 넓은 affiliation 소속 idiosyncratic 특유한, 색다른 pellucid 명쾌한 vague 모호한 reticent 과묵한 affable 상냥한

정답: ②

06 밑줄 친 부분에 들어갈 말로 가장 적절한 것은?

Milton Friedman, a Nobel Prize-winning economist, popularized a new way of thinking about how to revitalize struggling economies. Instead of relying on fiscal policy, which relates to how the government taxes and spends, Friedman advocated for pursuing monetary policy, which affects how much money and credit are made available for use. He reasoned that when money begins flowing through the economy and more jobs are created, this has the effect of boosting the overall output of the economy. The result of his advocacy sparked a new approach conducted through the nation's central bank, which sets interest rates. Through its actions, the central bank could encourage ______________. When the central bank lowers the interest rate at which commercial banks can obtain money from the government, the commercial banks can then lower the interest rates on loans they offer to clients. As a result, individuals and businesses can finance purchases of homes, automobiles, or equipment and thus stimulate the economy.

① planning　　② spending
③ learning　　④ borrowing

Mini Quiz

1. 이 지문의 중심 소재를 지문에서 찾아 쓰세요.

____

2. '원인과 결과' 논리 구조임을 알 수 있는 SIGNAL WORD를 지문에서 찾아 쓰세요.

____

정답 | 1. how to revitalize struggling economies　2. As a result

논리 구조 분석

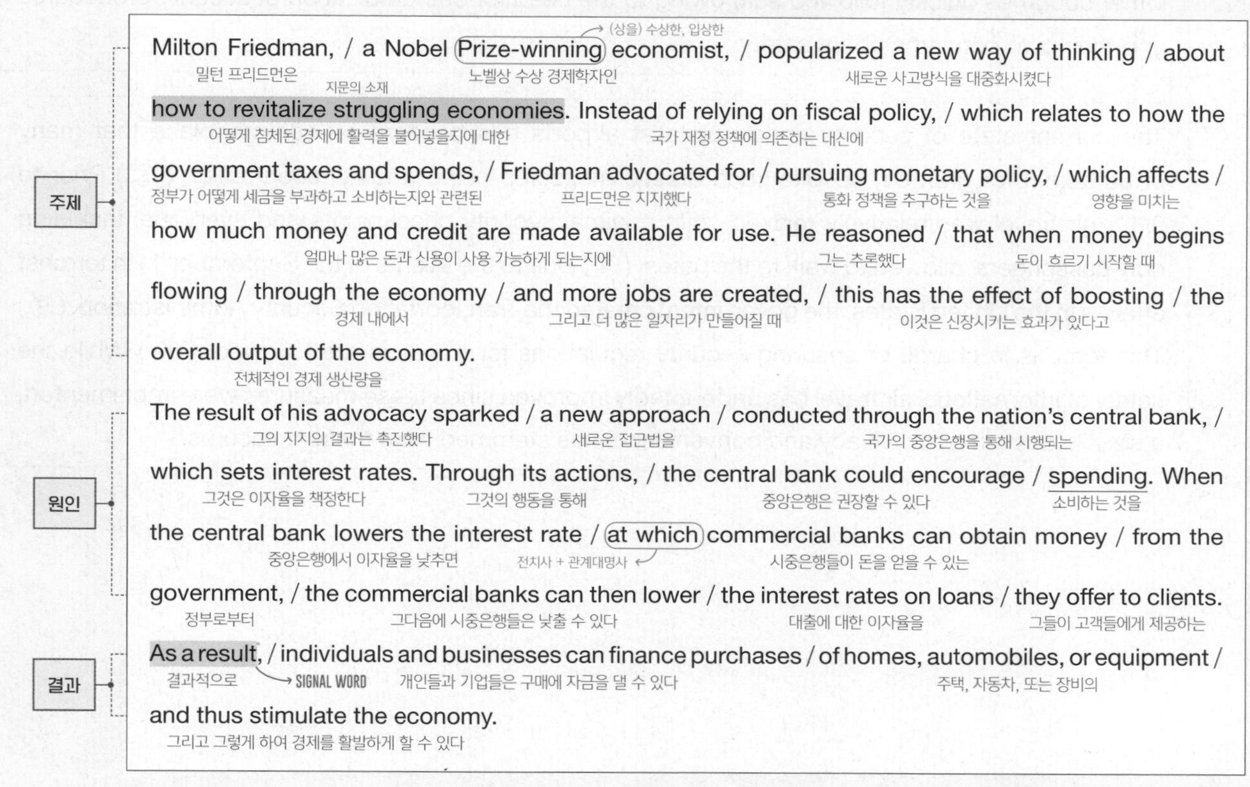

주제
Milton Friedman, / a Nobel Prize-winning economist, / popularized a new way of thinking / about how to revitalize struggling economies. Instead of relying on fiscal policy, / which relates to how the government taxes and spends, / Friedman advocated for / pursuing monetary policy, / which affects / how much money and credit are made available for use. He reasoned / that when money begins flowing / through the economy / and more jobs are created, / this has the effect of boosting / the overall output of the economy.
(상을) 수상한, 입상한
밀턴 프리드먼은 / 노벨상 수상 경제학자인 / 새로운 사고방식을 대중화시켰다
지문의 소재
어떻게 침체된 경제에 활력을 불어넣을지에 대한 / 국가 재정 정책에 의존하는 대신에
정부가 어떻게 세금을 부과하고 소비하는지와 관련된 / 프리드먼은 지지했다 / 통화 정책을 추구하는 것을 / 영향을 미치는
얼마나 많은 돈과 신용이 사용 가능하게 되는지에 / 그는 추론했다 / 돈이 흐르기 시작할 때
경제 내에서 / 그리고 더 많은 일자리가 만들어질 때 / 이것은 신장시키는 효과가 있다고
전체적인 경제 생산량을
원인
The result of his advocacy sparked / a new approach / conducted through the nation's central bank, / which sets interest rates. Through its actions, / the central bank could encourage / spending. When the central bank lowers the interest rate / at which commercial banks can obtain money / from the government, / the commercial banks can then lower / the interest rates on loans / they offer to clients.
그의 지지의 결과는 촉진했다 / 새로운 접근법을 / 국가의 중앙은행을 통해 시행되는
그것은 이자율을 책정한다 / 그것의 행동을 통해 / 중앙은행은 권장할 수 있다 / 소비하는 것을
중앙은행에서 이자율을 낮추면 / 전치사 + 관계대명사 / 시중은행들이 돈을 얻을 수 있는
정부로부터 / 그다음에 시중은행들은 낮출 수 있다 / 대출에 대한 이자율을 / 그들이 고객들에게 제공하는
결과
As a result, / individuals and businesses can finance purchases / of homes, automobiles, or equipment / and thus stimulate the economy.
결과적으로 / SIGNAL WORD / 개인들과 기업들은 구매에 자금을 댈 수 있다 / 주택, 자동차, 또는 장비의
그리고 그렇게 하여 경제를 활발하게 할 수 있다

해석 노벨상 수상 경제학자 밀턴 프리드먼은 어떻게 침체된 경제에 활력을 불어넣을지에 대한 새로운 사고방식을 대중화시켰다. 정부가 어떻게 세금을 부과하고 소비하는지와 관련된 국가 재정 정책에 의존하는 대신에, 프리드먼은 통화 정책을 추구하는 것을 지지했는데, 이는 얼마나 많은 돈과 신용이 사용 가능하게 되는지에 영향을 미친다. 그는 돈이 경제 내에서 흐르기 시작하고 더 많은 일자리가 만들어질 때, 이것(통화 정책)이 전체적인 경제 생산량을 신장시키는 효과가 있다고 추론했다. 그의 지지의 결과는 국가의 중앙은행을 통해 시행되는 새로운 접근법을 촉진했는데, 그것(중앙은행)은 이자율을 책정한다. 그것의 행동을 통해, 중앙은행은 소비하는 것을 권장할 수 있다. 중앙은행에서 시중은행들이 정부로부터 돈을 얻을 수 있는 이자율을 낮추면, 그다음에 시중은행들은 그들이 고객들에게 제공하는 대출에 대한 이자율을 낮출 수 있다. 결과적으로, 개인들과 기업들은 주택, 자동차, 또는 장비의 구매에 자금을 댈 수 있고, 그렇게 하여 경제를 활발하게 할 수 있다.

① 계획하는 것　② 소비하는 것　③ 학습하는 것　④ 빌리는 것

해설 빈칸 뒷부분에 중앙은행이 이자율을 낮추면 시중은행들은 대출 이자를 낮춰 제공할 수 있고, 그렇게 될 경우 개인과 기업은 필요한 것을 구매하는 데 자금을 댈 수 있다는 내용이 있으므로 그것(중앙은행)의 행동을 통해 중앙은행은 '소비하는 것'을 권장할 수 있다고 한 ②번이 정답이다.

어휘 **popularize** 대중화하다, 보급시키다 **revitalize** 활력을 불어넣다, 소생시키다 **fiscal** 국가 재정의 **tax** 세금을 부과하다; 세금 **monetary** 통화의 **boost** 신장시키다, 촉진하다 **output** 생산량, 출력 **commercial bank** 시중은행, 상업 은행 **client** 고객

정답: ②

07 주어진 문장이 들어갈 위치로 가장 적절한 것은?

Other countries quickly followed suit, owing to the need for standardization of security procedures and their own concerns about safety.

The current state of security checkpoints at airports has become so commonplace that many of us take it for granted, despite such drastic measures being a fairly recent affair. (①) Prior to 9/11, air travel was relatively relaxed, with minimal security checkpoints and everyone, including non-passengers, allowed to walk to the gates. (②) Due to the events of the September 11th terrorist attacks in the United States, the government created the Transportation Security Administration. (③) This force is in charge of ensuring security regulations for travelers are followed. (④) While the safety of international air travel has undoubtedly improved since these measures were implemented, a sizable cost, in both privacy and convenience, has stemmed from these measures.

Mini Quiz

1. 이 지문의 중심 소재를 지문에서 찾아 쓰세요.

____

2. '원인과 결과' 논리 구조임을 알 수 있는 SIGNAL WORD를 지문에서 찾아 쓰세요.

____

정답 | 1. security checkpoints at airports **2.** owing to, Due to, stemmed from

논리 구조 분석

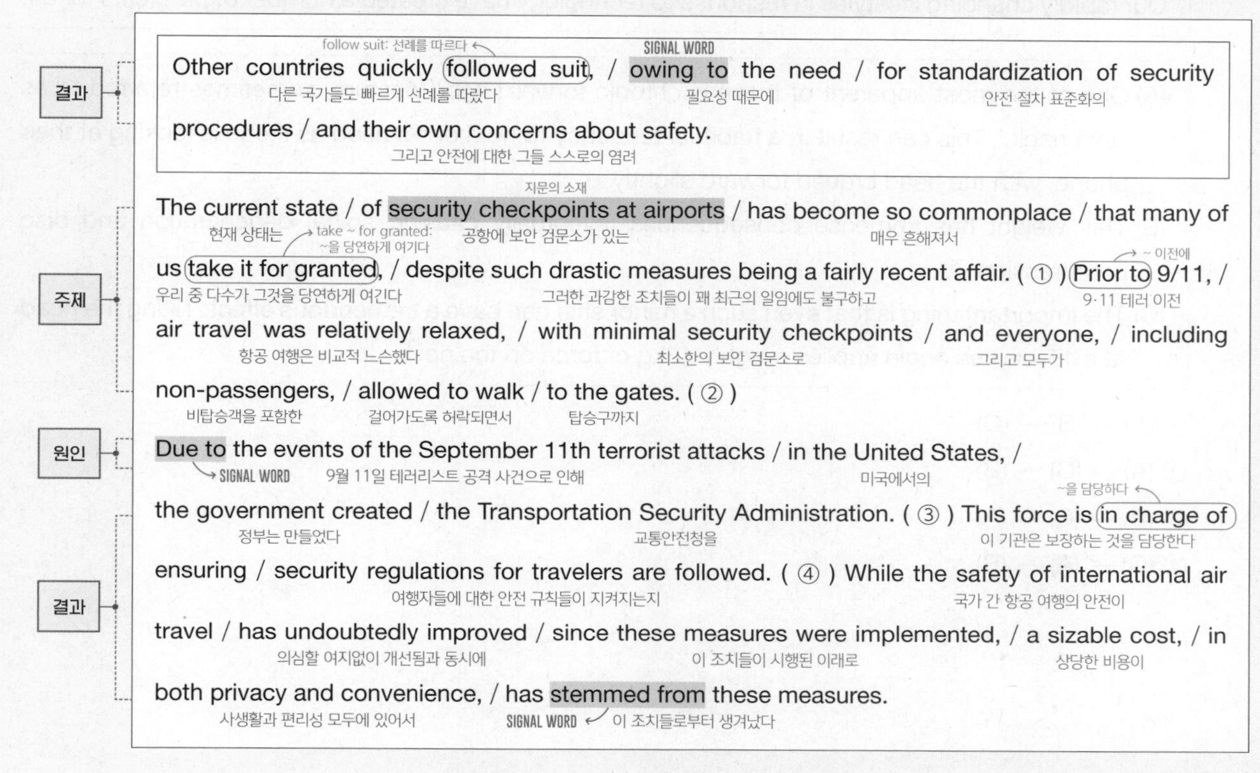

결과

follow suit: 선례를 따르다

Other countries quickly followed suit, / owing to the need / for standardization of security procedures / and their own concerns about safety.

다른 국가들도 빠르게 선례를 따랐다 / 필요성 때문에 (SIGNAL WORD) / 안전 절차 표준화의 / 그리고 안전에 대한 그들 스스로의 염려

주제

The current state / of security checkpoints at airports / has become so commonplace / that many of us take it for granted, / despite such drastic measures being a fairly recent affair. (①) Prior to 9/11, / air travel was relatively relaxed, / with minimal security checkpoints / and everyone, / including non-passengers, / allowed to walk / to the gates. (②)

현재 상태는 / 공항에 보안 검문소가 있는 (지문의 소재) / 매우 흔해져서 / 우리 중 다수가 그것을 당연하게 여긴다 (take ~ for granted: ~을 당연하게 여기다) / 그러한 과감한 조치들이 꽤 최근의 일임에도 불구하고 / 9·11 테러 이전 (~ 이전에) / 항공 여행은 비교적 느슨했다 / 최소한의 보안 검문소로 / 그리고 모두가 / 비탑승객을 포함한 / 걸어가도록 허락되면서 / 탑승구까지

원인

Due to the events of the September 11th terrorist attacks / in the United States, /

SIGNAL WORD / 9월 11일 테러리스트 공격 사건으로 인해 / 미국에서의

결과

the government created / the Transportation Security Administration. (③) This force is in charge of ensuring / security regulations for travelers are followed. (④) While the safety of international air travel / has undoubtedly improved / since these measures were implemented, / a sizable cost, / in both privacy and convenience, / has stemmed from these measures.

정부는 만들었다 / 교통안전청을 / 이 기관은 보장하는 것을 담당한다 (~을 담당하다) / 여행자들에 대한 안전 규칙들이 지켜지는지 / 국가 간 항공 여행의 안전이 / 의심할 여지없이 개선됨과 동시에 / 이 조치들이 시행된 이래로 / 상당한 비용이 / 사생활과 편리성 모두에 있어서 / 이 조치들로부터 생겨났다 (SIGNAL WORD)

해석 다른 국가들도 안전 절차 표준화의 필요성과 안전에 대한 그들 스스로의 염려 때문에 빠르게 선례를 따랐다.

공항에 보안 검문소가 있는 현재 상태는 매우 흔해져서, 그러한 과감한 조치들이 꽤 최근의 일임에도 불구하고 우리 중 다수는 그것을 당연한 것으로 여긴다. (①) 9·11 테러 이전, 항공 여행은 최소한의 보안 검문소와 비탑승객을 포함한 모두가 탑승구까지 걸어가도록 허락되면서 비교적 느슨했다. (②) 9월 11일 미국에서의 테러리스트 공격 사건으로 인해, 정부는 교통안전청을 만들었다. (③) 이 기관은 여행자들에 대한 안전 규칙들이 지켜지는지 보장하는 것을 담당한다. (④) 이 조치들이 시행된 이래로 국가 간 항공 여행의 안전이 의심할 여지없이 개선됨과 동시에, 사생활과 편리성 모두에 있어서 상당한 비용이 이 조치들로부터 생겨났다.

해설 주어진 문장의 followed suit(선례를 따랐다)와 standardization of security procedures(안전 절차 표준화)를 통해 주어진 문장 앞에 안전 문제 방책에 관련된 내용이 나올 것임을 예상할 수 있다. ④번 앞부분에 9·11 테러 때문에 만들어진 교통안전청이라는 기관과 그 기관의 기능을 설명하는 내용이 있고, ④번 뒤 문장에 이후 국가 간 항공 여행의 안전이 개선되었다는 내용이 있으므로 ④번에 주어진 문장이 나와야 지문이 자연스럽다. 따라서 ④번이 정답이다.

어휘 standardization 표준화, 규격화 checkpoint 검문소 drastic 과감한, 극단적인 affair 일, 사건 ensure 보장하다 sizable 상당한, 꽤 많은

정답: ④

08 주어진 글 다음에 이어질 글의 순서로 가장 적절한 것은?

Our rapidly changing lifestyles in response to technology have created a number of problems for us.

(A) One of the most apparent of these is chronic forward head posture, sometimes referred to as "text neck." This can result in a habitual tendency to hold one's head as if one is looking at their phone, with the head craned forward slightly.

(B) This weight has immense consequences, eventually causing spinal degeneration and disc compression.

(C) The important thing is that even such a minor shift can have a tremendous effect. Tilting the head at a 15-degree angle applies roughly 12kg of force on the neck.

① (A) — (B) — (C)
② (A) — (C) — (B)
③ (B) — (C) — (A)
④ (C) — (A) — (B)

Mini Quiz

1. 이 지문의 중심 소재를 지문에서 찾아 쓰세요.

____

2. '원인과 결과' 논리 구조임을 알 수 있는 SIGNAL WORD를 지문에서 찾아 쓰세요.

____

정답 | 1. chronic forward head posture 2. effect, consequences

논리 구조 분석

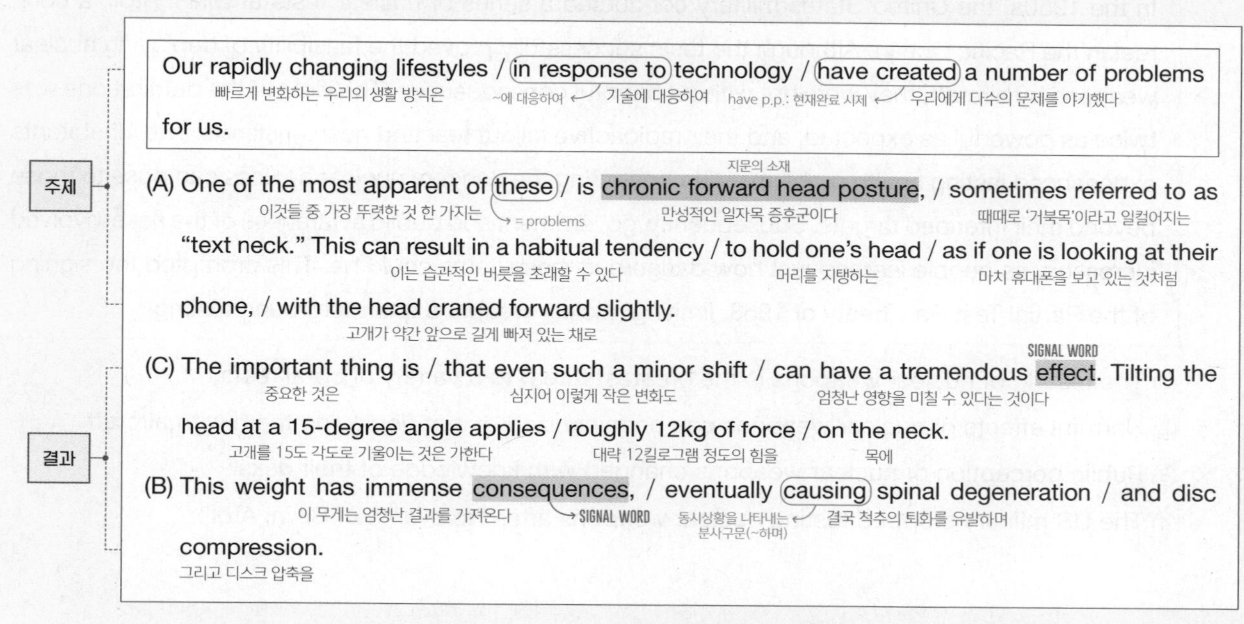

주제
결과
Our rapidly changing lifestyles / in response to technology / have created a number of problems for us.
빠르게 변화하는 우리의 생활 방식은
~에 대응하여
기술에 대응하여
have p.p.: 현재완료 시제
우리에게 다수의 문제를 야기했다
지문의 소재
(A) One of the most apparent of these / is chronic forward head posture, / sometimes referred to as "text neck." This can result in a habitual tendency / to hold one's head / as if one is looking at their phone, / with the head craned forward slightly.
이것들 중 가장 뚜렷한 것 한 가지는
= problems
만성적인 일자목 증후군이다
때때로 '거북목'이라고 일컬어지는
이는 습관적인 버릇을 초래할 수 있다
머리를 지탱하는
마치 휴대폰을 보고 있는 것처럼
고개가 약간 앞으로 길게 빠져 있는 채로
SIGNAL WORD
(C) The important thing is / that even such a minor shift / can have a tremendous effect. Tilting the head at a 15-degree angle applies / roughly 12kg of force / on the neck.
중요한 것은
심지어 이렇게 작은 변화도
엄청난 영향을 미칠 수 있다는 것이다
고개를 15도 각도로 기울이는 것은 가한다
대략 12킬로그램 정도의 힘을
목에
(B) This weight has immense consequences, / eventually causing spinal degeneration / and disc compression.
이 무게는 엄청난 결과를 가져온다
SIGNAL WORD
동시상황을 나타내는 분사구문(~하며)
결국 척추의 퇴화를 유발하며
그리고 디스크 압축을

해석 기술에 대응하여 빠르게 변화하는 우리의 생활 방식은 우리에게 다수의 문제를 야기했다.

(A) 이것(문제)들 중 가장 뚜렷한 한 가지는 때때로 '거북목'이라고 일컬어지는 만성적인 일자목 증후군이다. 이는 고개가 약간 앞으로 길게 빠져 있는 채로, 마치 휴대폰을 보고 있는 것처럼 머리를 지탱하는 습관적인 버릇을 초래할 수 있다.

(C) 중요한 것은 심지어 이렇게 작은 변화도 엄청난 영향을 미칠 수 있다는 것이다. 고개를 15도 각도로 기울이는 것은 목에 대략 12킬로그램 정도의 힘을 가한다.

(B) 이 무게는 결국 척추의 퇴화와 디스크 압축을 유발하며 엄청난 결과를 가져온다.

해설 주어진 문장에서 빠르게 변화하는 생활 방식이 다수의 문제를 야기했다고 한 후, (A)에서 만성적인 일자목 증후군을 그 예시로 들고, 그것이 고개가 앞으로 빠져 있는 채로 머리를 지탱하는 버릇을 초래할 수 있다고 설명하고 있다. 뒤이어 (C)에서 고개를 15도 각도로 기울이는 것은 목에 12킬로그램 정도의 힘을 가한다고 한 뒤, (B)에서 그 결과를 설명하고 있다. 따라서 주어진 문장 다음에 이어질 글의 순서는 ② (A) — (C) — (B)이다.

어휘 apparent 뚜렷한, 분명한 chronic 만성적인, 장기간에 걸친 forward head posture 일자목 증후군 habitual 습관적인 tendency 버릇, 경향 crane 목을 길게 빼다 minor 작은, 사소한 tilt 기울이다 spinal 척추의 degeneration 퇴화 compression 압축

정답: ②

09 다음 글의 내용으로 추론할 수 있는 것은?

In the 1950s, the United States military conducted a series of nuclear tests at Bikini Atoll, a coral reef in the Pacific Ocean. Although the tests successfully proved the feasibility of deploying nuclear weapons by aircraft, they were not without harmful consequences. The yield of the detonations was twice as powerful as expected, and their radioactive fallout reached nearby islands. The inhabitants experienced lasting health problems, demonstrating the dangers nuclear devices can pose to those beyond their intended targets. Subsequently, government and public awareness of the risks involved increased, as people learned just how dangerous these items could be. This prompted the signing of the Partial Test Ban Treaty of 1963, limiting nuclear weapons to underground testing.

① The testing of nuclear weapons is the greatest threat to a variety of coral reefs.
② Harmful effects of nuclear weapons can be minimized by not deploying them with aircraft.
③ Public perception of nuclear weapons changed with knowledge of their risks.
④ The US military stopped testing nuclear weapons after the events of Bikini Atoll.

Mini Quiz

1. 이 지문의 중심 소재를 지문에서 찾아 쓰세요.

2. '원인과 결과' 논리 구조임을 알 수 있는 SIGNAL WORD를 지문에서 찾아 쓰세요.

정답 | 1. nuclear tests 2. consequences, Subsequently, prompted

논리 구조 분석

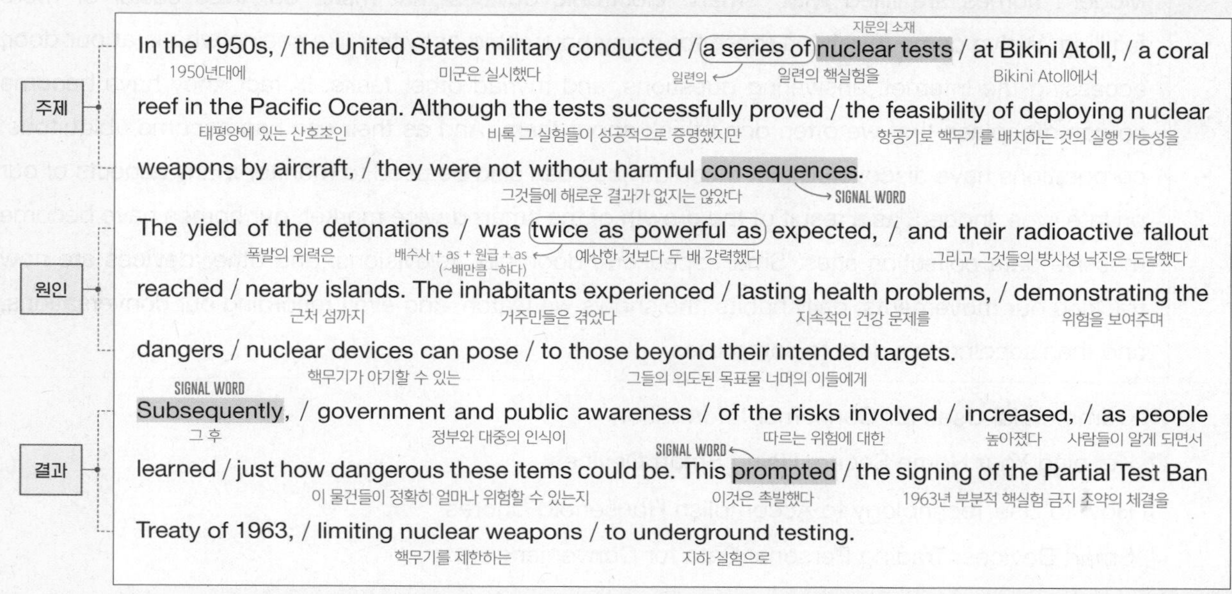

주제

In the 1950s, / the United States military conducted / a series of nuclear tests / at Bikini Atoll, / a coral reef in the Pacific Ocean. Although the tests successfully proved / the feasibility of deploying nuclear weapons by aircraft, / they were not without harmful consequences.

1950년대에 / 미군은 실시했다 / 일련의 핵실험을 (일련의, 지문의 소재) / Bikini Atoll에서 / 태평양에 있는 산호초인 / 비록 그 실험들이 성공적으로 증명했지만 / 항공기로 핵무기를 배치하는 것의 실행 가능성을 / 그것들에 해로운 결과가 없지는 않았다 (SIGNAL WORD)

원인

The yield of the detonations / was twice as powerful as expected, / and their radioactive fallout reached / nearby islands. The inhabitants experienced / lasting health problems, / demonstrating the dangers / nuclear devices can pose / to those beyond their intended targets.

폭발의 위력은 / 예상한 것보다 두 배 강력했다 (배수사 + as + 원급 + as (~배만큼 ~하다)) / 그리고 그것들의 방사성 낙진은 도달했다 / 근처 섬까지 / 거주민들은 겪었다 / 지속적인 건강 문제를 / 위험을 보여주며 / 핵무기가 야기할 수 있는 / 그들의 의도된 목표물 너머의 이들에게

결과

SIGNAL WORD

Subsequently, / government and public awareness / of the risks involved / increased, / as people learned / just how dangerous these items could be. This prompted / the signing of the Partial Test Ban Treaty of 1963, / limiting nuclear weapons / to underground testing.

그 후 / 정부와 대중의 인식이 / 따르는 위험에 대한 / 높아졌다 / 사람들이 알게 되면서 / 이 물건들이 정확히 얼마나 위험할 수 있는지 / 이것은 촉발했다 (SIGNAL WORD) / 1963년 부분적 핵실험 금지 조약의 체결을 / 핵무기를 제한하는 / 지하 실험으로

해석 1950년대에, 미군은 태평양에 있는 산호초인 Bikini Atoll에서 일련의 핵실험을 실시했다. 비록 그 실험들이 항공기로 핵무기를 배치하는 것의 실행 가능성을 성공적으로 증명했지만, 그것들(핵실험들)에 해로운 결과가 없지는 않았다. 폭발의 위력은 예상한 것보다 두 배나 강력했고, 그것들의 방사성 낙진은 근처 섬까지 도달했다. (섬의) 거주민들은 지속적인 건강 문제를 겪었고, 이는 핵무기가 그들의 의도된 목표물 너머의 이들에게 야기할 수 있는 위험을 보여주었다. 그 후, 사람들이 이 물건들이 정확히 얼마나 위험할 수 있는지 알게 되면서 이에 따르는 위험에 대한 정부와 대중의 인식이 높아졌다. 이것은 1963년 핵무기를 지하 실험으로 제한하는 부분적 핵실험 금지 조약의 체결을 촉발했다.

① 핵무기 실험은 많은 산호초들에 있어 가장 큰 위협이다.
② 핵무기의 해로운 영향은 그들을 항공기로 배치하지 않음으로써 최소화될 수 있다.
③ 핵무기의 위험에 대한 지식으로 인해 핵무기에 관한 대중 인식이 변화했다.
④ 미군은 Bikini Atoll의 사건 이후 핵무기를 실험하는 것을 중단했다.

해설 지문 후반부에서 사람들이 핵무기의 위험성에 대해 알게 되며 그에 대한 정부와 대중의 인식이 높아졌다고 했으므로, 핵무기의 위험에 대한 지식으로 인해 핵무기에 관한 대중 인식이 변화했다는 것을 추론할 수 있다. 따라서 ③번이 정답이다.

①번: 핵무기 실험이 많은 산호초들에 있어 가장 큰 위협인지에 대해서는 언급되지 않았다.
②번: 핵무기의 해로운 영향이 항공기로 배치하지 않음으로써 최소화될 수 있는지에 대해서는 언급되지 않았다.
④번: 미군이 Bikini Atoll의 사건 이후로 핵무기 실험을 중단했는지에 대해서는 언급되지 않았다.

어휘 **coral reef** 산호초 **feasibility** 실행 가능성 **deploy** 배치하다 **yield** (핵무기의) 위력, 산출물 **detonation** 폭발 **radioactive** 방사성의 **fallout** 낙진 **inhabitant** 거주민 **lasting** 지속적인 **pose** 야기하다 **awareness** 인식 **prompt** 촉발하다

정답: ③

10 다음 글의 제목으로 가장 적절한 것은?

> Modern homes are filled with "smart" electronic devices that make our lives easier or more fulfilling. We've come to rely on these for many household activities like seeing who is at our door, accessing the Internet, answering questions, and myriad other tasks. In fact, they have become so commonplace that we often don't think about them. And as their use has become ubiquitous, corporations have discovered that these devices can also be used to monitor many aspects of our private lives. Indeed, as a result of the growth of the smart device market, our homes have become massive data collection sites. Smart speakers, doorbells, televisions, and other devices are now tracking our movements, daily habits, the shows we watch, and even recording our conversations, and then sending this data to companies.

① Commercial Uses for Consumer Information
② Keeping Your Home Secure Using Smart Devices
③ How to Use Technology to Accomplish Household Chores
④ Smart Devices: Trading Personal Data for Convenience

Mini Quiz

1. 이 지문의 중심 소재를 지문에서 찾아 쓰세요.

____

2. '원인과 결과' 논리 구조임을 알 수 있는 SIGNAL WORD를 지문에서 찾아 쓰세요.

____

정답 | **1.** "smart" electronic devices **2.** as a result of

논리 구조 분석

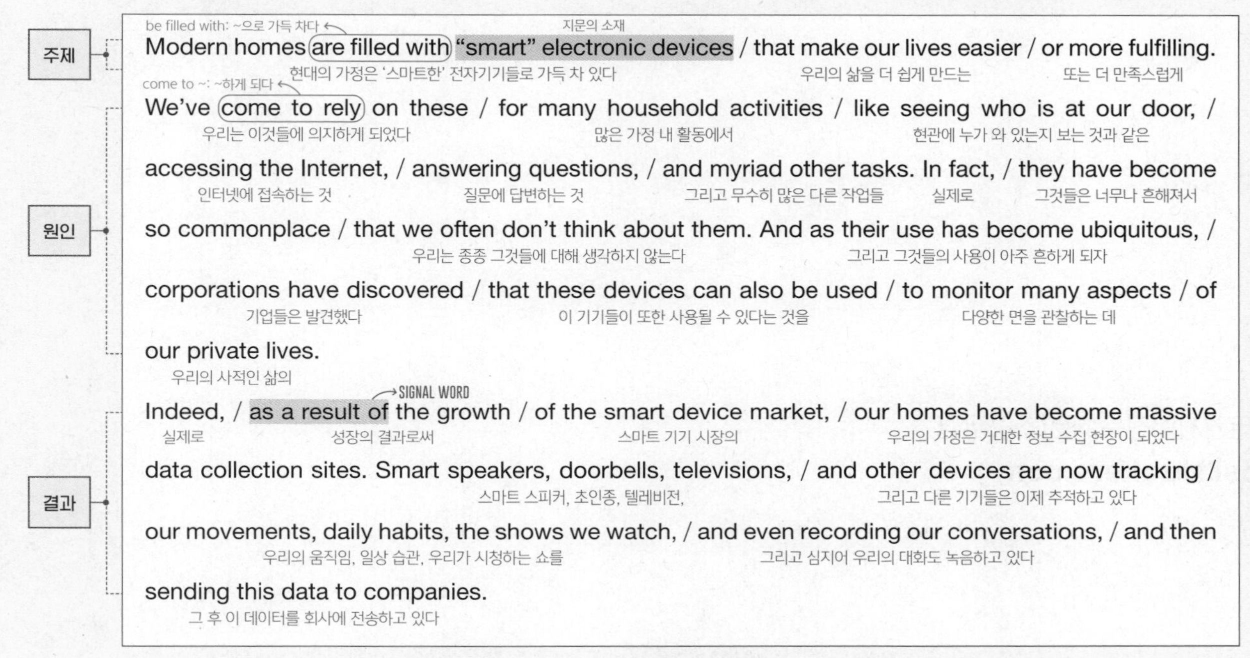
주제

be filled with: ~으로 가득 차다 / 지문의 소재

Modern homes are filled with "smart" electronic devices / that make our lives easier / or more fulfilling.
현대의 가정은 '스마트한' 전자기기들로 가득 차 있다 / 우리의 삶을 더 쉽게 만드는 / 또는 더 만족스럽게

원인

come to ~: ~하게 되다

We've come to rely on these / for many household activities / like seeing who is at our door, /
우리는 이것들에 의지하게 되었다 / 많은 가정 내 활동에서 / 현관에 누가 와 있는지 보는 것과 같은

accessing the Internet, / answering questions, / and myriad other tasks. In fact, / they have become
인터넷에 접속하는 것 / 질문에 답변하는 것 / 그리고 무수히 많은 다른 작업들 / 실제로 / 그것들은 너무나 흔해져서

so commonplace / that we often don't think about them. And as their use has become ubiquitous, /
우리는 종종 그것들에 대해 생각하지 않는다 / 그리고 그것들의 사용이 아주 흔하게 되자

corporations have discovered / that these devices can also be used / to monitor many aspects / of
기업들은 발견했다 / 이 기기들이 또한 사용될 수 있다는 것을 / 다양한 면을 관찰하는 데

our private lives.
우리의 사적인 삶의

결과

SIGNAL WORD

Indeed, / as a result of the growth / of the smart device market, / our homes have become massive
실제로 / 성장의 결과로써 / 스마트 기기 시장의 / 우리의 가정은 거대한 정보 수집 현장이 되었다

data collection sites. Smart speakers, doorbells, televisions, / and other devices are now tracking /
스마트 스피커, 초인종, 텔레비전, / 그리고 다른 기기들은 이제 추적하고 있다

our movements, daily habits, the shows we watch, / and even recording our conversations, / and then
우리의 움직임, 일상 습관, 우리가 시청하는 쇼를 / 그리고 심지어 우리의 대화도 녹음하고 있다

sending this data to companies.
그 후 이 데이터를 회사에 전송하고 있다

해석 현대의 가정은 우리의 삶을 더 쉽거나 만족스럽게 만드는 '스마트한' 전자기기들로 가득 차 있다. 우리는 현관에 누가 와 있는지 보는 것, 인터넷에 접속하는 것, 질문에 답변하는 것, 그리고 무수히 많은 다른 작업들과 같은 많은 가정 내 활동에서 이것들에 의지하게 되었다. 실제로, 그것들은 너무나 흔해져서 우리는 종종 그것들에 대해 생각하지 않는다. 그리고 그것들의 사용이 아주 흔하게 되자, 기업들은 이 기기들이 또한 우리의 사적인 삶의 다양한 면을 관찰하는 데 사용될 수 있다는 것을 발견했다. 실제로, 스마트 기기 시장의 성장 결과로써, 우리의 가정은 거대한 정보 수집 현장이 되었다. 스마트 스피커, 초인종, 텔레비전, 그리고 다른 기기들은 이제 우리의 움직임, 일상 습관, 우리가 시청하는 쇼를 추적하고 있고, 심지어 우리의 대화도 녹음하고 있으며, 그 후 이 데이터를 회사에 전송하고 있다.

① 소비자 정보의 상업적 사용
② 스마트 기기를 사용하여 집을 안전하게 유지하기
③ 기술을 사용하여 집안일을 해내는 방법
④ 스마트 기기: 편리함과 개인 정보의 교환

해설 지문 앞부분에서 스마트 전자기기의 보급으로 편리해진 일상생활의 사례들을 설명한 후, 이어서 스마트 기기 시장이 성장한 결과 나타난 스마트 기기의 정보 수집과 그에 따른 개인정보 사용의 위험 요소를 설명하고 있다. 따라서 지문의 제목을 '스마트 기기: 편리함과 개인 정보의 교환'이라고 한 ④번이 정답이다.

어휘 **fulfilling** 만족스러운, 성취감을 주는 **household** 가정의, 가족의 **myriad** 무수히 많은 **commonplace** 흔한; 흔한 일 **ubiquitous** 아주 흔한

정답: ④

논리 구조 4

비교 / 대조

Comparison / Contrast

공무원 시험 내 출제 비율

(국·지·서·법·국회)

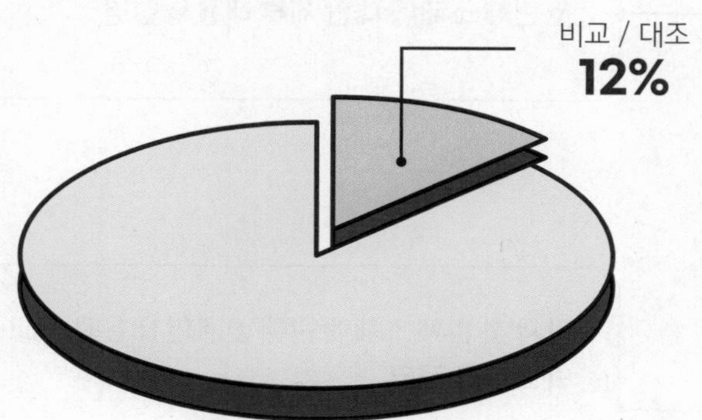
비교 / 대조
12%

최근 주요 공무원 시험의 전체 독해 지문 중

'비교 / 대조' 구조를 가진 지문은 약 **12%** 출제되었다.

논리 구조

4 비교 / 대조
Comparison / Contrast

'비교 / 대조' 논리 구조는 지문의 도입부에서 2개의 중심 소재를 제시하고, 이 2가지 소재의 특징을 비교하거나 서로 다른 점을 대조하는 흐름으로 전개되는 구조이다. 도입부에서 중심 소재가 1개만 제시될 경우, 소재에 대한 긍정적인 측면과 부정적인 측면을 대비하는 흐름으로 전개된다.

SIGNAL
WORD

different opinions 서로 다른 생각 opponents 반대자 advocates 옹호자

논리로 파악하는 글의 구조

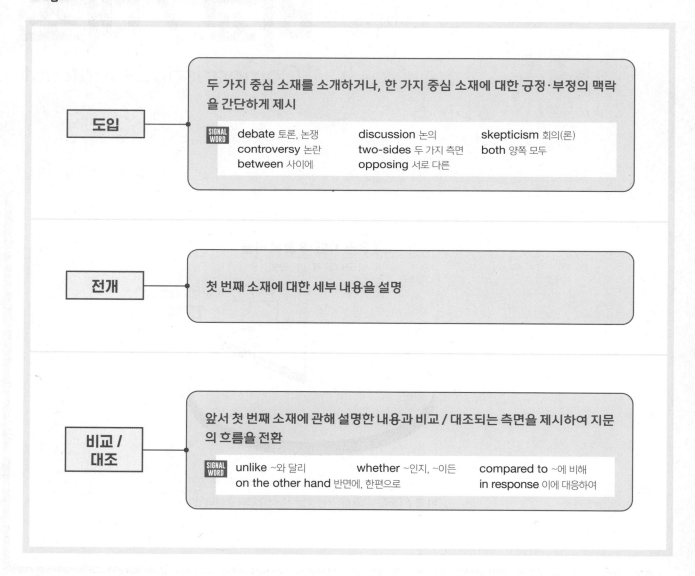

도입

두 가지 중심 소재를 소개하거나, 한 가지 중심 소재에 대한 긍정·부정의 맥락을 간단하게 제시

SIGNAL WORD

debate 토론, 논쟁	discussion 논의	skepticism 회의(론)
controversy 논란	two-sides 두 가지 측면	both 양쪽 모두
between 사이에	opposing 서로 다른	

전개

첫 번째 소재에 대한 세부 내용을 설명

비교 / 대조

앞서 첫 번째 소재에 관해 설명한 내용과 비교 / 대조되는 측면을 제시하여 지문의 흐름을 전환

SIGNAL WORD

unlike ~와 달리	whether ~인지, ~이든	compared to ~에 비해
on the other hand 반면에, 한편으로		in response 이에 대응하여

기출로 확인하는 논리 구조

밑줄 친 부분에 들어갈 말로 적절한 것을 고르시오. [2024 국가직 9급]

도입

It is important to note that for adults, social interaction mainly occurs through the medium of language.

(SIGNAL WORD: for adults / 지문의 소재: social interaction mainly occurs through the medium of language)

전개

Few native-speaker adults are willing to devote time to interacting with someone who does not speak the language, with the result that the adult foreigner will have little opportunity to engage in meaningful and extended language exchanges.

(SIGNAL WORD: adults)

대조

In contrast, the young child is often readily accepted by other children, and even adults. For young children, language is not as essential to social interaction. So-called 'parallel play', for example, is common among young children. They can be content just to sit in each other's company speaking only occasionally and playing on their own. Adults rarely find themselves in situations where ____________________.

(SIGNAL WORD: In contrast / SIGNAL WORD: the young child)

① language does not play a crucial role in social interaction

② their opinions are readily accepted by their colleagues

③ they are asked to speak another language

④ communication skills are highly required

해석 성인의 경우, 사회적 상호작용은 주로 언어라는 매개체를 통해 발생한다는 점에 유의하는 것이 중요하다. 해당 언어를 구사하지 못하는 사람과 상호작용하는 데 기꺼이 시간을 할애하려는 원어민인 성인은 거의 없으며, 그 결과 성인 외국인은 의미 있고 확장된 언어 교환에 참여할 기회가 거의 없게 될 것이다. 대조적으로, 어린아이는 종종 다른 아이들, 그리고 심지어 성인들에게도 쉽게 받아들여진다. 어린 아이들에게, 언어는 사회적 상호작용에서 그만큼 필수적인 것은 아니다. 예를 들어, 소위 '병행 놀이'는 어린아이들 사이에서 흔하다. 그들은 가끔 서로의 친구와 앉아서 이야기하고 혼자 노는 것만으로도 만족할 수 있다. 성인들은 언어가 사회적 상호작용에서 중요한 역할을 하지 않는 상황에 처하는 경우가 거의 없다.

① 언어가 사회적 상호작용에서 중요한 역할을 하지 않는다

② 그들의 의견은 그들의 동료들에게 쉽게 받아들여진다

③ 그들은 다른 언어를 말하도록 요청받는다

④ 의사소통 능력이 매우 요구된다

해설 지문 앞부분에서 성인의 경우 사회적 상호작용은 주로 언어라는 매개체를 통해 발생한다는 점에 유의하는 것이 중요하다고 했고, 지문 중간에서 어린 아이들에게 언어는 사회적 상호작용에서 그만큼 필수적인 것은 아니라고 하고 있으므로, 빈칸에는 성인들이 '① 언어가 사회적 상호작용에서 중요한 역할을 하지 않는' 상황에 처하는 경우가 거의 없다는 내용이 들어가야 적절하다. 따라서 ①번이 정답이다.

어휘 note 유의하다 medium 매개체 devote 할애하다, 헌신하다 engage in ~에 참여하다 meaningful 의미 있는 extended 확장된 readily 쉽게 parallel play 병행 놀이(유아가 같은 종류의 장난감을 사용하면서 나란히 앉아 놀이를 하나, 실제로 장난감을 함께 나누면서 놀이하는 것이 아니라 각각 독립적으로 하는 놀이) content 만족하는 occasionally 가끔, 때때로

정답: ①

01 밑줄 친 (A), (B)에 들어갈 말로 가장 적절한 것은?

Start-up businesses generally fall into one of two categories, started by very different people with wildly disparate goals. The two categories are SMEs* and IDEs**. SMEs are smaller local businesses, selling products to their communities. They tend to be founded by individual business owners and have smaller markets than IDEs. ____(A)____, they face linear growth patterns, with profits increasing in a slow and steady, but predictable fashion. On account of this, SMEs often receive more support from government policies and incentives. IDEs, ____(B)____, often receive less government assistance initially, but more significant support later on. Such companies have loftier goals, aiming for national or global reach. In order to innovate and create new products to fill market gaps, IDEs are usually founded by groups of people with varying skills. They operate at a loss at first, before eventually becoming profitable.

*SME: 중소기업(Small and Medium Enterprise)
**IDE: 혁신중심기업(Innovation-Driven Enterprise)

	(A)	(B)
①	However	in conclusion
②	Nonetheless	in addition
③	Therefore	on the other hand
④	Furthermore	at the same time

Mini Quiz

1. 이 지문의 중심 소재를 지문에서 찾아 쓰세요.

____

2. '비교 / 대조' 논리 구조임을 알 수 있는 SIGNAL WORD를 지문에서 찾아 쓰세요.

____

정답 | 1. Start-up businesses, SMEs and IDEs　2. two categories, on the other hand

논리 구조 분석

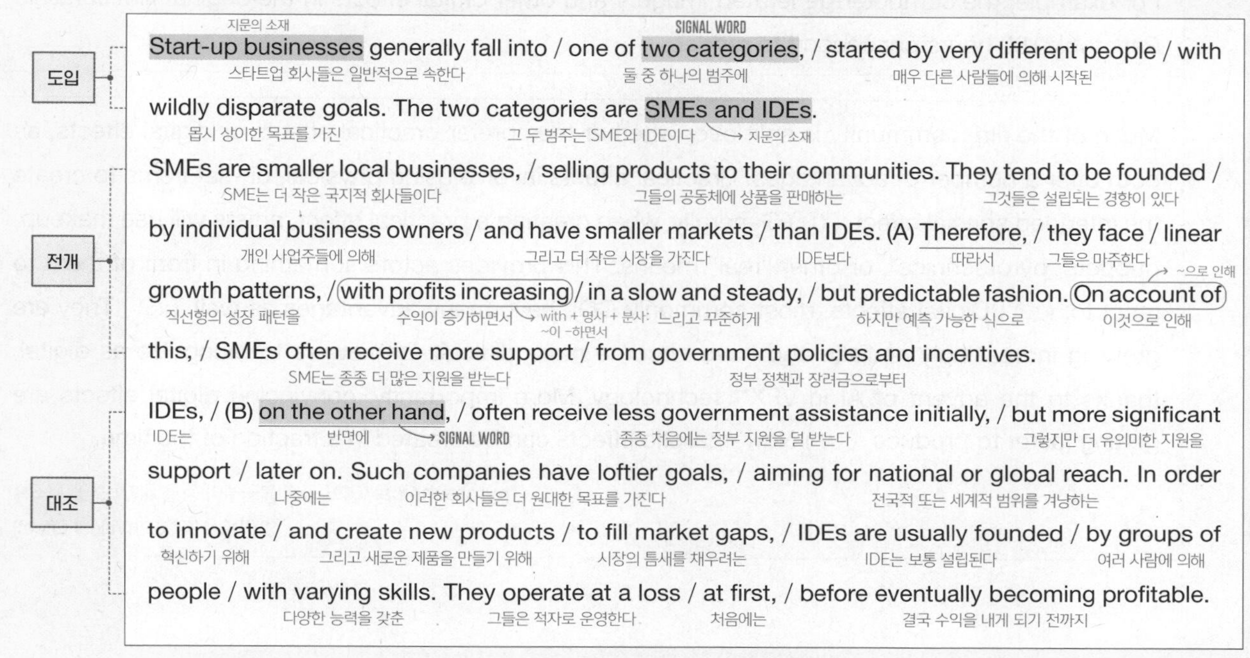

도입

지문의 소재 / SIGNAL WORD

Start-up businesses generally fall into / one of two categories, / started by very different people / with
스타트업 회사들은 일반적으로 속한다 / 둘 중 하나의 범주에 / 매우 다른 사람들에 의해 시작된

wildly disparate goals. The two categories are SMEs and IDEs.
몹시 상이한 목표를 가진 / 그 두 범주는 SME와 IDE이다 → 지문의 소재

전개

SMEs are smaller local businesses, / selling products to their communities. They tend to be founded /
SME는 더 작은 국지적 회사들이다 / 그들의 공동체에 상품을 판매하는 / 그것들은 설립되는 경향이 있다

by individual business owners / and have smaller markets / than IDEs. (A) Therefore, / they face / linear
개인 사업주들에 의해 / 그리고 더 작은 시장을 가진다 / IDE보다 / 따라서 / 그들은 마주한다

growth patterns, / with profits increasing / in a slow and steady, / but predictable fashion. On account of
직선형의 성장 패턴을 / 수익이 증가하면서 → with + 명사 + 분사: ~이 ~하면서 / 느리고 꾸준하게 / 하지만 예측 가능한 식으로 / 이것으로 인해 → ~으로 인해

this, / SMEs often receive more support / from government policies and incentives.
SME는 종종 더 많은 지원을 받는다 / 정부 정책과 장려금으로부터

대조

IDEs, / (B) on the other hand, / often receive less government assistance initially, / but more significant
IDE는 / 반면에 → SIGNAL WORD / 종종 처음에는 정부 지원을 덜 받는다 / 그렇지만 더 유의미한 지원을

support / later on. Such companies have loftier goals, / aiming for national or global reach. In order
나중에는 / 이러한 회사들은 더 원대한 목표를 가진다 / 전국적 또는 세계적 범위를 겨냥하는

to innovate / and create new products / to fill market gaps, / IDEs are usually founded / by groups of
혁신하기 위해 / 그리고 새로운 제품을 만들기 위해 / 시장의 틈새를 채우려는 / IDE는 보통 설립된다 / 여러 사람에 의해

people / with varying skills. They operate at a loss / at first, / before eventually becoming profitable.
다양한 능력을 갖춘 / 그들은 적자로 운영한다 / 처음에는 / 결국 수익을 내게 되기 전까지

해석 스타트업 회사들은 일반적으로 몹시 상이한 목표를 가진 매우 다른 사람들에 의해 시작된 둘 중 하나의 범주에 속한다. 그 두 범주는 SME와 IDE이다. SME는 그들의 공동체에 상품을 판매하는 더 작은 국지적 회사들이다. 그것들은 개인 사업주들에 의해 설립되는 경향이 있고 IDE보다 더 작은 시장을 가진다. (A) 따라서, 그들은 느리고 꾸준하지만, 예측 가능한 식으로 수익이 증가하면서 직선형의 성장 패턴을 마주한다. 이것으로 인해, SME는 종종 정부 정책과 장려금으로부터 더 많은 지원을 받는다. (B) 반면에, IDE는 종종 처음에는 정부 지원을 덜 받지만, 나중에는 더 유의미한 지원을 받는다. 이러한 회사들은 전국적 또는 세계적 범위를 겨냥하는, 더 원대한 목표를 가진다. 혁신하고 시장의 틈새를 채우려는 새로운 제품을 만들기 위해, IDE는 보통 다양한 능력을 갖춘 여러 사람에 의해 설립된다. 그들은 결국 수익을 내게 되기 전까지, 처음에는 적자로 운영한다.

	(A)	(B)		(A)	(B)
①	그러나	결론적으로	②	그럼에도 불구하고	추가적으로
③	따라서	반면에	④	더욱이	동시에

해설 (A) 빈칸 앞 문장은 SME가 작은 시장을 가진다는 내용이고, 빈칸 뒤 문장은 SME가 예측 가능한 식으로 수익이 증가하는 성장 패턴을 마주한다는 빈칸 앞 내용의 결론적인 내용이므로 빈칸에는 결론을 나타내는 연결어인 Therefore(따라서)를 넣어야 한다. (B) 빈칸 앞 문장은 SME가 더 많은 정부 지원을 받는다는 내용이고, 빈칸 뒤 문장은 IDE는 처음에 정부 지원을 덜 받지만 나중에는 더 유의미한 지원을 받는다는 대조적인 내용이므로 빈칸에는 대조를 나타내는 연결어인 on the other hand(반면에)를 넣어야 한다. 따라서 ③번이 정답이다.

어휘 fall into ~에 속하다, 빠지다 wildly 몹시, 거칠게 disparate 상이한 linear 직선형의 lofty 원대한, 높은 profitable 수익을 낼 수 있는

정답: ③

02 주어진 문장이 들어갈 위치로 가장 적절한 것은?

For example, the computer-generated imagery and other digital effects in the original film *Jurassic Park* took 180 hours per second to render.

Much of the film community is split over whether they prefer practical effects or digital effects, as both offer a number of advantages. Practical effects involve using physical, on-set items to create the intended special effect. (①) Generally, when creating a practical effect, artists will use makeup, puppets, pyrotechnics*, or other "real" means. This provides actors something in front of them to react to. (②) Digital effects, most commonly CGI, have many advantages as well. (③) They are growing increasingly realistic and have become more difficult for viewers to recognize as digital, thanks to the advent of AI in VFX** technology. More importantly, convincing digital effects are getting faster to produce. (④) Now, realistic effects can be created in a fraction of the time.

*pyrotechnics: (영화·공연·불꽃놀이 등을 위한) 불꽃 제조술

**VFX: 시각 효과(Visual Effect)

Mini Quiz

1. 이 지문의 중심 소재를 지문에서 찾아 쓰세요.

2. '비교 / 대조' 논리 구조임을 알 수 있는 SIGNAL WORD를 지문에서 찾아 쓰세요.

정답 | 1. practical effects or digital effects **2.** split over, both, as well

논리 구조 분석

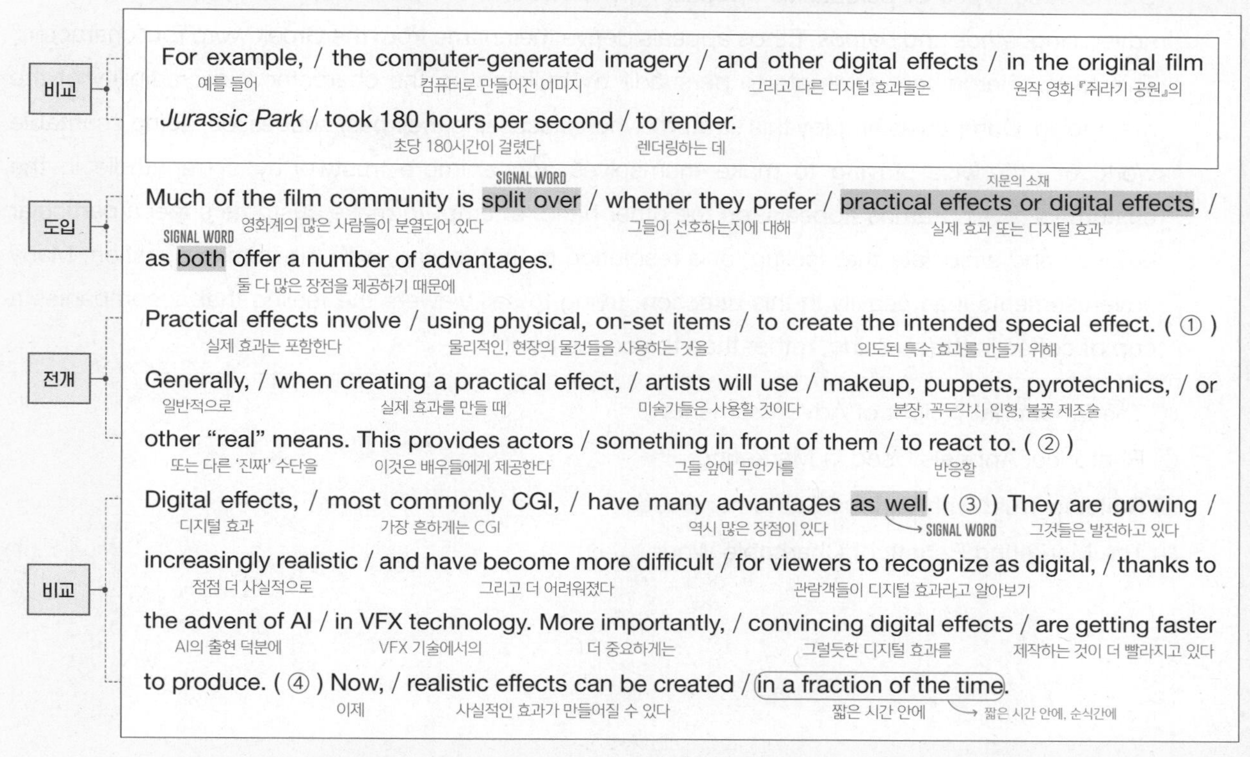

비교
For example, / the computer-generated imagery / and other digital effects / in the original film Jurassic Park / took 180 hours per second / to render.
예를 들어 / 컴퓨터로 만들어진 이미지 / 그리고 다른 디지털 효과들은 / 원작 영화 『쥐라기 공원』의 / 초당 180시간이 걸렸다 / 렌더링하는 데
도입
Much of the film community is split over / whether they prefer / practical effects or digital effects, / as both offer a number of advantages.
SIGNAL WORD
지문의 소재
영화계의 많은 사람들이 분열되어 있다 / 그들이 선호하는지에 대해 / 실제 효과 또는 디지털 효과 / 둘 다 많은 장점을 제공하기 때문에
SIGNAL WORD
전개
Practical effects involve / using physical, on-set items / to create the intended special effect. (①)
실제 효과는 포함한다 / 물리적인, 현장의 물건들을 사용하는 것을 / 의도된 특수 효과를 만들기 위해
Generally, / when creating a practical effect, / artists will use / makeup, puppets, pyrotechnics, / or other "real" means. This provides actors / something in front of them / to react to. (②)
일반적으로 / 실제 효과를 만들 때 / 미술가들은 사용할 것이다 / 분장, 꼭두각시 인형, 불꽃 제조술 / 또는 다른 '진짜' 수단을 / 이것은 배우들에게 제공한다 / 그들 앞에 무언가를 / 반응할
비교
Digital effects, / most commonly CGI, / have many advantages as well. (③) They are growing / increasingly realistic / and have become more difficult / for viewers to recognize as digital, / thanks to the advent of AI / in VFX technology. More importantly, / convincing digital effects / are getting faster to produce. (④) Now, / realistic effects can be created / in a fraction of the time.
디지털 효과 / 가장 흔하게는 CGI / 역시 많은 장점이 있다 / SIGNAL WORD / 그것들은 발전하고 있다 / 점점 더 사실적으로 / 그리고 더 어려워졌다 / 관람객들이 디지털 효과라고 알아보기 / AI의 출현 덕분에 / VFX 기술에서의 / 더 중요하게는 / 그럴듯한 디지털 효과를 / 제작하는 것이 더 빨라지고 있다 / 이제 / 사실적인 효과가 만들어질 수 있다 / 짧은 시간 안에 / 짧은 시간 안에, 순식간에

해석 예를 들어, 원작 영화 『쥐라기 공원』의 컴퓨터로 만들어진 이미지와 다른 디지털 효과들은 렌더링하는 데 초당 180시간이 걸렸다.

영화계의 많은 사람들이 실제 효과 또는 디지털 효과 중 어떤 것을 선호하는지에 대해 분열되어 있는데, 그것들(실제 효과와 디지털 효과) 둘 다 많은 장점을 제공하기 때문이다. 실제 효과는 의도된 특수 효과를 만들기 위해 물리적인, 현장의 물건들을 사용하는 것을 포함한다. (①) 일반적으로, 실제 효과를 만들 때, 미술가들은 분장, 꼭두각시 인형, 불꽃 제조술, 또는 다른 '진짜' 수단을 사용할 것이다. 이것은 배우들에게 반응할 무언가를 그들 앞에 제공한다. (②) 디지털 효과, 가장 흔하게는 CGI 역시 많은 장점이 있다. (③) 그것들(디지털 효과)은 VFX 기술에서의 AI의 출현 덕분에 점점 더 사실적으로 발전하고 있으며 관람객들이 디지털 효과라고 알아보기 더 어려워졌다. 더 중요하게는, 그럴듯한 디지털 효과를 제작하는 것이 더 빨라지고 있다. (④) 이제, 사실적인 효과가 짧은 시간 안에 만들어질 수 있다.

해설 주어진 문장의 took 180 hours per second to render(렌더링하는 데 초당 180시간이 걸렸다)를 통해 주어진 문장 앞에 디지털 효과를 만드는 데 걸리는 시간에 대한 내용이 나올 것을 예상할 수 있다. ④번 앞 문장에서 실제 효과와 비교했을 때 디지털 효과의 장점 중 하나로 설득력 있는 디지털 효과를 제작하는 것이 더 빨라지고 있다고 했으므로, ④번 자리에 주어진 문장이 들어가야 글의 흐름이 자연스럽다. 따라서 ④번이 정답이다.

어휘 generate 만들다, 발생시키다 render 렌더링하다, 만들다 on-set 현장의 advent 출현, 도래 convincing 그럴듯한, 설득력 있는

정답: ④

03 다음 글의 제목으로 가장 적절한 것은?

Of the three types of persuasive appeals in rhetoric, two are particularly emphasized in modern advertising: *ethos* and *pathos*. Ethos appeals derive their name from the Greek word for "character." This form of argument attempts to persuade by building up the character and credibility of the rhetorician. Companies employ this strategy when discussing their past successes, doing charitable work, or otherwise striving to make themselves appear more trustworthy or reputable in the customers' eyes. Pathos appeals, on the other hand, attempt to make customers feel a particular emotion and associate that feeling, or a resolution to that feeling, with the item in question. Many advertisements lean heavily in this direction, trying to sell viewers the feeling that accompanies a cup of coffee in the morning, rather than the coffee itself.

① The Emotional Weight of Advertisements
② Rhetorical Appeals Used in Marketing
③ Building Trust with Various Customer Bases
④ The Marketing Benefit of Charitable Work

Mini Quiz

1. 이 지문의 중심 소재를 지문에서 찾아 쓰세요.

____

2. '비교 / 대조' 논리 구조임을 알 수 있는 SIGNAL WORD를 지문에서 찾아 쓰세요.

____

정답 | **1.** persuasive appeals in rhetoric, *ethos* and *pathos* **2.** two, on the other hand

논리 구조 분석

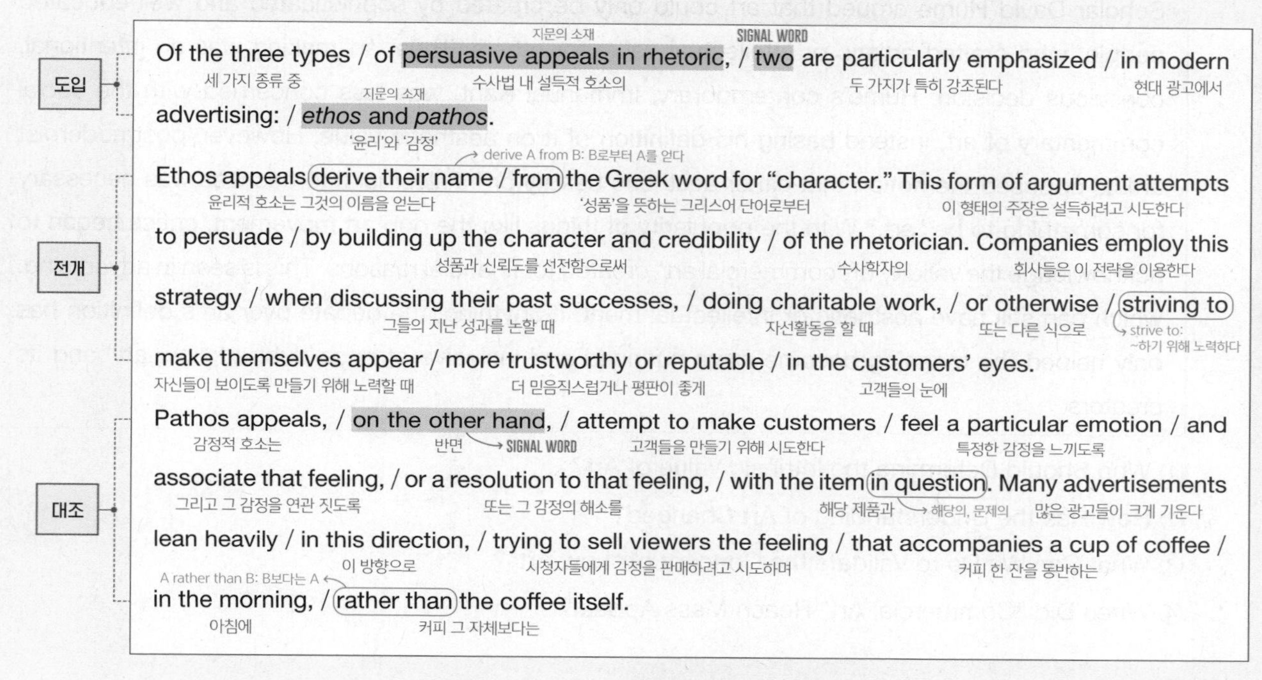
도입
Of the three types / of persuasive appeals in rhetoric, / two are particularly emphasized / in modern advertising: / ethos and pathos.
지문의 소재
SIGNAL WORD
세 가지 종류 중
수사법 내 설득적 호소의
두 가지가 특히 강조된다
현대 광고에서
지문의 소재
'윤리'와 '감정'
전개
Ethos appeals derive their name / from the Greek word for "character." This form of argument attempts to persuade / by building up the character and credibility / of the rhetorician. Companies employ this strategy / when discussing their past successes, / doing charitable work, / or otherwise / striving to make themselves appear / more trustworthy or reputable / in the customers' eyes.
derive A from B: B로부터 A를 얻다
윤리적 호소는 그것의 이름을 얻는다
'성품'을 뜻하는 그리스어 단어로부터
이 형태의 주장은 설득하려고 시도한다
성품과 신뢰도를 선전함으로써
수사학자의
회사들은 이 전략을 이용한다
그들의 지난 성과를 논할 때
자선활동을 할 때
또는 다른 식으로
strive to: ~하기 위해 노력하다
자신들이 보이도록 만들기 위해 노력할 때
더 믿음직스럽거나 평판이 좋게
고객들의 눈에
대조
Pathos appeals, / on the other hand, / attempt to make customers / feel a particular emotion / and associate that feeling, / or a resolution to that feeling, / with the item in question. Many advertisements lean heavily / in this direction, / trying to sell viewers the feeling / that accompanies a cup of coffee / in the morning, / rather than the coffee itself.
감정적 호소는
반면
SIGNAL WORD
고객들을 만들기 위해 시도한다
특정한 감정을 느끼도록
그리고 그 감정을 연관 짓도록
또는 그 감정의 해소를
해당 제품과
해당의, 문제의
많은 광고들이 크게 기운다
이 방향으로
시청자들에게 감정을 판매하려고 시도하며
커피 한 잔을 동반하는
A rather than B: B보다는 A
아침에
커피 그 자체보다는

해석 수사법 내 설득적 호소의 세 가지 종류 중, '윤리'와 '감정' 두 가지가 현대 광고에서 특히 강조된다. 윤리적 호소는 '성품'을 뜻하는 그리스어 단어로부터 그것의 이름을 얻는다. 이 형태의 주장은 수사학자의 성품과 신뢰도를 선전함으로써 설득하려고 시도한다. 회사들은 그들의 지난 성과를 논하거나, 자선활동을 하거나, 또는 다른 식으로 자신들이 고객들의 눈에 더 믿음직스럽거나 평판이 좋게 보이도록 만들기 위해 노력할 때 이 전략을 이용한다. 반면, 감정적 호소는 고객들이 특정한 감정을 느끼고, 그 감정을, 또는 그 감정의 해소를 해당 제품과 연관 짓도록 만들기 위해 시도한다. 많은 광고들이 이 방향으로 크게 기울어서, 시청자들에게 커피 그 자체보다는 아침에 커피 한 잔을 동반하는 감정을 판매하려고 시도한다.

① 광고의 감정적 무게
② 마케팅에 사용되는 수사학적 호소
③ 다양한 고객층과의 신뢰를 쌓기
④ 자선활동의 마케팅 이득

해설 지문 앞부분에서 현대 광고에서 많이 사용되는 수사법 내 설득적 호소 중 윤리적, 감정적 호소에 대해 언급하고, 이후 지문 전반에 걸쳐 두 가지 호소를 설명 및 대조하고 있다. 따라서 지문의 제목을 '마케팅에 사용되는 수사학적 호소'라고 한 ②번이 정답이다.

어휘 **appeal** 호소, 소구 **rhetoric** 수사법, 수사학 **ethos** 윤리 **pathos** 감정 **character** 성품, 기질 **build up** 선전하다, 쌓아 올리다 **rhetorician** 수사학자 **charitable** 자선의 **strive** 노력하다 **trustworthy** 믿음직스러운 **reputable** 평판이 좋은 **resolution** 해소, 다짐

정답: ②

04 다음 글의 제목으로 가장 적절한 것은?

Scholar David Hume argued that art could only be created by sophisticated and well-educated people, who crafted artistic or intellectual value for others. Thus, art-making was an intentional, conscious decision. Hume's contemporary, Immanuel Kant, was less concerned with the social commentary of art, instead basing his definition of it on aesthetic value. However, postmodernist artists opposed the notion that either aesthetic beauty or intellectual rigorousness was necessary for something to be "art." With the popularity of things like the pop art movement, critics began to acknowledge the validity of "commercial art" created for financial reasons. This is seen in advertising, which can still have aesthetic or intellectual merit. If anything, the debate over art's definition has only helped the meaning become more nuanced and inclusive of once-dubbed "low art" and its creators.

① Who Should Determine the Intrinsic Value of Art?
② How Has the Understanding of Art Changed?
③ What Can We Do to Validate the Concept of "Low Art"?
④ When Did "Commercial Art" Reach Mass Appeal?

Mini Quiz

1. 이 지문의 중심 소재를 지문에서 찾아 쓰세요.

2. '비교 / 대조' 논리 구조임을 알 수 있는 SIGNAL WORD를 지문에서 찾아 쓰세요.

정답 | **1.** art **2.** opposed, debate

논리 구조 분석

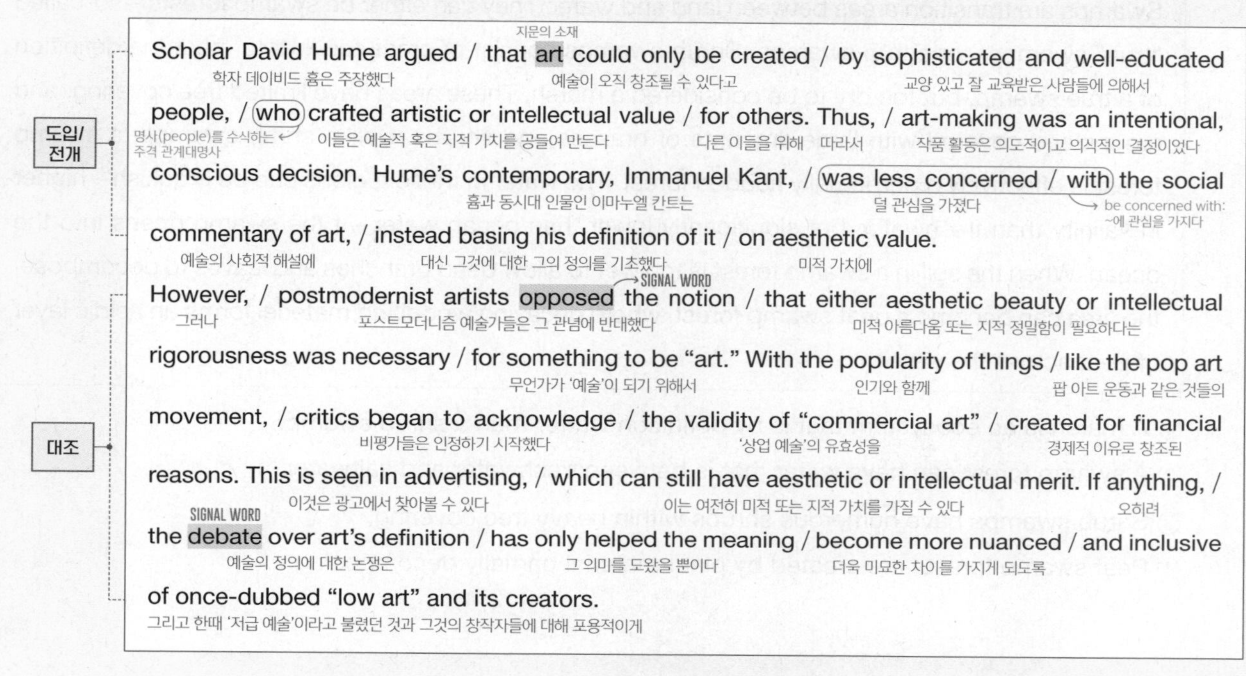
도입/전개
대조
지문의 소재
Scholar David Hume argued / that art could only be created / by sophisticated and well-educated
학자 데이비드 흄은 주장했다 / 예술이 오직 창조될 수 있다고 / 교양 있고 잘 교육받은 사람들에 의해서
people, / who crafted artistic or intellectual value / for others. Thus, / art-making was an intentional,
명사(people)를 수식하는 주격 관계대명사 / 이들은 예술적 혹은 지적 가치를 공들여 만든다 / 다른 이들을 위해 / 따라서 / 작품 활동은 의도적이고 의식적인 결정이었다
conscious decision. Hume's contemporary, Immanuel Kant, / was less concerned / with the social
흄과 동시대 인물인 이마누엘 칸트는 / 덜 관심을 가졌다 / be concerned with: ~에 관심을 가지다
commentary of art, / instead basing his definition of it / on aesthetic value.
예술의 사회적 해설에 / 대신 그것에 대한 그의 정의를 기초했다 / 미적 가치에
SIGNAL WORD
However, / postmodernist artists opposed the notion / that either aesthetic beauty or intellectual
그러나 / 포스트모더니즘 예술가들은 그 관념에 반대했다 / 미적 아름다움 또는 지적 정밀함이 필요하다는
rigorousness was necessary / for something to be "art." With the popularity of things / like the pop art
무언가가 '예술'이 되기 위해서 / 인기와 함께 / 팝 아트 운동과 같은 것들의
movement, / critics began to acknowledge / the validity of "commercial art" / created for financial
비평가들은 인정하기 시작했다 / '상업 예술'의 유효성을 / 경제적 이유로 창조된
reasons. This is seen in advertising, / which can still have aesthetic or intellectual merit. If anything, /
이것은 광고에서 찾아볼 수 있다 / 이는 여전히 미적 또는 지적 가치를 가질 수 있다 / 오히려
SIGNAL WORD
the debate over art's definition / has only helped the meaning / become more nuanced / and inclusive
예술의 정의에 대한 논쟁은 / 그 의미를 도왔을 뿐이다 / 더욱 미묘한 차이를 가지게 되도록
of once-dubbed "low art" and its creators.
그리고 한때 '저급 예술'이라고 불렸던 것과 그것의 창작자들에 대해 포용적이게

해석 학자 데이비드 흄은 예술이 오직 교양 있고 잘 교육받은 사람들에 의해서만 창조될 수 있으며, 이들은 다른 이들을 위해 예술적 혹은 지적 가치를 공들여 만든다고 주장했다. 따라서, 작품 활동은 의도적이고 의식적인 결정이었다. 흄과 동시대 인물인 이마누엘 칸트는 예술의 사회적 해설에 덜 관심을 가졌고, 대신 그것(예술)에 대한 그의 정의를 미적 가치에 기초했다. 그러나, 포스트모더니즘 예술가들은 무언가가 '예술'이 되기 위해서 미적 아름다움 또는 지적 정밀함이 필요하다는 관념에 반대했다. 팝 아트 운동과 같은 것들의 인기와 함께, 비평가들은 경제적 이유로 창조된 '상업 예술'의 유효성을 인정하기 시작했다. 이것은 광고에서 찾아볼 수 있는데, 이는 여전히 미적 또는 지적 가치를 가질 수 있다. 오히려, 예술의 정의에 대한 논쟁은 그 의미가 더욱 미묘한 차이를 가지며 한때 '저급 예술'이라고 불렸던 것과 그것의 창작자들에 대해 포용적이 되도록 도왔을 뿐이다.

① 누가 예술의 본질적 가치를 판단해야 하는가?
② 예술에 대한 이해는 어떻게 바뀌었는가?
③ '저급 예술'의 개념을 입증하기 위해 우리는 무엇을 할 수 있는가?
④ '상업 예술'은 언제 대중의 관심에 영향을 미쳤는가?

해설 지문 앞부분에서 흄과 칸트의 예술적 가치관을 설명한 후, 그것과 대비하여 포스트모더니즘 시대에 예술에 대한 가치관이 어떻게 바뀌었는지에 대해 설명하고 있다. 따라서 지문의 제목을 '예술에 대한 이해는 어떻게 바뀌었는가?'라고 한 ②번이 정답이다.

어휘 sophisticated 교양 있는 intellectual 지적인 contemporary 동시대 인물; 동시대의 commentary 해설 aesthetic 미적 rigorousness 정밀함 acknowledge 인정하다 validity 유효성 nuanced 미묘한 차이가 있는 inclusive 포용적인 dub 부르다 intrinsic 본질적인 validate 입증하다

정답: ②

05 다음 글의 내용과 일치하지 않는 것은?

Swamps are transition areas between land and water. They can either be swamp forests—so-called "true" swamps—or shrub swamps. Shrub swamps consist of areas too wet to meet the definition of a true swamp, but too dry to be considered a marsh. These areas have limited tree covering, and are instead covered with large amounts of grasses and shrubs. Unlike shrub swamps, a swamp forest is effectively a perpetually flooded forest. The water in these regions can be brackish—higher in salinity than freshwater, but significantly lower than ocean water—if the swamp opens into the ocean. When the soil in a swamp forest is too wet to allow dead branches and leaves to decompose, the area can become a peat swamp forest, where decaying woodland material forms an acidic layer of peat across the water.

① A marsh is an ecosystem that is by definition wetter than a shrub swamp.
② A swamp forest can have water that is between freshwater and saltwater.
③ Shrub swamps have numerous shrubs within heavy tree covering.
④ Peat swamp forests are created by plant material partially decomposing.

Mini Quiz

1. 이 지문의 중심 소재를 지문에서 찾아 쓰세요.

___

2. '비교 / 대조' 논리 구조임을 알 수 있는 SIGNAL WORD를 지문에서 찾아 쓰세요.

___

정답 | 1. swamp forests, shrub swamps **2.** either, Unlike

논리 구조 분석

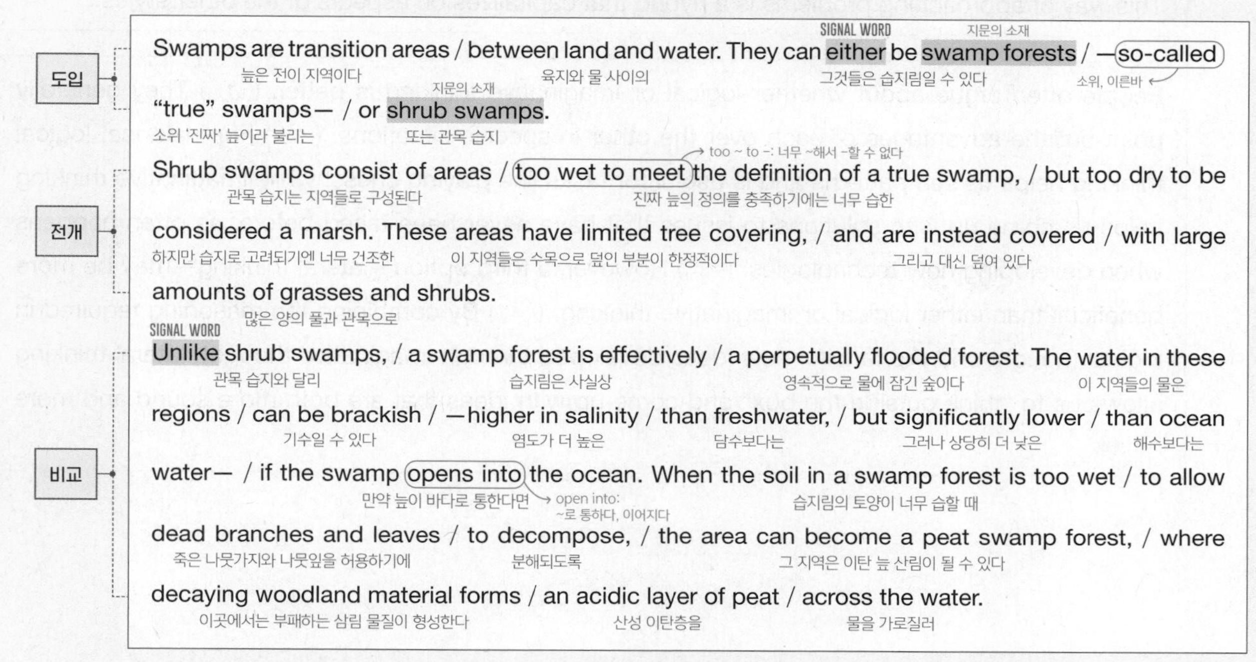

도입

Swamps are transition areas / between land and water. They can either be swamp forests / —so-called "true" swamps— / or shrub swamps.

전개

Shrub swamps consist of areas / too wet to meet the definition of a true swamp, / but too dry to be considered a marsh. These areas have limited tree covering, / and are instead covered / with large amounts of grasses and shrubs.

비교

Unlike shrub swamps, / a swamp forest is effectively / a perpetually flooded forest. The water in these regions / can be brackish / —higher in salinity / than freshwater, / but significantly lower / than ocean water— / if the swamp opens into the ocean. When the soil in a swamp forest is too wet / to allow dead branches and leaves / to decompose, / the area can become a peat swamp forest, / where decaying woodland material forms / an acidic layer of peat / across the water.

늪은 전이 지역이다
육지와 물 사이의
SIGNAL WORD
그것들은 습지림일 수 있다
지문의 소재
소위, 이른바
소위 '진짜' 늪이라 불리는
지문의 소재
또는 관목 습지
관목 습지는 지역들로 구성된다
too ~ to -: 너무 ~해서 -할 수 없다
진짜 늪의 정의를 충족하기에는 너무 습한
하지만 습지로 고려되기엔 너무 건조한
이 지역들은 수목으로 덮인 부분이 한정적이다
그리고 대신 덮여 있다
많은 양의 풀과 관목으로
SIGNAL WORD
관목 습지와 달리
습지림은 사실상
영속적으로 물에 잠긴 숲이다
이 지역들의 물은
기수일 수 있다
염도가 더 높은
담수보다는
그러나 상당히 더 낮은
해수보다는
만약 늪이 바다로 통한다면
open into: ~로 통하다, 이어지다
습지림의 토양이 너무 습할 때
죽은 나뭇가지와 나뭇잎을 허용하기에
분해되도록
그 지역은 이탄 늪 산림이 될 수 있다
이곳에서는 부패하는 삼림 물질이 형성한다
산성 이탄층을
물을 가로질러

해석 늪은 육지와 물 사이의 전이 지역이다. 그것들은 소위 '진짜' 늪이라 불리는 습지림 또는 관목 습지일 수 있다. 관목 습지는 진짜 늪의 정의를 충족하기에는 너무 습하지만, 습지로 고려되기엔 너무 건조한 지역들로 구성된다. 이 지역들은 수목으로 덮인 부분이 한정적이며, 대신 많은 양의 풀과 관목으로 덮여 있다. 관목 습지와 달리, 습지림은 사실상 영속적으로 물에 잠긴 숲이다. 이 지역들의 물은 만약 늪이 바다로 통한다면 염도가 담수보다는 더 높지만, 해수보다는 상당히 낮은 기수일 수 있다. 죽은 나뭇가지와 나뭇잎이 분해되도록 허용하기에 습지림의 토양이 너무 습할 때, 그 지역은 이탄 늪 산림이 될 수 있는데, 이곳에서는 부패하는 삼림 물질이 물을 가로질러 산성 이탄층을 형성한다.

① 습지는 그 정의상 관목 습지보다 습한 생태계이다.
② 습지림은 담수와 해수 사이의 물을 가질 수 있다.
③ 관목 습지는 풍부한 수목으로 덮인 수많은 관목을 가진다.
④ 이탄 늪 산림은 식물성 물질이 일부 분해됨으로써 만들어진다.

해설 ③번의 키워드인 tree covering(수목으로 덮인 부분)이 그대로 등장한 지문 주변의 내용에서 관목 습지는 수목으로 덮인 부분이 한정적이고 대신 많은 양의 풀과 관목으로 덮여 있다고 했으므로, 관목 습지가 풍부한 수목으로 덮인 수많은 관목을 가진다는 것은 지문의 내용과 다르다. 따라서 ③번이 지문의 내용과 일치하지 않는다.

어휘 transition area 전이 지역 shrub 관목 marsh 습지 effectively 사실상 perpetually 영속적으로 flooded 물에 잠긴, 침수된 brackish 기수의, 염분이 섞인 salinity 염도 freshwater 담수 decompose 분해하다 peat 이탄, 토탄 decay 부패하다 acidic 산성의

정답: ③

06 주어진 문장이 들어갈 위치로 가장 적절한 것은?

This way of approaching problems is a hybrid that capitalizes on aspects of the other styles.

People often argue about whether logical or imaginative thinking is better. (①) They generally point out the advantages of each over the other in specific situations. (②) For instance, logical thinking helps us see patterns and is useful for tasks like playing chess, while imaginative thinking helps us come up with solutions to issues that have never been faced before, as often happens when developing new technologies. (③) However, a third option—lateral thinking—may be more beneficial than either logical or imaginative thinking. (④) By combining the reasoning required in logical thought and the fanciful new ideas developed through imaginative thought, lateral thinking allows us to “think outside the box” and come up with ideas that are both more sound and more novel.

Mini Quiz

1. 이 지문의 중심 소재를 지문에서 찾아 쓰세요.

____

2. ‘비교 / 대조’ 논리 구조임을 알 수 있는 SIGNAL WORD를 지문에서 찾아 쓰세요.

____

정답 | 1. logical or imaginative thinking, lateral thinking 2. However

논리 구조 분석

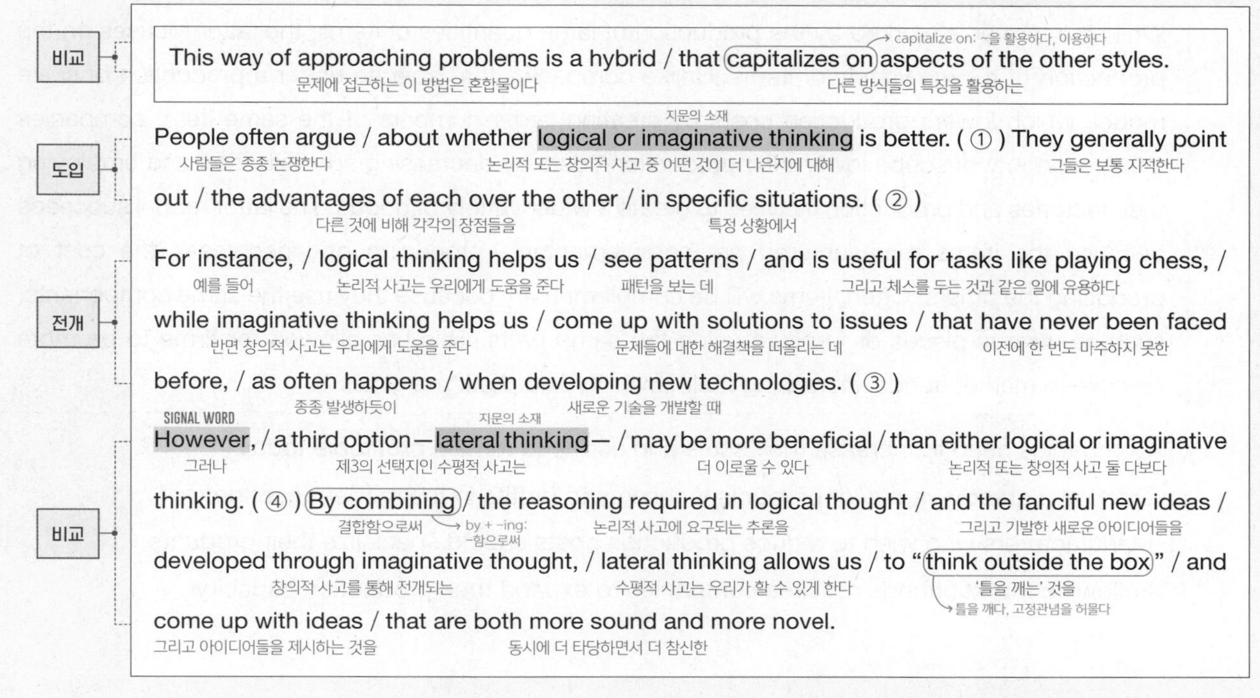

비교

This way of approaching problems is a hybrid / that capitalizes on aspects of the other styles.
문제에 접근하는 이 방법은 혼합물이다 / 다른 방식들의 특징을 활용하는
(capitalize on: ~을 활용하다, 이용하다)

도입

People often argue / about whether logical or imaginative thinking is better. (①) They generally point out / the advantages of each over the other / in specific situations. (②)
사람들은 종종 논쟁한다 / 논리적 또는 창의적 사고 중 어떤 것이 더 나은지에 대해 (지문의 소재) / 그들은 보통 지적한다 / 다른 것에 비해 각각의 장점들을 / 특정 상황에서

전개

For instance, / logical thinking helps us / see patterns / and is useful for tasks like playing chess, / while imaginative thinking helps us / come up with solutions to issues / that have never been faced before, / as often happens / when developing new technologies. (③)
예를 들어 / 논리적 사고는 우리에게 도움을 준다 / 패턴을 보는 데 / 그리고 체스를 두는 것과 같은 일에 유용하다 / 반면 창의적 사고는 우리에게 도움을 준다 / 문제들에 대한 해결책을 떠올리는 데 / 이전에 한 번도 마주하지 못한 / 종종 발생하듯이 / 새로운 기술을 개발할 때

비교

SIGNAL WORD

However, / a third option — lateral thinking — / may be more beneficial / than either logical or imaginative thinking. (④) By combining / the reasoning required in logical thought / and the fanciful new ideas / developed through imaginative thought, / lateral thinking allows us / to "think outside the box" / and come up with ideas / that are both more sound and more novel.
그러나 / 제3의 선택지인 수평적 사고는 (지문의 소재) / 더 이로울 수 있다 / 논리적 또는 창의적 사고 둘 다보다 / 결합함으로써 (by + -ing: ~함으로써) / 논리적 사고에 요구되는 추론을 / 그리고 기발한 새로운 아이디어들을 / 창의적 사고를 통해 전개되는 / 수평적 사고는 우리가 할 수 있게 한다 / '틀을 깨는' 것을 (틀을 깨다, 고정관념을 허물다) / 그리고 아이디어들을 제시하는 것을 / 동시에 더 타당하면서 더 참신한

해석 | 문제에 접근하는 이 방법은 다른 방식들의 특징을 활용하는 혼합물이다.

사람들은 종종 논리적 또는 창의적 사고 중 어떤 것이 더 나은지에 대해 논쟁한다. (①) 그들은 보통 특정 상황에서 다른 것에 비해 각각의 장점들을 지적한다. (②) 예를 들어, 논리적 사고는 우리가 패턴을 보는 데 도움을 주고 체스를 두는 것과 같은 일에 유용한 반면, 창의적 사고는 새로운 기술을 개발할 때 종종 발생하듯이, 이전에 한 번도 마주하지 못한 문제들에 대한 해결책을 떠올리는 데 도움을 준다. (③) 그러나, 제3의 선택지인 수평적 사고는 논리적 또는 창의적 사고 둘 다보다 더 이로울 수 있다. (④) 논리적 사고에 요구되는 추론과 창의적 사고를 통해 전개되는 기발한 새로운 아이디어들을 결합함으로써, 수평적 사고는 우리가 '틀을 깰' 수 있게 하고 동시에 더 타당하면서 더 참신한 아이디어들을 제시할 수 있게 한다.

해설 | 주어진 문장의 This way ~ is a hybrid(이 방법은 ~ 혼합물이다)를 통해 주어진 문장 주변에 두 가지 이상의 방법을 혼합하는 새로운 방법에 대한 내용이 나올 것을 예상할 수 있다. ④번 앞 문장에서 제3의 선택지인 수평적 사고가 앞서 설명한 논리적 또는 창의적 사고 둘 모두보다 이로울 수 있다고 언급하고, ④번 뒤 문장에서 논리적 사고와 창의적 사고를 결합하는 것의 장점을 설명하고 있으므로, ④번 자리에 주어진 문장이 들어가야 글의 흐름이 자연스럽다. 따라서 ④번이 정답이다.

어휘 | hybrid 혼합물, 잡종 logical 논리적인 imaginative 창의적인 lateral 수평적인 beneficial 이로운, 이익이 되는 reasoning 추론, 추리 fanciful 기발한, 기상천외한 sound 타당한, 철저한 novel 참신한, 새로운

정답: ④

07 다음 글의 요지로 가장 적절한 것은?

Modern capitalism has shifted away from an economy of scale and toward an economy of scope. While the former is marked by the production of large quantities of items, the latter focuses on the production of a large variety of items. Unlike companies that operate under a production of scale model, which lowers production costs by creating larger numbers of the same item, companies using economy of scope lower their production costs by decreasing specialization and employing their factories and production facilities to create a wider variety of goods. The latter model succeeds because the items manufactured are complementary—producing one decreases the cost of producing the others. Often, items will be complementary because they use the same components, such as various pieces of furniture using the same parts. This has allowed for firms to be more reactive to market trends, increasing their flexibility and profit margins.

① Companies need to increase their scale and scope to remain profitable today.
② Offering a greater variety of products is the key to profits in the modern economy.
③ Manufacturers who wish to reduce production costs should specialize their products.
④ Following market trends requires companies to expand their production capacity.

Mini Quiz

1. 이 지문의 중심 소재를 지문에서 찾아 쓰세요.

____

2. '비교 / 대조' 논리 구조임을 알 수 있는 SIGNAL WORD를 지문에서 찾아 쓰세요.

____

정답 | 1. economy of scale, economy of scope **2.** the former, the latter, Unlike

논리 구조 분석

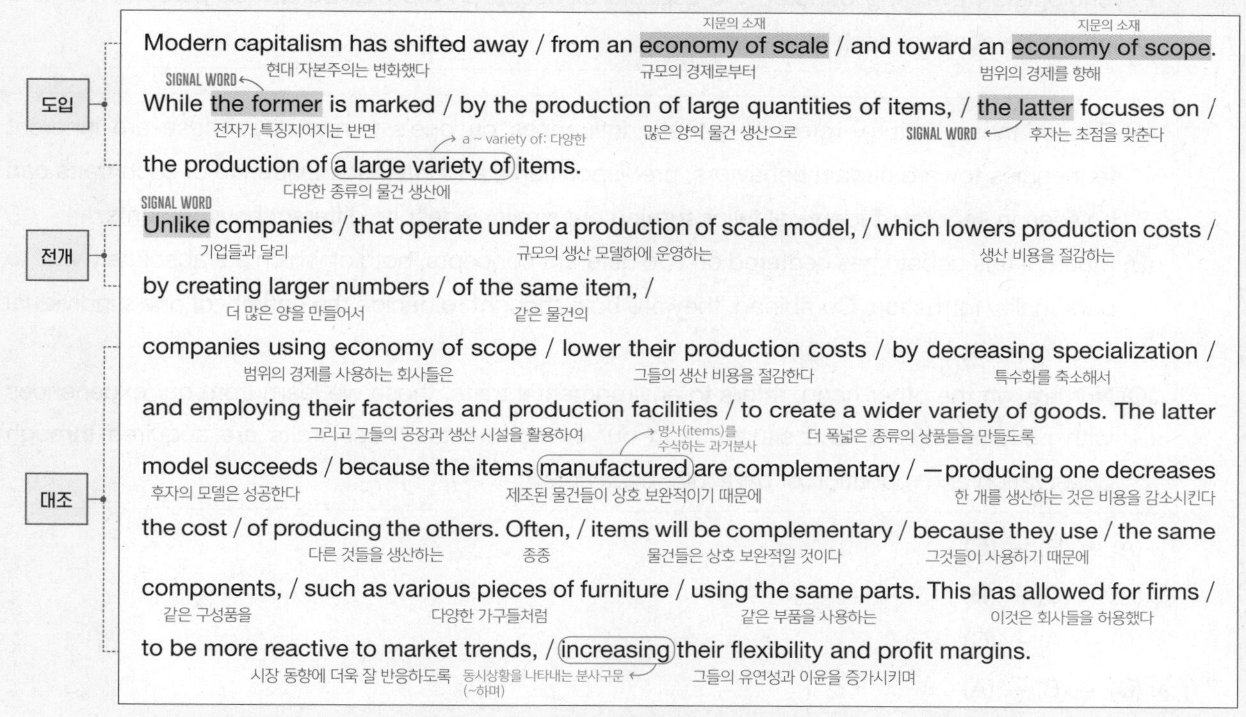
도입
Modern capitalism has shifted away / from an economy of scale / and toward an economy of scope.
현대 자본주의는 변화했다 / 규모의 경제로부터 / 범위의 경제를 향해
지문의 소재
지문의 소재
SIGNAL WORD
While the former is marked / by the production of large quantities of items, / the latter focuses on /
전자가 특징지어지는 반면 / 많은 양의 물건 생산으로 / SIGNAL WORD 후자는 초점을 맞춘다
a ~ variety of: 다양한
the production of a large variety of items.
다양한 종류의 물건 생산에
전개
SIGNAL WORD
Unlike companies / that operate under a production of scale model, / which lowers production costs /
기업들과 달리 / 규모의 생산 모델하에 운영하는 / 생산 비용을 절감하는
by creating larger numbers / of the same item, /
더 많은 양을 만들어서 / 같은 물건의
companies using economy of scope / lower their production costs / by decreasing specialization /
범위의 경제를 사용하는 회사들은 / 그들의 생산 비용을 절감한다 / 특수화를 축소해서
대조
and employing their factories and production facilities / to create a wider variety of goods. The latter
그리고 그들의 공장과 생산 시설을 활용하여 / 더 폭넓은 종류의 상품들을 만들도록
명사(items)를 수식하는 과거분사
model succeeds / because the items manufactured are complementary / —producing one decreases
후자의 모델은 성공한다 / 제조된 물건들이 상호 보완적이기 때문에 / 한 개를 생산하는 것은 비용을 감소시킨다
the cost / of producing the others. Often, / items will be complementary / because they use / the same
다른 것들을 생산하는 / 종종 / 물건들은 상호 보완적일 것이다 / 그것들이 사용하기 때문에
components, / such as various pieces of furniture / using the same parts. This has allowed for firms /
같은 구성품을 / 다양한 가구들처럼 / 같은 부품을 사용하는 / 이것은 회사들을 허용했다
to be more reactive to market trends, / increasing their flexibility and profit margins.
시장 동향에 더욱 잘 반응하도록 / 동시상황을 나타내는 분사구문 (~하며) / 그들의 유연성과 이윤을 증가시키며

해석 현대 자본주의는 규모의 경제로부터 범위의 경제를 향해 변화했다. 전자가 많은 양의 물건 생산으로 특징지어지는 반면, 후자는 다양한 종류의 물건 생산에 초점을 맞춘다. 같은 물건의 더 많은 양을 만들어서 생산 비용을 절감하는 규모의 생산 모델하에 운영하는 기업들과 달리, 범위의 경제를 사용하는 회사들은 특수화를 축소하고 그들의 공장과 생산 시설이 더 폭넓은 종류의 상품들을 만들도록 활용하여 생산 비용을 절감한다. 후자의 모델은 제조된 물건들이 상호 보완적이기 때문에 성공하는데, 한 개를 생산하는 것은 다른 것들을 생산하는 비용을 감소시킨다. 종종, 물건들은 같은 부품을 사용하는 다양한 가구들처럼, 그것들이 같은 구성품을 사용하기 때문에 상호 보완적일 것이다. 이것은 그들(회사들)의 유연성과 이윤을 증가시키며, 회사들이 시장 동향에 더욱 잘 반응하도록 했다.

① 기업들은 오늘날 수익성을 유지하기 위해 그들의 규모와 범위를 확장해야 한다.
② 더욱 다양한 종류의 상품을 제공하는 것이 현대 경제에서 이윤을 위한 비결이다.
③ 생산 비용을 감축하고 싶은 제조사들은 그들의 상품을 특수화시켜야 한다.
④ 시장 동향을 따르는 것은 회사들이 생산력을 확장하도록 요구한다.

해설 지문 초반에 규모의 경제와 범위의 경제의 차이를 설명한 후, 지문 중후반에 걸쳐 범위의 경제를 사용하는 회사들이 폭넓은 종류의 상품을 만드는 것은 결국 회사의 유연성과 이윤을 증가시킨다고 설명하고 있으므로 지문의 요지를 '더욱 다양한 종류의 상품을 제공하는 것이 현대 경제에서 이윤을 위한 비결이다'라고 한 ②번이 정답이다.

어휘 mark 특징짓다, 표시하다 quantity 양 specialization 특수화, 분업 complementary 상호 보완적인 profit margin 이윤

정답: ②

08 다음 주어진 글에 이어질 순서로 가장 적절한 것은?

Psychologists have long debated the aspects of people's lives that build their personalities and shape the person that each of us becomes.

(A) One of these, nature, refers to genetic influences on one's personality. These are inherent tendencies toward certain behaviors, predispositions, and interests. Evidence of such traits can be seen in separated identical twins turning out similarly despite different environments.

(B) Much of this debate has centered on two different concepts, both of which are absolutely vital to personality formation. Combined, they are both thought to decide the entirety of one's individual characteristics.

(C) Nurture, on the other hand, refers to environmental traits, those we learn from our experiences with people, objects, and situations in our environments. These traits are acquired through observation and repetition of particular behaviors.

① (A) — (B) — (C)
② (A) — (C) — (B)
③ (B) — (A) — (C)
④ (C) — (B) — (A)

Mini Quiz

1. 이 지문의 중심 소재를 지문에서 찾아 쓰세요.

2. '비교 / 대조' 논리 구조임을 알 수 있는 SIGNAL WORD를 지문에서 찾아 쓰세요.

정답 | **1.** nature, personality formation, Nurture **2.** debated, debate, two different concepts, on the other hand

논리 구조 분석

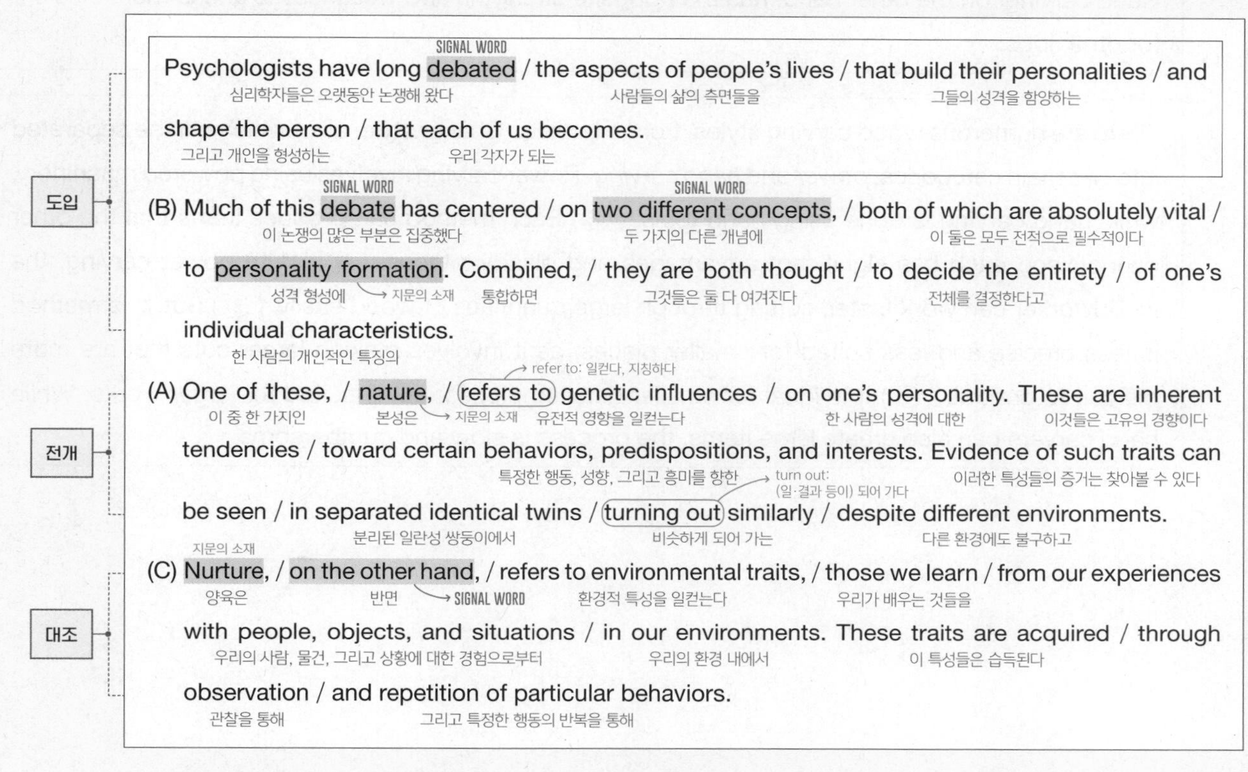

도입
전개
대조
SIGNAL WORD
Psychologists have long debated / the aspects of people's lives / that build their personalities / and
심리학자들은 오랫동안 논쟁해 왔다
사람들의 삶의 측면들을
그들의 성격을 함양하는
shape the person / that each of us becomes.
그리고 개인을 형성하는
우리 각자가 되는
SIGNAL WORD
SIGNAL WORD
(B) Much of this debate has centered / on two different concepts, / both of which are absolutely vital /
이 논쟁의 많은 부분은 집중했다
두 가지의 다른 개념에
이 둘은 모두 전적으로 필수적이다
to personality formation. Combined, / they are both thought / to decide the entirety / of one's
성격 형성에
지문의 소재
통합하면
그것들은 둘 다 여겨진다
전체를 결정한다고
individual characteristics.
한 사람의 개인적인 특징의
refer to: 일컫다, 지칭하다
(A) One of these, / nature, / refers to genetic influences / on one's personality. These are inherent
이 중 한 가지인
본성은
지문의 소재
유전적 영향을 일컫는다
한 사람의 성격에 대한
이것들은 고유의 경향이다
tendencies / toward certain behaviors, predispositions, and interests. Evidence of such traits can
특정한 행동, 성향, 그리고 흥미를 향한
turn out: (일·결과 등이) 되어 가다
이러한 특성들의 증거는 찾아볼 수 있다
be seen / in separated identical twins / turning out similarly / despite different environments.
분리된 일란성 쌍둥이에서
비슷하게 되어 가는
다른 환경에도 불구하고
지문의 소재
(C) Nurture, / on the other hand, / refers to environmental traits, / those we learn / from our experiences
양육은
반면
SIGNAL WORD
환경적 특성을 일컫는다
우리가 배우는 것들을
with people, objects, and situations / in our environments. These traits are acquired / through
우리의 사람, 물건, 그리고 상황에 대한 경험으로부터
우리의 환경 내에서
이 특성들은 습득된다
observation / and repetition of particular behaviors.
관찰을 통해
그리고 특정한 행동의 반복을 통해

해석 심리학자들은 오랫동안 사람들의 성격을 함양하고 우리 각자가 되는 개인을 형성하는 사람들의 삶의 측면들을 논쟁해 왔다.

(B) 이 논쟁의 많은 부분은 두 가지의 다른 개념에 집중했는데, 이 둘은 모두 성격 형성에 전적으로 필수적이다. 통합하면, 그것들은 둘 다 한 사람의 개인적인 특징의 전체를 결정한다고 여겨진다.

(A) 이 중 한 가지인 본성은 한 사람의 성격에 대한 유전적 영향을 일컫는다. 이것들은 특정한 행동, 성향, 그리고 흥미를 향한 고유의 경향이다. 이러한 특성들의 증거는 다른 환경에도 불구하고 비슷하게 되어 가는 분리된 일란성 쌍둥이에서 찾아볼 수 있다.

(C) 반면, 양육은 환경적 특성, 즉 우리의 환경 내에서 사람, 물건, 그리고 상황에 대한 경험으로부터 우리가 배우는 것들을 일컫는다. 이 특성들은 관찰과 특정한 행동의 반복을 통해 습득된다.

해설 주어진 문장에서 심리학자들이 사람의 성격을 함양하는 측면에 대해 논쟁해왔다고 한 후, (B)에서 이 논쟁이 집중한 두 가지의 개념을 언급했다. (A)에서 그 개념 중 한 가지인 본성에 대해 설명하고, 뒤이어 (C)에서 그에 대조되는 양육의 개념에 대해 설명하고 있다. 따라서 주어진 문장 다음에 이어질 순서는 ③ (B) — (A) — (C)이다.

어휘 **shape** 형성하다; 모양 **entirety** 전체 **inherent** 고유의, 내재적인 **predisposition** 성향, 소인 **identical twins** 일란성 쌍둥이
nurture 양육; 양육하다 **acquire** 습득하다

정답: ③

09 주어진 문장이 들어갈 위치로 가장 적절한 것은?

Hand carving, on the other hand, has the opposite strengths and weaknesses and is more efficient for other jobs.

There are numerous wood carving styles, from intarsia to Shaker style, all of which can be separated into two main categories: *power* and *hand carving*. Power carving involves using powered machinery, while hand carving is done using hand tools. (①) Each method can produce items that the other cannot, and each has significant advantages and disadvantages. (②) With power carving, the woodworker can work faster, cutting through large quantities of wood easily. (③) But, this method is less precise and less suited for smaller pieces, as it involves making larger cuts that are more difficult to control. (④) It is ideal for smaller detailed pieces, but ill-suited for larger works. While hand carvers can also create large items, the process is slow and cumbersome.

Mini Quiz

1. 이 지문의 중심 소재를 지문에서 찾아 쓰세요.

____

2. '비교 / 대조' 논리 구조임을 알 수 있는 SIGNAL WORD를 지문에서 찾아 쓰세요.

____

정답 | 1. *power and hand carving* 2. on the other hand, two main categories

논리 구조 분석

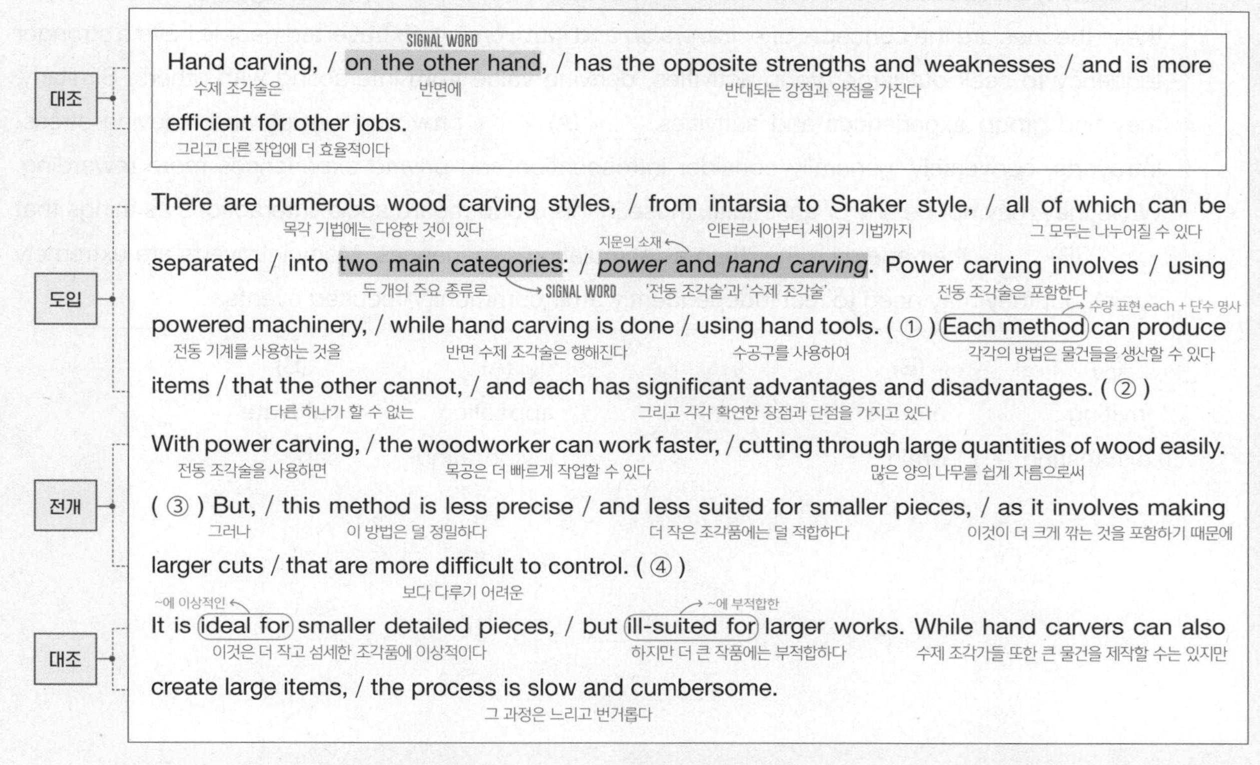

대조
SIGNAL WORD
Hand carving, / on the other hand, / has the opposite strengths and weaknesses / and is more efficient for other jobs.
수제 조각술은 / 반면에 / 반대되는 강점과 약점을 가진다 / 그리고 다른 작업에 더 효율적이다

도입
There are numerous wood carving styles, / from intarsia to Shaker style, / all of which can be separated / into two main categories: / *power* and *hand carving*. Power carving involves / using powered machinery, / while hand carving is done / using hand tools. (①) Each method can produce items / that the other cannot, / and each has significant advantages and disadvantages. (②)
목각 기법에는 다양한 것이 있다 / 인타르시아부터 세이커 기법까지 / 그 모두는 나누어질 수 있다 / 두 개의 주요 종류로 → SIGNAL WORD / 지문의 소재 '전동 조각술'과 '수제 조각술' / 전동 조각술은 포함한다 / 전동 기계를 사용하는 것을 / 반면 수제 조각술은 행해진다 / 수공구를 사용하여 / 수량 표현 each + 단수 명사 / 각각의 방법은 물건들을 생산할 수 있다 / 다른 하나가 할 수 없는 / 그리고 각각 확연한 장점과 단점을 가지고 있다

전개
With power carving, / the woodworker can work faster, / cutting through large quantities of wood easily. (③) But, / this method is less precise / and less suited for smaller pieces, / as it involves making larger cuts / that are more difficult to control. (④)
전동 조각술을 사용하면 / 목공은 더 빠르게 작업할 수 있다 / 많은 양의 나무를 쉽게 자름으로써 / 그러나 / 이 방법은 덜 정밀하다 / 더 작은 조각품에는 덜 적합하다 / 이것이 더 크게 깎는 것을 포함하기 때문에 / 보다 다루기 어려운

대조
It is ideal for smaller detailed pieces, / but ill-suited for larger works. While hand carvers can also create large items, / the process is slow and cumbersome.
~에 이상적인 / ~에 부적합한 / 이것은 더 작고 섬세한 조각품에 이상적이다 / 하지만 더 큰 작품에는 부적합하다 / 수제 조각가들 또한 큰 물건을 제작할 수는 있지만 / 그 과정은 느리고 번거롭다

해석 반면에, 수제 조각술은 반대되는 강점과 약점을 가지며 다른 작업에 더 효율적이다.

목각 기법에는 인타르시아부터 세이커 기법까지 다양한 것이 있는데, 그 모두는 '전동 조각술'과 '수제 조각술' 두 개의 주요 종류로 나누어질 수 있다. 전동 조각술은 전동 기계를 사용하는 것을 포함하는 반면, 수제 조각술은 수공구를 사용하여 행해진다. (①) 각각의 방법은 다른 하나가 만들 수 없는 물건들을 생산할 수 있고, 각각 확연한 장점과 단점을 가지고 있다. (②) 전동 조각술을 사용하면, 목공은 많은 양의 나무를 쉽게 자름으로써 더 빠르게 작업할 수 있다. (③) 그러나, 이 방법은 덜 정밀하고 더 작은 조각품에는 덜 적합한데, 이것(전동 조각술)은 보다 다루기 어려운 더 크게 깎는 것을 포함하기 때문이다. (④) 이것(수제 조각술)은 더 작고 섬세한 조각품에 이상적이지만, 더 큰 작품에는 부적합하다. 수제 조각가들 또한 큰 물건을 제작할 수는 있지만, 그 과정은 느리고 번거롭다.

해설 주어진 문장의 on the other hand(반면에)를 통해 주어진 문장의 앞뒤에 각각 다른 조각술에 대한 설명이 나올 것을 예상할 수 있다. ④번 앞 문장에서 전동 조각술은 작은 조각품에는 덜 적합하다고 하고, ④번 뒤 문장에서는 이것이 더 큰 작품에 부적합하다는 대조적인 내용을 설명하고 있으므로, ④번 자리에 수제 조각술이 전동 조각술에 반대되는 강점과 약점을 가진다는 내용의 주어진 문장이 들어가야 글의 흐름이 자연스럽다. 따라서 ④번이 정답이다.

어휘 wood carving 목각 woodworker 목공 precise 정밀한 be suited for ~에 적합하다 make a cut 깎다, 베다 cumbersome 번거로운

정답: ④

10 밑줄 친 (A), (B)에 들어갈 말로 가장 적절한 것은?

> Personality theories are a complex and often-debated component of psychology. Central to many of these theories are the concepts of *extraversion* and *introversion*. Extraverted people have a stronger tendency to seek out large group activities, deriving value from interacting with others. Similarly, they find group experiences and activities ____(A)____, providing energy and relieving stress. Introverts, conversely, generally consider introspection and private experiences more rewarding. While they may not be shy or antisocial, those in this group regard social interactions as things that ____(B)____ their energy rather than as stimulating experiences. Many introverts are extremely social, but they may need to rest independently after community-focused events.

	(A)	(B)
①	inviting	arouse
②	appealing	cultivate
③	exhausting	drain
④	invigorating	sap

Mini Quiz

1. 이 지문의 중심 소재를 지문에서 찾아 쓰세요.

____

2. '비교 / 대조' 논리 구조임을 알 수 있는 SIGNAL WORD를 지문에서 찾아 쓰세요.

____

정답 | **1.** Personality theories, *extraversion* and *introversion* **2.** often-debated, conversely

논리 구조 분석

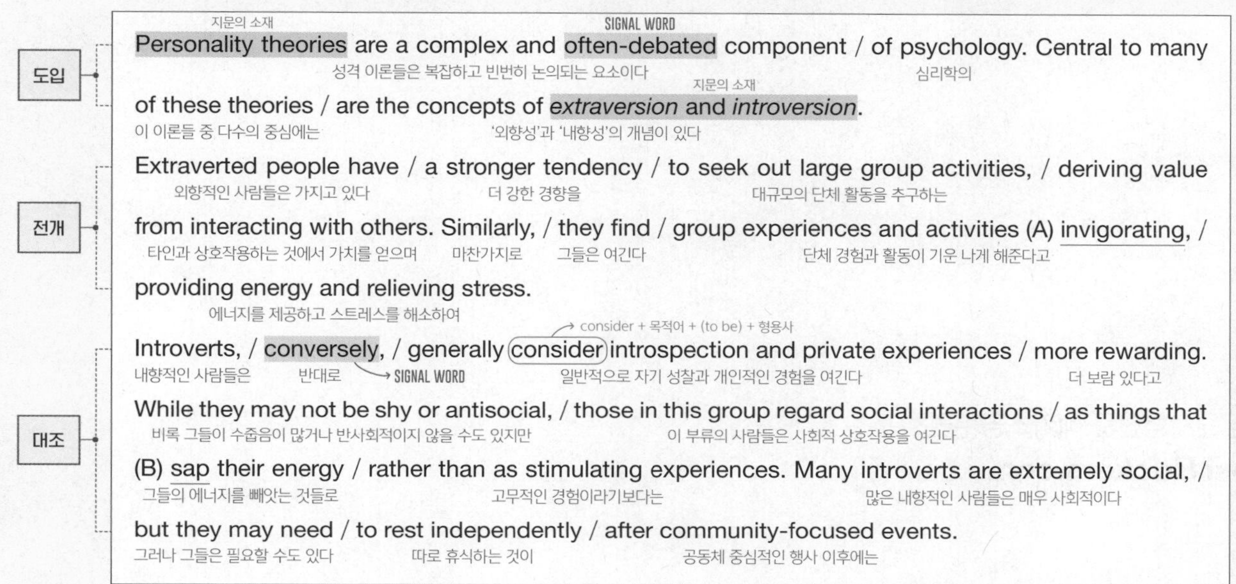

도입
지문의 소재
SIGNAL WORD
Personality theories are a complex and often-debated component / of psychology. Central to many
성격 이론들은 복잡하고 빈번히 논의되는 요소이다
심리학의
지문의 소재
of these theories / are the concepts of *extraversion* and *introversion*.
이 이론들 중 다수의 중심에는
'외향성'과 '내향성'의 개념이 있다
전개
Extraverted people have / a stronger tendency / to seek out large group activities, / deriving value
외향적인 사람들은 가지고 있다
더 강한 경향을
대규모의 단체 활동을 추구하는
from interacting with others. Similarly, / they find / group experiences and activities (A) invigorating, /
타인과 상호작용하는 것에서 가치를 얻으며
마찬가지로
그들은 여긴다
단체 경험과 활동이 기운 나게 해준다고
providing energy and relieving stress.
에너지를 제공하고 스트레스를 해소하여
대조
consider + 목적어 + (to be) + 형용사
Introverts, / conversely, / generally consider introspection and private experiences / more rewarding.
내향적인 사람들은
반대로
SIGNAL WORD
일반적으로 자기 성찰과 개인적인 경험을 여긴다
더 보람 있다고
While they may not be shy or antisocial, / those in this group regard social interactions / as things that
비록 그들이 수줍음이 많거나 반사회적이지 않을 수도 있지만
이 부류의 사람들은 사회적 상호작용을 여긴다
(B) sap their energy / rather than as stimulating experiences. Many introverts are extremely social, /
그들의 에너지를 빼앗는 것들로
고무적인 경험이라기보다는
많은 내향적인 사람들은 매우 사회적이다
but they may need / to rest independently / after community-focused events.
그러나 그들은 필요할 수도 있다
따로 휴식하는 것이
공동체 중심적인 행사 이후에는

해석 성격 이론들은 복잡하고 빈번히 논의되는 심리학의 요소이다. 이 이론들 중 다수의 중심에는 '외향성'과 '내향성'의 개념이 있다. 외향적인 사람들은 타인과 상호작용하는 것에서 가치를 얻으며, 대규모의 단체 활동을 추구하는 더 강한 경향을 가지고 있다. 마찬가지로, 그들은 단체 경험과 활동이 에너지를 제공하고 스트레스를 해소하여, (A) 기운 나게 해준다고 여긴다. 반대로, 내향적인 사람들은 일반적으로 자기 성찰과 개인적인 경험이 더 보람 있다고 여긴다. 비록 그들이 수줍음이 많거나 반사회적이지 않을 수도 있지만, 이 부류의 사람들은 사회적 상호작용을 고무적인 경험이라기보다는 그들의 에너지를 (B) 빼앗는 것들로 여긴다. 많은 내향적인 사람들은 매우 사회적이지만, 그들은 공동체 중심적인 행사 이후에는 따로 휴식하는 것이 필요할 수도 있다.

	(A)	(B)		(A)	(B)
①	유혹적이라고	자극하는	②	매력적이라고	수양하는
③	지치게 한다고	소모하는	④	기운 나게 해준다고	빼앗는

해설 (A) 빈칸이 있는 문장에서 외향적인 사람들에게는 단체 경험과 활동이 에너지를 제공하고 스트레스를 해소한다고 했으므로, 빈칸에는 '기운 나게 해준다고'가 나와야 적절하다. (B) 빈칸 뒤 문장에서는 외향적인 사람들과 반대로 내향적인 사람들은 공동체 중심적인 행사 이후에 따로 휴식을 취해야 할 수도 있다고 했으므로, 빈칸에는 '빼앗는'이 나와야 적절하다. 따라서 ④번이 정답이다.

어휘 extraverted 외향적인 introvert 내향적인 사람 introspection 자기 성찰 stimulating 고무적인 inviting 유혹적인 arouse 자극하다, 깨우다 cultivate 수양하다 drain 소모, 배출 invigorating 기운 나게 하는 sap 빼앗다

정답: ④

논리 구조 5

열거

Enumeration

공무원 시험 내 출제 비율

(국·지·서·법·국회)

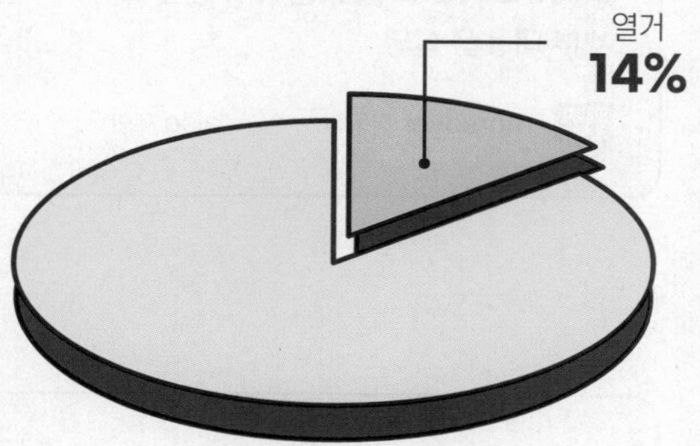

열거
14%

최근 주요 공무원 시험의 전체 독해 지문 중
'열거' 구조를 가진 지문은 약 **14%** 출제되었다.

논리 구조

5 열거

Enumeration

'열거' 논리 구조는 지문의 도입부에서 여러 특징을 가진 중심 소재를 제시한 후, 각각의 특징을 설명하는 흐름으로 이어지는 지문 구조이다. '열거' 구조를 나타내는 SIGNAL WORD를 통해 도입부에서 전체적인 지문 전개 방식을 빠르게 파악할 수 있다.

SIGNAL
WORD

features 특징들 aspects 측면들 differences 차이점들

논리로 파악하는 글의 구조

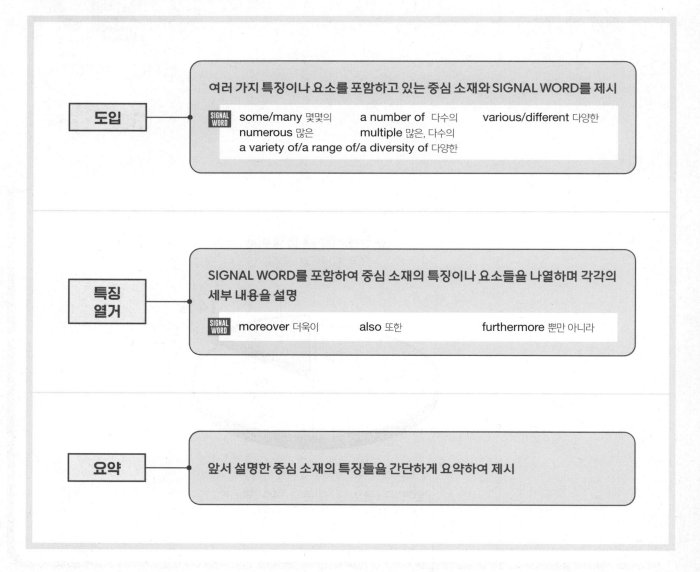

도입

여러 가지 특징이나 요소를 포함하고 있는 중심 소재와 SIGNAL WORD를 제시

SIGNAL WORD some/many 몇몇의 a number of 다수의 various/different 다양한
numerous 많은 multiple 많은, 다수의
a variety of/a range of/a diversity of 다양한

특징 열거

SIGNAL WORD를 포함하여 중심 소재의 특징이나 요소들을 나열하며 각각의 세부 내용을 설명

SIGNAL WORD moreover 더욱이 also 또한 furthermore 뿐만 아니라

요약

앞서 설명한 중심 소재의 특징들을 간단하게 요약하여 제시

기출로 확인하는 논리 구조

밑줄 친 부분에 들어갈 가장 적절한 표현은? [2021 국회직 9급]

도입 — Two kinds (SIGNAL WORD) of evidence show that much of the behavioral differences (지문의 소재) among groups are ____________.

특징 열거 — First (SIGNAL WORD), individual cross-cultural adoptees behave like members of their adopted culture, not the culture of their biological parents. Second (SIGNAL WORD), groups of people often change behavior much more rapidly than natural selection could change gene frequencies.

요약 — These data are far too coarse to prove that there are no genetic differences between human groups, but we believe the evidence is sufficient to conclude that the cultural differences between groups are much larger than any genetic variation that might exist.

① not genetic
② inherent to human beings
③ linked to biological traits
④ explained in terms of evolution
⑤ unknowable

해석 두 가지 유형의 증거는 집단 사이에서의 행동상 차이점의 상당 부분이 유전적이지 않다는 것을 보여준다. 먼저, 여러 문화가 섞인 양자들은 그들의 친부모의 문화가 아니라, 그들의 입양된 문화의 구성원처럼 행동한다. 두 번째로, 많은 사람들이 종종 자연 선택이 유전자 빈도를 바꿀 수 있는 것보다도 훨씬 빠르게 행동을 바꾼다. 이러한 데이터는 인간 집단들 사이에 유전적인 차이가 없다는 것을 입증하기에는 너무나 대략적이지만, 우리는 존재할지도 모르는 어떤 유전 변이보다 집단들 사이의 문화적인 차이가 훨씬 더 크다는 결론을 내리기에는 그 증거가 충분하다고 생각한다.
① 유전적이지 않은
② 인간 고유의
③ 생물학적인 특징과 관련 있는
④ 진화라는 관점에서 설명되는
⑤ 알 수 없는

해설 지문 전반에 걸쳐 인간 집단들 사이에서 유전적인 차이가 그렇게 크지 않다는 증거들을 나열한 후, 지문 후반부에서 유전 변이보다 집단들 사이의 문화적인 차이가 훨씬 더 크다는 결론을 내리기에는 그 증거가 충분하다고 했으므로, 집단 사이에서의 행동상 차이점의 상당 부분이 '유전적이지 않다'고 한 ①번이 정답이다.

어휘 behavioral 행동상의 cross-cultural 여러 문화가 섞인 adoptee 양자 gene frequency 유전자 빈도 coarse 대략적인, 거친 sufficient 충분한 genetic variation 유전 변이

정답: ①

실전에 더 강해지는 구조 독해 TIP

지문에서 열거되는 세부 요소보다 지문의 중심 소재와 주제에 집중하라! 지문의 도입부 또는 지문 내용을 요약하는 부분에 등장하는 중심 소재와 전체적인 맥락이 가장 중요하다. 지문에서 열거되는 여러 요소들은 모두 이 주제를 뒷받침하는 세부 내용이다.

구조 독해 훈련

논리 구조 5 | 열거

01

다음 글의 제목으로 가장 적절한 것은?

Numerous uses for 3D printing are being devised to address human needs in a variety of fields. For one, medical researchers are adapting the technology to print prosthetic devices like artificial joints and tissues that are lighter and cheaper to produce than traditional examples—a great step forward, especially for those in "medical deserts" where healthcare is unaffordable or substandard. Meanwhile, 3D printing is being used in construction to create new buildings and infrastructure. One example of this is occurring in rural Tabasco, Mexico, where architects have programmed a 3D concrete printer to erect homes for residents in need. Using this new system, they can print a basic family home in 24 hours. Many see that this new technology also has great potential to help in disaster situations, such as after earthquakes or cyclones. The technology of 3D printing thus holds great promise in many critical industries.

① 3D Printing: A Solution to Many Problems
② How 3D Printing Became an Important Industry
③ Mexican Innovations in 3D Printing
④ Disaster Caused by A New Technology

Mini Quiz

1. 이 지문의 중심 소재를 지문에서 찾아 쓰세요.

____

2. '열거' 논리 구조임을 알 수 있는 SIGNAL WORD를 지문에서 찾아 쓰세요.

____

정답 | 1. uses for 3D printing **2.** Numerous, a variety of, For one, Meanwhile, also, many

논리 구조 분석

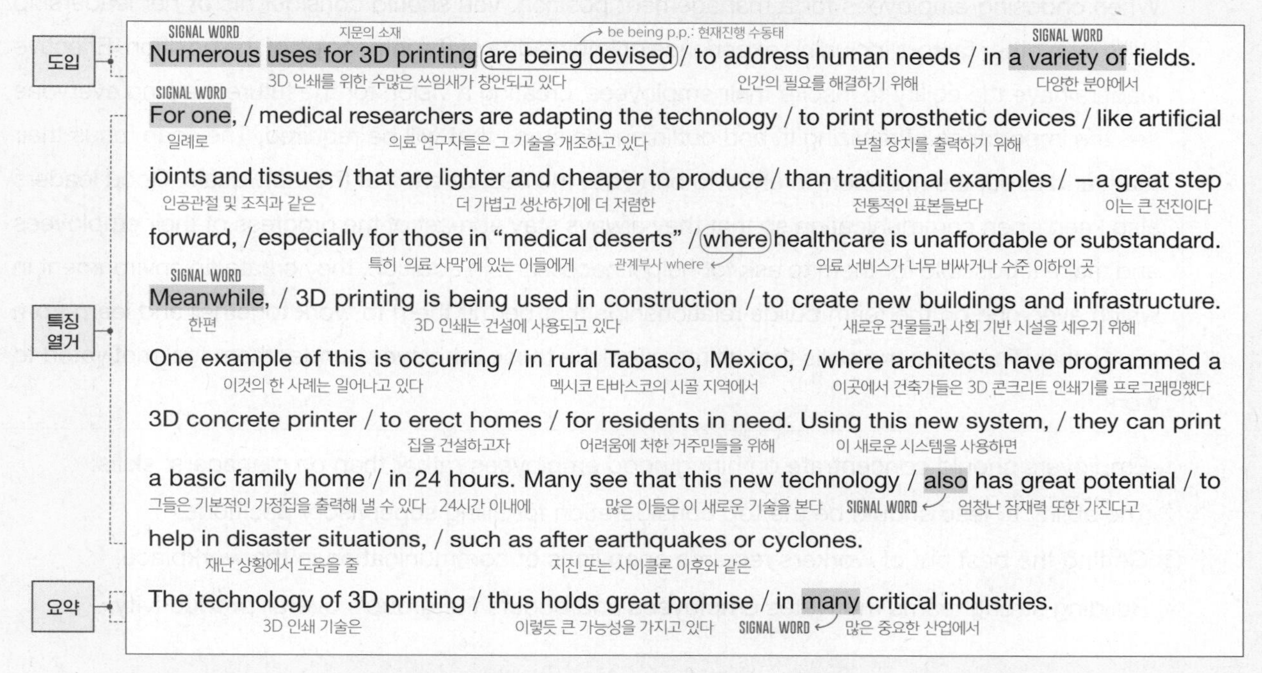

도입
SIGNAL WORD
지문의 소재
be being p.p.: 현재진행 수동태
SIGNAL WORD
Numerous uses for 3D printing are being devised / to address human needs / in a variety of fields.
3D 인쇄를 위한 수많은 쓰임새가 창안되고 있다
인간의 필요를 해결하기 위해
다양한 분야에서
특징 열거
SIGNAL WORD
For one, / medical researchers are adapting the technology / to print prosthetic devices / like artificial
일례로
의료 연구자들은 그 기술을 개조하고 있다
보철 장치를 출력하기 위해
joints and tissues / that are lighter and cheaper to produce / than traditional examples / —a great step
인공관절 및 조직과 같은
더 가볍고 생산하기에 더 저렴한
전통적인 표본들보다
이는 큰 전진이다
forward, / especially for those in "medical deserts" / where healthcare is unaffordable or substandard.
특히 '의료 사막'에 있는 이들에게
관계부사 where
의료 서비스가 너무 비싸거나 수준 이하인 곳
SIGNAL WORD
Meanwhile, / 3D printing is being used in construction / to create new buildings and infrastructure.
한편
3D 인쇄는 건설에 사용되고 있다
새로운 건물들과 사회 기반 시설을 세우기 위해
One example of this is occurring / in rural Tabasco, Mexico, / where architects have programmed a
이것의 한 사례는 일어나고 있다
멕시코 타바스코의 시골 지역에서
이곳에서 건축가들은 3D 콘크리트 인쇄기를 프로그래밍했다
3D concrete printer / to erect homes / for residents in need. Using this new system, / they can print
집을 건설하고자
어려움에 처한 거주민들을 위해
이 새로운 시스템을 사용하면
a basic family home / in 24 hours. Many see that this new technology / also has great potential / to
그들은 기본적인 가정집을 출력해 낼 수 있다
24시간 이내에
많은 이들은 이 새로운 기술을 본다
SIGNAL WORD
엄청난 잠재력 또한 가진다고
help in disaster situations, / such as after earthquakes or cyclones.
재난 상황에서 도움을 줄
지진 또는 사이클론 이후와 같은
요약
The technology of 3D printing / thus holds great promise / in many critical industries.
3D 인쇄 기술은
이렇듯 큰 가능성을 가지고 있다
SIGNAL WORD
많은 중요한 산업에서

해석 다양한 분야에서 인간의 필요를 해결하기 위해 3D 인쇄를 위한 수많은 쓰임새가 창안되고 있다. 일례로, 의료 연구자들은 전통적인 표본들보다 더 가볍고 생산하기에 더 저렴한 인공관절 및 조직과 같은 보철 장치를 출력하기 위해 그 기술을 개조하고 있다. 이는 특히 의료 서비스가 너무 비싸거나 수준 이하인 '의료 사막'에 있는 이들에게 큰 전진이다. 한편, 3D 인쇄는 새로운 건물들과 사회 기반 시설을 세우기 위해 건설에 사용되고 있다. 이것의 한 사례는 멕시코 타바스코의 시골 지역에서 일어나고 있는데, 이곳에서 건축가들은 어려움에 처한 거주민들을 위해 집을 건설하고자 3D 콘크리트 인쇄기를 프로그래밍했다. 이 새로운 시스템을 사용하면, 그들은 24시간 이내에 기본적인 가정집을 출력해 낼 수 있다. 많은 이들은 이 새로운 기술이 지진 또는 사이클론 이후와 같은 재난 상황에서 도움을 줄 엄청난 잠재력 또한 가진다고 본다. 3D 인쇄 기술은 이렇듯 많은 중요한 산업에서 큰 가능성을 가지고 있다.

① 3D 인쇄: 많은 문제에 대한 해결책
② 3D 인쇄는 어떻게 중요한 산업이 되었는가
③ 3D 인쇄에 대한 멕시코의 혁신
④ 새로운 기술에 의해 초래된 재난

해설 지문 전반에 걸쳐 의료, 건설, 재난 대책 등 3D 인쇄의 다양한 쓰임새와 그 사례들을 열거하고 있다. 따라서 지문의 제목을 '3D 인쇄: 많은 문제에 대한 해결책'이라고 한 ①번이 정답이다.

어휘 **devise** 창안하다 **address** 해결하다, 처리하다 **prosthetic** 보철의, 인공 기관의 **artificial** 인공의 **joint** 관절 **tissue** (세포) 조직 **substandard** 수준 이하의 **rural** 시골의 **erect** 건설하다, 세우다 **resident** 거주민 **disaster** 재난 **promise** 가능성, 약속

정답: ①

02 다음 글의 요지로 가장 적절한 것은?

When choosing employees for a management position, you should consider his or her leadership skills over other factors including experience or knowledge of the intricacies of the position. Effective leaders have the ability to inspire their employees, creating a vision for the future, helping everyone see the importance of realizing it, and outlining the steps that will be required. They can focus their team and direct the members in order to bring out the best of each of the individuals. Good leaders also keep open communication so that they always stay abreast of the progress of their employees and make it possible for them to ask for help if necessary. In addition, they create an environment in which everyone on the team builds relationships that permit them to work together and learn from each other. These are the skills that ultimately make those employees under them feel motivated to work.

① Employers should concentrate on hiring good employees rather than on managers' skills.
② The ability to lead should be the top consideration for filling supervisory positions.
③ Getting the best out of workers requires open lines of communication in the workplace.
④ Building strong teams motivates employees and boosts the group's overall productivity.

Mini Quiz

1. 이 지문의 중심 소재를 지문에서 찾아 쓰세요.

____

2. '열거' 논리 구조임을 알 수 있는 SIGNAL WORD를 지문에서 찾아 쓰세요.

____

정답 | 1. leadership skills **2.** also, In addition

논리 구조 분석

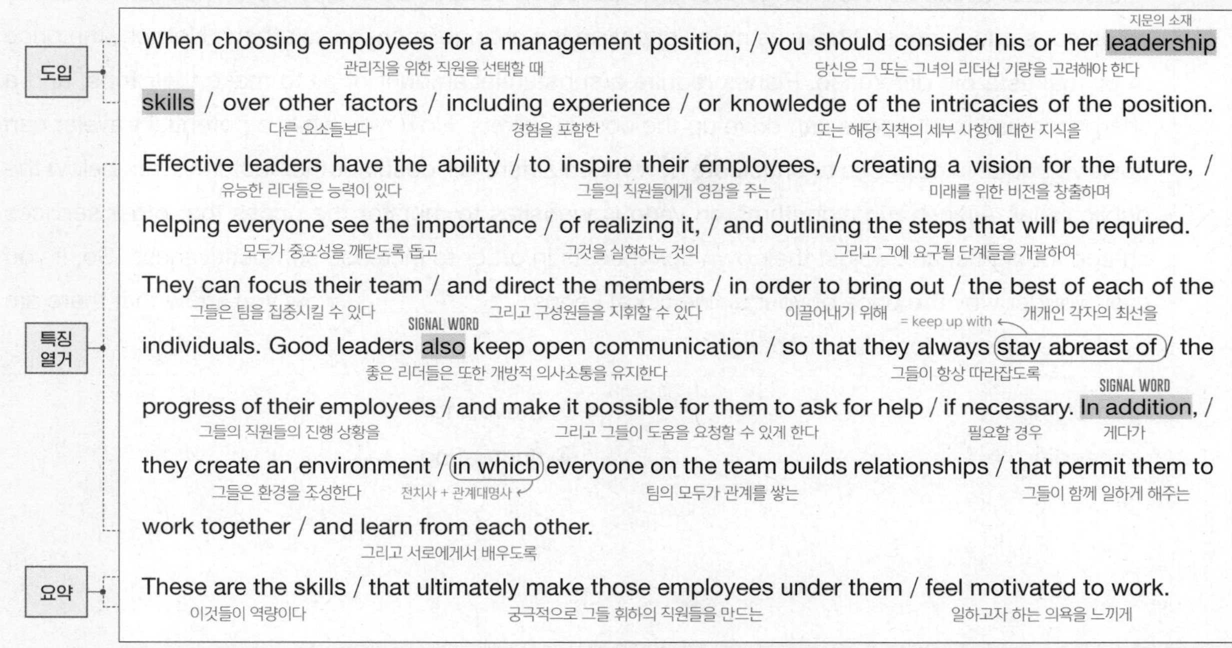
도입
지문의 소재
When choosing employees for a management position, / you should consider his or her leadership skills / over other factors / including experience / or knowledge of the intricacies of the position.
관리직을 위한 직원을 선택할 때 / 당신은 그 또는 그녀의 리더십 기량을 고려해야 한다 / 다른 요소들보다 / 경험을 포함한 / 또는 해당 직책의 세부 사항에 대한 지식을
특징 열거
Effective leaders have the ability / to inspire their employees, / creating a vision for the future, / helping everyone see the importance / of realizing it, / and outlining the steps that will be required.
유능한 리더들은 능력이 있다 / 그들의 직원들에게 영감을 주는 / 미래를 위한 비전을 창출하며 / 모두가 중요성을 깨닫도록 돕고 / 그것을 실현하는 것의 / 그리고 그에 요구될 단계들을 개괄하여
They can focus their team / and direct the members / in order to bring out / the best of each of the individuals.
그들은 팀을 집중시킬 수 있다 / 그리고 구성원들을 지휘할 수 있다 / 이끌어내기 위해 / 개개인 각자의 최선을
SIGNAL WORD
Good leaders also keep open communication / so that they always stay abreast of / the progress of their employees / and make it possible for them to ask for help / if necessary.
= keep up with
좋은 리더들은 또한 개방적 의사소통을 유지한다 / 그들이 항상 따라잡도록 / 그들의 직원들의 진행 상황을 / 그리고 그들이 도움을 요청할 수 있게 한다 / 필요할 경우
SIGNAL WORD
In addition, / they create an environment / in which everyone on the team builds relationships / that permit them to work together / and learn from each other.
게다가 / 그들은 환경을 조성한다 / 전치사 + 관계대명사 / 팀의 모두가 관계를 쌓는 / 그들이 함께 일하게 해주는 / 그리고 서로에게서 배우도록
요약
These are the skills / that ultimately make those employees under them / feel motivated to work.
이것들이 역량이다 / 궁극적으로 그들 휘하의 직원들을 만드는 / 일하고자 하는 의욕을 느끼게

해석 관리직을 위한 직원을 선택할 때, 당신은 경험이나 해당 직책의 세부 사항에 대한 지식을 포함한 다른 요소들보다 그 또는 그녀의 리더십 기량을 고려해야 한다. 유능한 리더들은 미래를 위한 비전을 창출하며, 모두가 그것을 실현하는 것의 중요성을 깨닫도록 돕고, 그에 요구될 단계들을 개괄하여, 그들의 직원들에게 영감을 주는 능력이 있다. 그들은 팀을 집중시키고 개개인 각자의 최선을 이끌어내기 위해 구성원들을 지휘할 수 있다. 좋은 리더들은 또한 개방적 의사소통을 유지하여 그들이 직원들의 진행 상황을 항상 따라잡도록 하고 그들(직원들)이 필요할 경우 도움을 요청할 수 있게 한다. 게다가, 그들은 팀의 모두가 함께 일하고 서로에게서 배우도록 해주는 관계를 쌓는 환경을 조성한다. 이것들이 궁극적으로 그들 휘하의 직원들을 일하고자 하는 의욕을 느끼게 만드는 역량이다.

① 고용주들은 관리자들의 기량보다는 좋은 직원들을 고용하는 데에 집중해야 한다.
② 관리직을 채우기 위해서는 지도하는 능력이 최우선적인 고려 사항이 되어야 한다.
③ 직원들의 최선을 이끌어내는 것은 직장 내에서 개방된 의사소통의 경로를 요한다.
④ 강력한 팀을 구축하는 것은 직원들에게 동기를 부여하고 집단의 전반적인 생산성을 신장시킨다.

해설 지문 앞부분에서 관리직을 위한 직원을 선택할 때 리더십 기량을 우선적으로 고려해야 한다고 하고, 이어서 좋은 리더가 가지는 다양한 역량을 열거하고 있다. 따라서 지문의 요지를 '관리직을 채우기 위해서는 지도하는 능력이 최우선적인 고려 사항이 되어야 한다'라고 한 ②번이 정답이다.

어휘 intricacy 세부 사항, 복잡성 realize 실현하다, 깨닫다 outline 개괄하다; 개요 bring out the best 최선을 이끌어내다
stay abreast of 따라잡다, 뒤떨어지지 않다 ultimately 궁극적으로 supervisory 관리의 line 경로, 선 boost 신장시키다

정답: ②

03 밑줄 친 부분에 들어갈 말로 가장 적절한 것은?

The prices of airline tickets change over time based on several factors. While consumer demand is an obvious one, it doesn't have as much effect on the change in prices as others. Notably, the price of oil makes a big difference. Planes require a substantial amount of oil to make their trips, and a sharp increase in oil prices can drive up the cost of tickets. However, while a potential traveler can observe trends in oil prices to anticipate how much airfare will cost, another factor hovers below the public radar. Airlines run algorithms on various websites to monitor the prices that other services charge for flights, and adjust their own ticket costs in order to increase competitiveness. So, if you ever wonder why the price of your airline ticket keeps ______________, now you know that there are legitimate reasons for this to happen.

① complying
② prevailing
③ exceeding
④ fluctuating

Mini Quiz

1. 이 지문의 중심 소재를 지문에서 찾아 쓰세요.

2. '열거' 논리 구조임을 알 수 있는 SIGNAL WORD를 지문에서 찾아 쓰세요.

정답 | 1. prices of airline tickets **2.** several factors, another factor

논리 구조 분석

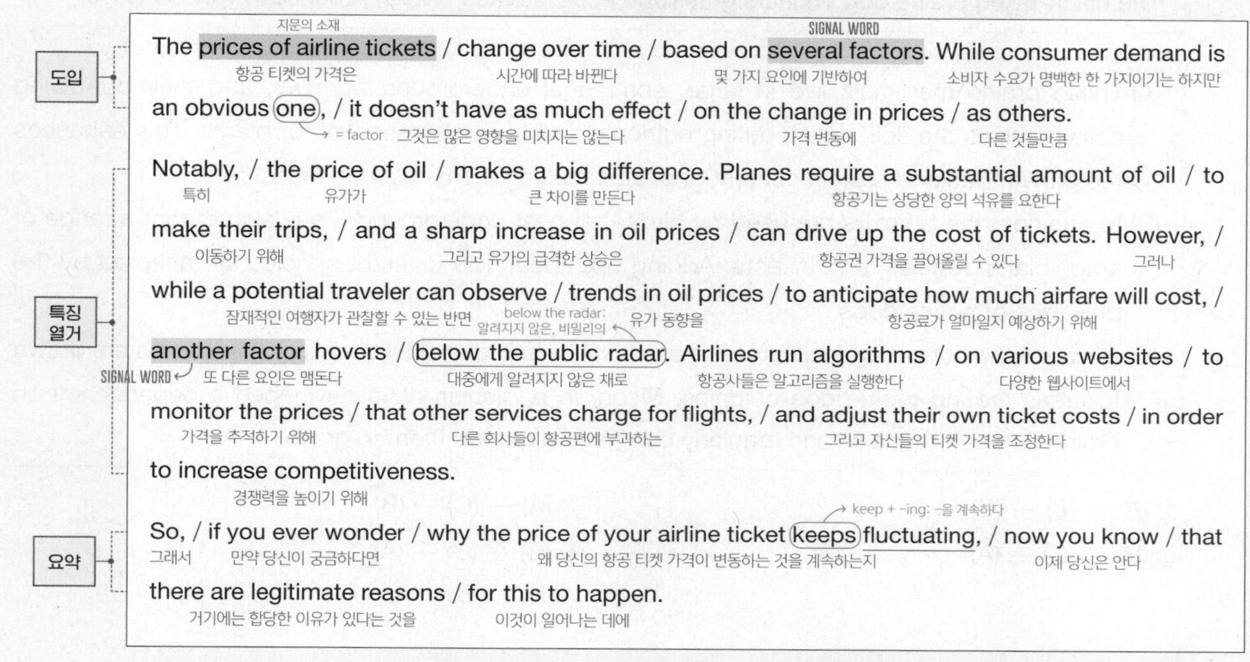

도입
특징 열거
요약
지문의 소재
SIGNAL WORD
The prices of airline tickets / change over time / based on several factors. While consumer demand is
항공 티켓의 가격은 / 시간에 따라 바뀐다 / 몇 가지 요인에 기반하여 / 소비자 수요가 명백한 한 가지이기는 하지만
an obvious one, / it doesn't have as much effect / on the change in prices / as others.
= factor / 그것은 많은 영향을 미치지는 않는다 / 가격 변동에 / 다른 것들만큼
Notably, / the price of oil / makes a big difference. Planes require a substantial amount of oil / to
특히 / 유가가 / 큰 차이를 만든다 / 항공기는 상당한 양의 석유를 요한다
make their trips, / and a sharp increase in oil prices / can drive up the cost of tickets. However, /
이동하기 위해 / 그리고 유가의 급격한 상승은 / 항공권 가격을 끌어올릴 수 있다 / 그러나
while a potential traveler can observe / trends in oil prices / to anticipate how much airfare will cost, /
잠재적인 여행자가 관찰할 수 있는 반면 / 유가 동향을 / 항공료가 얼마일지 예상하기 위해
below the radar: 알려지지 않은, 비밀리의
another factor hovers / below the public radar. Airlines run algorithms / on various websites / to
SIGNAL WORD / 또 다른 요인은 맴돈다 / 대중에게 알려지지 않은 채로 / 항공사들은 알고리즘을 실행한다 / 다양한 웹사이트에서
monitor the prices / that other services charge for flights, / and adjust their own ticket costs / in order
가격을 추적하기 위해 / 다른 회사들이 항공편에 부과하는 / 그리고 자신들의 티켓 가격을 조정한다
to increase competitiveness.
경쟁력을 높이기 위해
keep + -ing: ~을 계속하다
So, / if you ever wonder / why the price of your airline ticket keeps fluctuating, / now you know / that
그래서 / 만약 당신이 궁금하다면 / 왜 당신의 항공 티켓 가격이 변동하는 것을 계속하는지 / 이제 당신은 안다
there are legitimate reasons / for this to happen.
거기에는 합당한 이유가 있다는 것을 / 이것이 일어나는 데에

해석 항공 티켓의 가격은 몇 가지 요인에 기반하여 시간에 따라 바뀐다. 소비자 수요가 명백한 한 가지이기는 하지만, 그것은 다른 것들만큼 가격 변동에 많은 영향을 미치지는 않는다. 특히, 유가가 큰 차이를 만든다. 항공기는 이동하기 위해 상당한 양의 석유를 요하고, 유가의 급격한 상승은 항공권 가격을 끌어올릴 수 있다. 그러나, 항공료가 얼마일지 예상하기 위해 잠재적인 여행자가 유가 동향을 관찰할 수 있는 반면, 또 다른 요인은 대중에게 알려지지 않은 채로 맴돈다. 항공사들은 다른 회사들이 항공편에 부과하는 가격을 추적하기 위해 다양한 웹사이트에서 알고리즘을 실행하고, 경쟁력을 높이기 위해 자신들의 티켓 가격을 조정한다. 그래서, 만약 당신이 왜 항공 티켓의 가격이 변동하는 것을 계속하는지 궁금하다면, 이제 당신은 이것이 일어나는 데에 합당한 이유가 있다는 것을 안다.

① 준수하는 것　② 우세하는 것
③ 초과하는 것　④ 변동하는 것

해설 지문 앞부분에서 항공 티켓의 가격은 시간에 따라 바뀐다고 한 후, 지문 전반에 걸쳐 유가의 변화 및 경쟁사들과의 가격 경쟁 등 그 원인을 나열하고 있으므로, 항공 티켓의 가격이 '변동하는 것'을 계속한다고 한 ④번이 정답이다.

어휘 **obvious** 명백한 **potential** 잠재적인 **anticipate** 예상하다, 기대하다 **hover** 맴돌다 **legitimate** 합당한 **comply** 준수하다 **prevail** 우세하다 **fluctuate** 변동하다

정답: ④

04 주어진 글 다음에 이어질 글의 순서로 가장 적절한 것은?

The black-tailed prairie dog impacts grassland ecosystems in North America in various ways.

(A) These prairie mammals live in large, communal underground burrows, and their burrowing activity mixes the soil, redistributing nutrients and minerals essential for plants. This enhances the growth rate and protein content of plants, making them easier to digest.

(B) In addition, the burrows are used by birds that nest underground. They also attract a range of amphibians, reptiles, and insects. Adding up, about 150 different species are affected by the presence of prairie dogs.

(C) Because the burrowing facilitates the productivity and digestibility of flora, herbivores are drawn to areas around prairie dog colonies. Bison, in particular, have developed a dependency on prairie dog communities and regularly congregate around them to graze.

① (A) — (B) — (C)
② (A) — (C) — (B)
③ (B) — (C) — (A)
④ (C) — (B) — (A)

Mini Quiz

1. 이 지문의 중심 소재를 지문에서 찾아 쓰세요.

2. '열거' 논리 구조임을 알 수 있는 SIGNAL WORD를 지문에서 찾아 쓰세요.

정답 | 1. black-tailed prairie dog **2.** various, In addition, also

논리 구조 분석

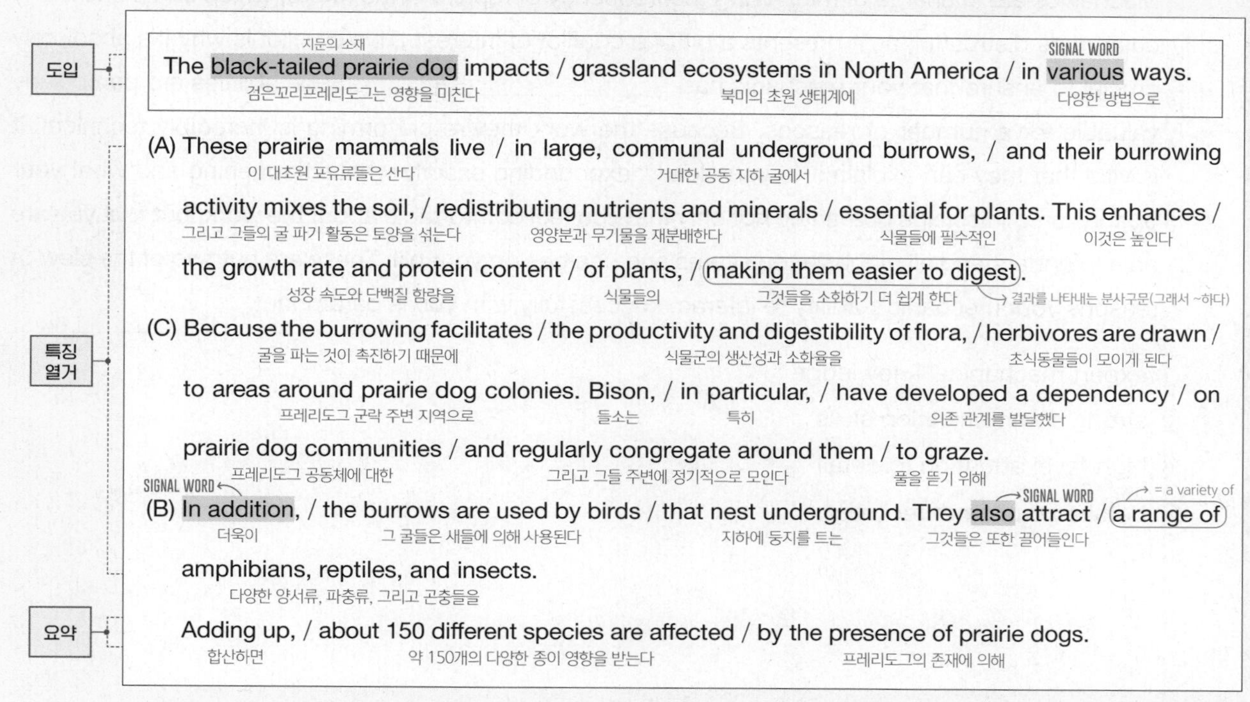

도입 — The black-tailed prairie dog impacts / grassland ecosystems in North America / in various ways.
(지문의 소재: black-tailed prairie dog / SIGNAL WORD: various)
검은꼬리프레리도그는 영향을 미친다 / 북미의 초원 생태계에 / 다양한 방법으로

특징 열거 —
(A) These prairie mammals live / in large, communal underground burrows, / and their burrowing activity mixes the soil, / redistributing nutrients and minerals / essential for plants. This enhances / the growth rate and protein content / of plants, / making them easier to digest.
이 대초원 포유류들은 산다 / 거대한 공동 지하 굴에서 / 그리고 그들의 굴 파기 활동은 토양을 섞는다 / 영양분과 무기물을 재분배한다 / 식물들에 필수적인 / 이것은 높인다 / 성장 속도와 단백질 함량을 / 식물들의 / 그것들을 소화하기 더 쉽게 한다
(making them easier to digest → 결과를 나타내는 분사구문(그래서 ~하다))

(C) Because the burrowing facilitates / the productivity and digestibility of flora, / herbivores are drawn / to areas around prairie dog colonies. Bison, / in particular, / have developed a dependency / on prairie dog communities / and regularly congregate around them / to graze.
굴을 파는 것이 촉진하기 때문에 / 식물군의 생산성과 소화율을 / 초식동물들이 모이게 된다 / 프레리도그 군락 주변 지역으로 / 들소는 / 특히 / 의존 관계를 발달했다 / 프레리도그 공동체에 대한 / 그리고 그들 주변에 정기적으로 모인다 / 풀을 뜯기 위해

(B) In addition, / the burrows are used by birds / that nest underground. They also attract / a range of amphibians, reptiles, and insects.
(SIGNAL WORD: In addition / SIGNAL WORD: also / a range of = a variety of)
더욱이 / 그 굴들은 새들에 의해 사용된다 / 지하에 둥지를 트는 / 그것들은 또한 끌어들인다 / 다양한 양서류, 파충류, 그리고 곤충들을

요약 — Adding up, / about 150 different species are affected / by the presence of prairie dogs.
합산하면 / 약 150개의 다양한 종이 영향을 받는다 / 프레리도그의 존재에 의해

해석 검은꼬리프레리도그는 다양한 방법으로 북미의 초원 생태계에 영향을 미친다.

(A) 이 대초원 포유류들은 거대한 공동 지하 굴에서 살며, 그들의 굴 파기 활동은 토양을 섞어 식물들에 필수적인 영양분과 무기물을 재분배한다. 이것은 식물들의 성장 속도와 단백질 함량을 높여, 그것들(식물들)을 소화하기 더 쉽게 한다.

(C) 굴을 파는 것이 식물군의 생산성과 소화율을 촉진하기 때문에, 초식동물들이 프레리도그 군락 주변 지역으로 모이게 된다. 특히, 들소는 프레리도그 공동체에 대한 의존 관계를 발달했으며 풀을 뜯기 위해 정기적으로 그들 주변에 모인다.

(B) 더욱이, 그 굴들은 지하에 둥지를 트는 새들에 의해 사용된다. 그것들(굴들)은 또한 다양한 양서류, 파충류, 그리고 곤충들을 끌어들인다. 합산하면, 약 150개의 다양한 종이 프레리도그의 존재에 의해 영향을 받는다.

해설 주어진 문장에서 검은꼬리프레리도그가 다양한 방법으로 생태계에 영향을 미친다고 언급하고, (A)에서 검은꼬리프레리도그의 굴 파기가 식물들에 미치는 긍정적인 영향을 설명하고 있다. 이어서 (C)에서 그 식물들 주변에 초식동물들이 모인다고 설명한 후, (B)에서 프레리도그의 굴은 새들에 의해 사용되며 양서류, 파충류, 곤충들도 끌어들인다고 언급하였다. 따라서 주어진 문장 다음에 이어질 순서는 ② (A) — (C) — (B)이다.

어휘 prairie 대초원 communal 공동의 burrow 굴; 굴을 파다 redistribute 재분배하다 protein 단백질 digest 소화하다 facilitate 촉진하다 flora 식물군 herbivore 초식동물 colony 군락 bison 들소 congregate 모이다 graze 풀을 뜯다 nest 둥지를 틀다; 둥지 amphibian 양서류

정답: ②

05 밑줄 친 부분에 들어갈 말로 가장 적절한 것은?

Mechanics are in charge of minimizing the frequency of repairs in the future, which can make many customers distrustful, as it presents a bit of a conflict of interest. This conflict is why it's absolutely crucial to ensure that your mechanic has ______________________. Such abilities are particularly valuable for a number of reasons. Because the work they're performing is incredibly technical, it is vital that they can explain it to you clearly, expounding exactly what's happening and what your options are. This helps guarantee not only that you feel comfortable about the work, but that you are able to understand all of the various items and charges on your bill. These are but two of the slew of reasons your mechanic's ability to interact successfully with you is paramount.

① expert mechanical knowledge
② strong communication skills
③ high-level attention to detail
④ detailed customer records

Mini Quiz

1. 이 지문의 중심 소재를 지문에서 찾아 쓰세요.

____

2. '열거' 논리 구조임을 알 수 있는 SIGNAL WORD를 지문에서 찾아 쓰세요.

____

정답 | **1.** mechanic, strong communication skills **2.** a number of, slew of

논리 구조 분석

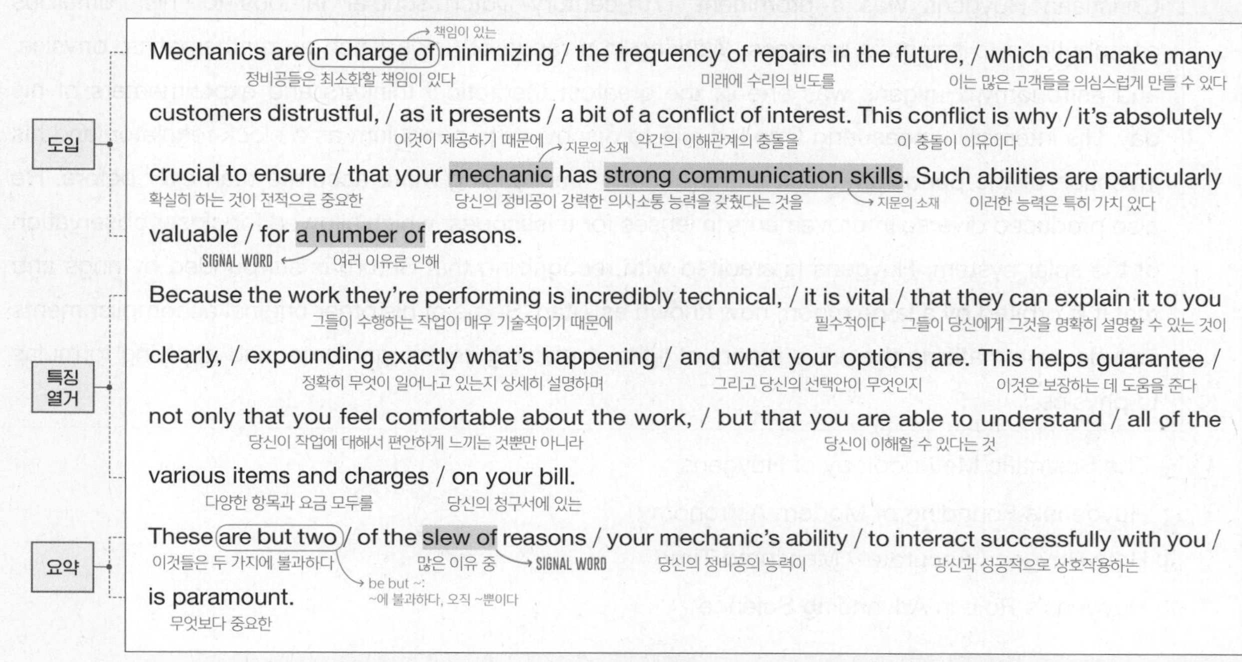

도입
Mechanics are in charge of minimizing / the frequency of repairs in the future, / which can make many customers distrustful, / as it presents / a bit of a conflict of interest. This conflict is why / it's absolutely crucial to ensure / that your mechanic has strong communication skills. Such abilities are particularly valuable / for a number of reasons.
책임이 있는
정비공들은 최소화할 책임이 있다
미래에 수리의 빈도를
이는 많은 고객들을 의심스럽게 만들 수 있다
이것이 제공하기 때문에
지문의 소재
약간의 이해관계의 충돌을
이 충돌이 이유이다
확실히 하는 것이 전적으로 중요한
당신의 정비공이 강력한 의사소통 능력을 갖췄다는 것을
지문의 소재
이러한 능력은 특히 가치 있다
SIGNAL WORD
여러 이유로 인해
특징 열거
Because the work they're performing is incredibly technical, / it is vital / that they can explain it to you clearly, / expounding exactly what's happening / and what your options are. This helps guarantee / not only that you feel comfortable about the work, / but that you are able to understand / all of the various items and charges / on your bill.
그들이 수행하는 작업이 매우 기술적이기 때문에
필수적이다
그들이 당신에게 그것을 명확히 설명할 수 있는 것이
정확히 무엇이 일어나고 있는지 상세히 설명하며
그리고 당신의 선택안이 무엇인지
이것은 보장하는 데 도움을 준다
당신이 작업에 대해서 편안하게 느끼는 것뿐만 아니라
당신이 이해할 수 있다는 것
다양한 항목과 요금 모두를
당신의 청구서에 있는
요약
These are but two / of the slew of reasons / your mechanic's ability / to interact successfully with you / is paramount.
이것들은 두 가지에 불과하다
be but ~: ~에 불과하다, 오직 ~뿐이다
많은 이유 중
SIGNAL WORD
당신의 정비공의 능력이
당신과 성공적으로 상호작용하는
무엇보다 중요한

해석 정비공들은 미래에 수리의 빈도를 최소화할 책임이 있는데, 이것은 약간의 이해관계의 충돌을 제공하기 때문에 많은 고객들을 의심스럽게 만들 수 있다. 이 충돌이 당신의 정비공이 강력한 의사소통 능력을 갖췄다는 것을 확실히 하는 것이 전적으로 중요한 이유이다. 이러한 능력은 여러 이유로 인해 특히 가치 있다. 그들이 수행하는 작업이 매우 기술적이기 때문에, 그들이 당신에게 정확히 무엇이 일어나고 있는지 그리고 당신의 선택안이 무엇인지 상세히 설명하며, 그것(작업)을 명확히 설명할 수 있는 것은 필수적이다. 이것은 당신이 작업에 대해서 편안하게 느끼는 것뿐만 아니라, 또한 당신이 청구서에 있는 다양한 항목과 요금 모두를 이해할 수 있다는 것을 보장하는 데 도움을 준다. 이것들은 당신과 성공적으로 상호작용하는 당신의 정비공의 능력이 무엇보다 중요한 많은 이유 중 두 가지에 불과하다.

① 전문적인 기계 관련 지식
② 강력한 의사소통 능력
③ 세부 사항에 대한 높은 수준의 주의력
④ 자세한 고객 기록

해설 빈칸 뒷부분에서 정비공들이 고객에게 정확히 어떤 작업이 일어나고 있으며 선택안은 무엇인지 명확히 설명하는 것이 필수적이라며 그 이유를 열거하고 있으므로, 정비공이 '강력한 의사소통 능력'을 갖췄다는 것을 확실히 하는 것이 전적으로 중요하다고 한 ②번이 정답이다.

어휘 **mechanic** 정비공 **distrustful** 의심스러운 **interest** 이해관계, 이익, 흥미 **expound** 상세히 설명하다 **charge** 요금; 청구하다 **(a) slew of** 많은 **paramount** 무엇보다 중요한

정답: ②

06 다음 글의 제목으로 가장 적절한 것은?

Christiaan Huygens was a prominent 17th-century Dutch scholar famous for his numerous contributions to scientific progress. Working in a range of fields, such as mathematics, physics, and astronomy, Huygens was one of the greatest theoretical thinkers and experimenters of his day. His interest in measuring time led him to discover the pendulum as a clock regulator, and his invention of the pendulum clock in 1656 made timekeeping more accurate than ever before. He also produced diverse improvements in lenses for telescopes, which allowed for closer observation of the solar system. Huygens is credited with recognizing that Saturn is surrounded by rings and that it is orbited by a large moon, now known as Titan. Some of his other original accomplishments include systematizing the wave theory of light, explaining centrifugal force, and applying formulas to physics.

① The Scientific Methodology of Huygens
② Huygens's Founding of Modern Astronomy
③ How Huygens Accurately Measured Time
④ Huygens's Role in Advancing Science

Mini Quiz

1. 이 지문의 중심 소재를 지문에서 찾아 쓰세요.

____

2. '열거' 논리 구조임을 알 수 있는 SIGNAL WORD를 지문에서 찾아 쓰세요.

____

정답 | **1.** Christiaan Huygens **2.** numerous, a range of, also, other

논리 구조 분석

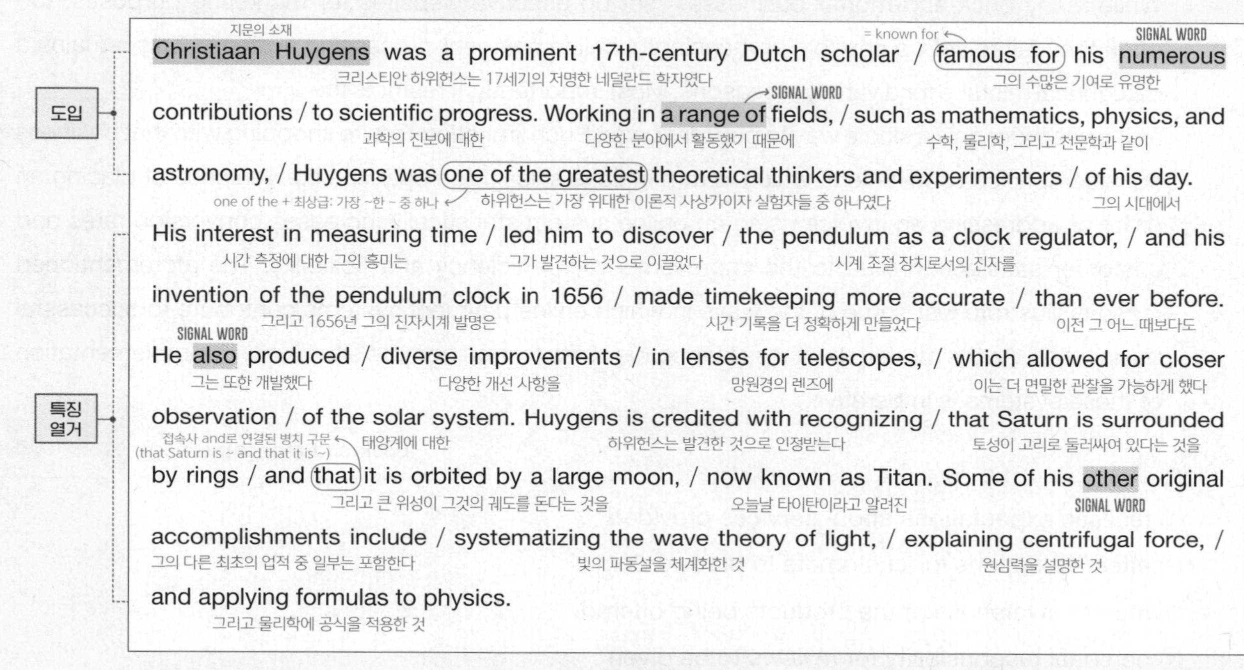

도입
특징 열거
지문의 소재
= known for
SIGNAL WORD
Christiaan Huygens was a prominent 17th-century Dutch scholar / famous for his numerous
크리스티안 하위헌스는 17세기의 저명한 네덜란드 학자였다
그의 수많은 기여로 유명한
contributions / to scientific progress. Working in a range of fields, / such as mathematics, physics, and
과학의 진보에 대한
다양한 분야에서 활동했기 때문에
수학, 물리학, 그리고 천문학과 같이
astronomy, / Huygens was one of the greatest theoretical thinkers and experimenters / of his day.
one of the + 최상급: 가장 ~한 ~ 중 하나
하위헌스는 가장 위대한 이론적 사상가이자 실험자들 중 하나였다
그의 시대에서
His interest in measuring time / led him to discover / the pendulum as a clock regulator, / and his
시간 측정에 대한 그의 흥미는
그가 발견하는 것으로 이끌었다
시계 조절 장치로서의 진자를
invention of the pendulum clock in 1656 / made timekeeping more accurate / than ever before.
그리고 1656년 그의 진자시계 발명은
시간 기록을 더 정확하게 만들었다
이전 그 어느 때보다도
He also produced / diverse improvements / in lenses for telescopes, / which allowed for closer
그는 또한 개발했다
다양한 개선 사항을
망원경의 렌즈에
이는 더 면밀한 관찰을 가능하게 했다
observation / of the solar system. Huygens is credited with recognizing / that Saturn is surrounded
접속사 and로 연결된 병치 구문 (that Saturn is ~ and that it is ~)
태양계에 대한
하위헌스는 발견한 것으로 인정받는다
토성이 고리로 둘러싸여 있다는 것을
by rings / and that it is orbited by a large moon, / now known as Titan. Some of his other original
그리고 큰 위성이 그것의 궤도를 돈다는 것을
오늘날 타이탄이라고 알려진
accomplishments include / systematizing the wave theory of light, / explaining centrifugal force, /
그의 다른 최초의 업적 중 일부는 포함한다
빛의 파동설을 체계화한 것
원심력을 설명한 것
and applying formulas to physics.
그리고 물리학에 공식을 적용한 것

해석 크리스티안 하위헌스는 과학의 진보에 대한 그의 수많은 기여로 유명한 17세기의 저명한 네덜란드 학자였다. 수학, 물리학, 그리고 천문학과 같이 다양한 분야에서 활동했기 때문에, 하위헌스는 그의 시대에서 가장 위대한 이론적 사상가이자 실험자들 중 하나였다. 시간 측정에 대한 그의 흥미는 그가 시계 조절 장치로서의 진자를 발견하는 것으로 이끌었고, 1656년 그의 진자시계 발명은 시간 기록을 이전 그 어느 때보다도 더 정확하게 만들었다. 그는 또한 망원경의 렌즈에 다양한 개선 사항을 개발했는데, 이는 태양계에 대한 더 면밀한 관찰을 가능하게 했다. 하위헌스는 토성이 고리로 둘러싸여 있으며 오늘날 타이탄이라고 알려진 큰 위성이 그것(토성)의 궤도를 돈다는 사실을 발견한 것으로 인정받는다. 그의 다른 최초의 업적 중 일부는 빛의 파동설을 체계화한 것, 원심력을 설명한 것, 그리고 물리학에 공식을 적용한 것을 포함한다.

① 하위헌스의 과학적인 방법론
② 하위헌스의 현대 천문학 정립
③ 하위헌스는 어떻게 시간을 정확히 측정했는가
④ 과학 발전에 대한 하위헌스의 역할

해설 지문 전반에 걸쳐 진자시계 발명, 망원경 렌즈 개선, 토성에 관한 발견 등 크리스티안 하위헌스의 과학 분야에 대한 기여를 나열하며 설명하고 있으므로, 지문의 제목을 '과학 발전에 대한 하위헌스의 역할'이라고 한 ④번이 정답이다.

어휘 **prominent** 저명한, 중요한 **scholar** 학자 **pendulum** 진자, 추 **be credited with** ~으로 인정받다 **Saturn** 토성 **orbit** 궤도를 돌다; 궤도 **moon** 위성, 달 **systematize** 체계화하다 **wave theory** 파동설 **centrifugal force** 원심력 **formula** 공식 **methodology** 방법론

정답: ④

07 밑줄 친 부분에 들어갈 말로 가장 적절한 것은?

While many brick-and-mortar businesses* set up effective websites for marketing purposes, too often they fail to set up capable or meaningful online payment processing systems. This remains a categorical mistake for a variety of reasons. Most importantly, it restricts the ____________________, as it gives them only a single way to pay for goods. Such limitations make shopping with that business considerably less convenient, which in turn inhibits sales. Moreover, the convenience of placing an order or addressing an invoice using an online system statistically increases conversion rates and customer satisfaction, due to the improvements in efficiency and flexibility. The aforementioned reasons illustrate just some of the ways in which online payment systems contribute to successful businesses. As the modern business landscape shifts to more remote situations, the implementation of these systems is imperative.

*brick-and-mortar business: 오프라인 기업

① realistic expectations about services provided
② effective options for customers to place orders
③ market awareness of the products being offered
④ personal responsibility for reviews to be given

Mini Quiz

1. 이 지문의 중심 소재를 지문에서 찾아 쓰세요.

____

2. '열거' 논리 구조임을 알 수 있는 SIGNAL WORD를 지문에서 찾아 쓰세요.

____

정답 | 1. online payment processing systems 2. a variety of, Moreover

논리 구조 분석

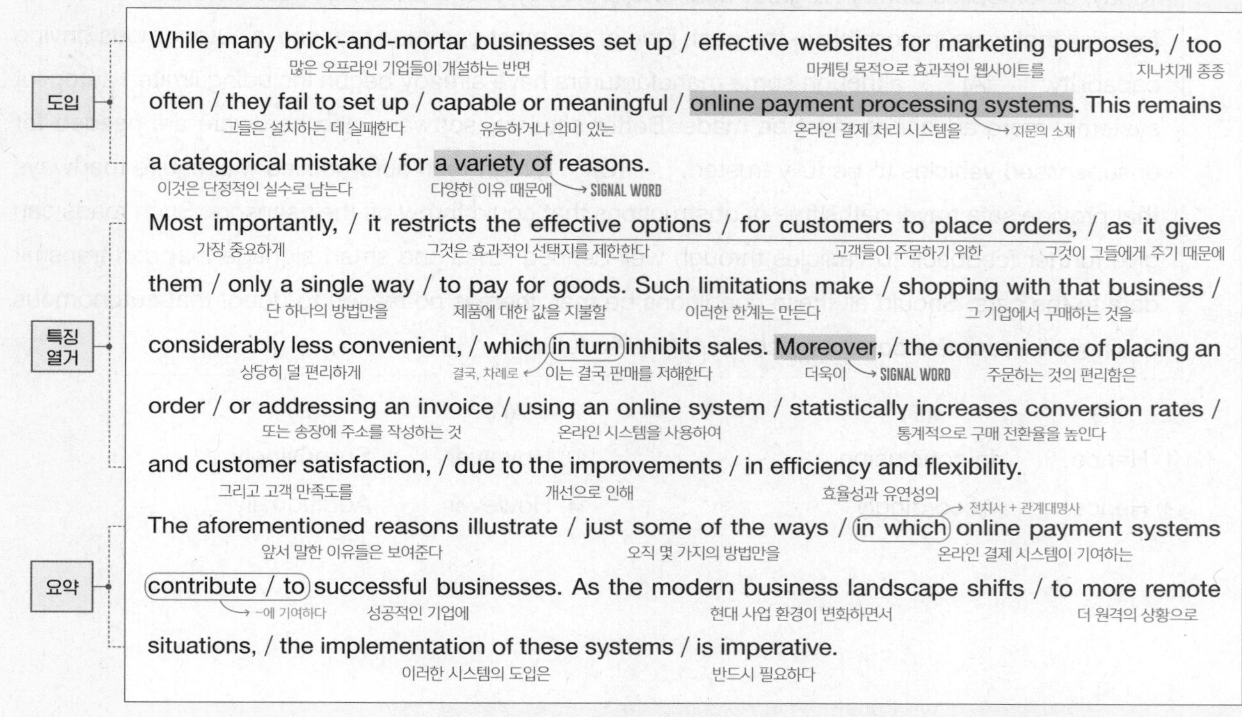

도입
While many brick-and-mortar businesses set up / effective websites for marketing purposes, / too often / they fail to set up / capable or meaningful / online payment processing systems. This remains a categorical mistake / for a variety of reasons.
많은 오프라인 기업들이 개설하는 반면 / 마케팅 목적으로 효과적인 웹사이트를 / 지나치게 종종 / 그들은 설치하는 데 실패한다 / 유능하거나 의미 있는 / 온라인 결제 처리 시스템을 → 지문의 소재
이것은 단정적인 실수로 남는다 / 다양한 이유 때문에 → SIGNAL WORD
특징 열거
Most importantly, / it restricts the effective options / for customers to place orders, / as it gives them / only a single way / to pay for goods. Such limitations make / shopping with that business / considerably less convenient, / which in turn inhibits sales. Moreover, / the convenience of placing an order / or addressing an invoice / using an online system / statistically increases conversion rates / and customer satisfaction, / due to the improvements / in efficiency and flexibility.
가장 중요하게 / 그것은 효과적인 선택지를 제한한다 / 고객들이 주문하기 위한 / 그것이 그들에게 주기 때문에
단 하나의 방법만을 / 제품에 대한 값을 지불할 / 이러한 한계는 만든다 / 그 기업에서 구매하는 것을
상당히 덜 편리하게 / 결국, 차례로 / 이는 결국 판매를 저해한다 / 더욱이 → SIGNAL WORD / 주문하는 것의 편리함은
또는 송장에 주소를 작성하는 것 / 온라인 시스템을 사용하여 / 통계적으로 구매 전환율을 높인다
그리고 고객 만족도를 / 개선으로 인해 / 효율성과 유연성의
요약
The aforementioned reasons illustrate / just some of the ways / in which online payment systems contribute / to successful businesses. As the modern business landscape shifts / to more remote situations, / the implementation of these systems / is imperative.
전치사 + 관계대명사
앞서 말한 이유들은 보여준다 / 오직 몇 가지의 방법만을 / 온라인 결제 시스템이 기여하는
~에 기여하다 / 성공적인 기업에 / 현대 사업 환경이 변화하면서 / 더 원격의 상황으로
이러한 시스템의 도입은 / 반드시 필요하다

해석 많은 오프라인 기업들이 마케팅 목적으로 효과적인 웹사이트를 개설하는 반면, 지나치게 종종 그들은 유능하거나 의미 있는 온라인 결제 처리 시스템을 설치하는 데 실패한다. 이것은 다양한 이유 때문에 단정적인 실수로 남는다. 가장 중요하게, 그것은 고객들이 주문하기 위한 효과적인 선택지를 제한하는데, 그들에게 제품에 대한 값을 지불할 단 하나의 방법만을 주기 때문이다. 이러한 한계는 그 기업에서 구매하는 것을 상당히 덜 편리하게 만들고, 이는 결국 판매를 저해한다. 더욱이, 효율성과 유연성의 개선으로 인해, 온라인 시스템을 사용하여 주문하거나 송장에 주소를 작성하는 것의 편리함은 통계적으로 구매 전환율과 고객 만족도를 높인다. 앞서 말한 이유들은 온라인 결제 시스템이 성공적인 기업에 기여하는 오직 몇 가지의 방법만을 보여준다. 현대 사업 환경이 더 원격의 상황으로 변화하면서, 이러한 시스템의 도입은 반드시 필요하다.

① 제공되는 서비스에 대한 현실적인 기대
② 고객들이 주문하기 위한 효과적인 선택지
③ 제공되는 상품들에 대한 시장 인식
④ 작성될 후기에 대한 개인적인 책임

해설 빈칸 앞부분에서 온라인 결제 처리 시스템을 설치하는 데 실패하는 것은 실수라고 했고, 빈칸 뒤 문장에 이러한 한계가 구매를 덜 편리하게 만든다는 내용이 있으므로, 그것(온라인 결제 처리 시스템의 설치 실패)은 '고객들이 주문하기 위한 효과적인 선택지'를 제한한다고 한 ②번이 정답이다.

어휘 categorical 단정적인 inhibit 저해하다 invoice 송장 conversion rate 구매 전환율 aforementioned 앞서 말한 imperative 반드시 필요한

정답: ②

08 밑줄 친 (A), (B)에 들어갈 말로 가장 적절한 것은?

Today, automobiles contain a great deal of technology that is allowing manufacturers to develop features that were impossible in the past. One of the most common of these is autonomous driving capability. ___(A)___, although some manufacturers have already begun including limited autopilot systems, more advances must be made. Better sensors, software, and hardware are needed for unsupervised vehicles to be fully trusted. ___(B)___, high-tech automobiles will require roadways that provide safe travel paths free of obstructions that could throw off their sensors. Such roads can give further feedback to vehicles through well-defined lanes and smart signage that can transmit data to the cars. Should all these conditions be met, there is no reason to doubt that autonomous driving will become a common occurrence in the future.

	(A)	(B)		(A)	(B)
①	Hence	In conclusion	②	However	Surprisingly
③	Hence	Accordingly	④	However	Additionally

Mini Quiz

1. 이 지문의 중심 소재를 지문에서 찾아 쓰세요.

___

2. '열거' 논리 구조임을 알 수 있는 SIGNAL WORD를 지문에서 찾아 쓰세요.

___

정답 | 1. autonomous driving capability 2. more, Additionally

논리 구조 분석

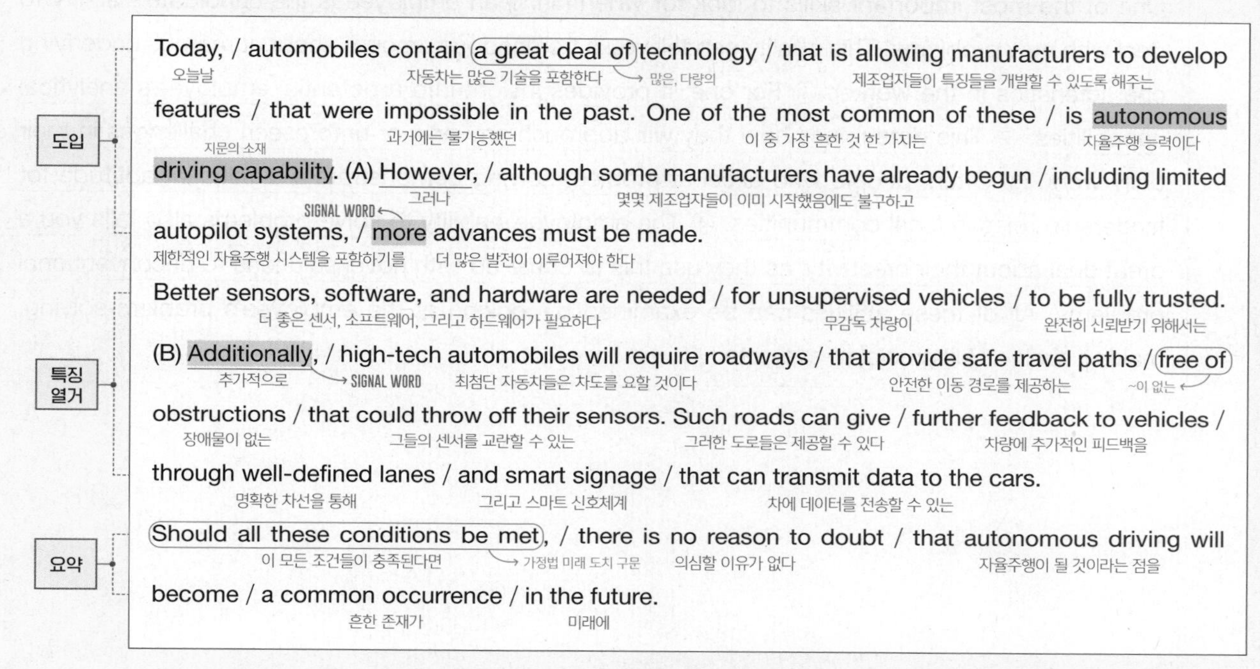

도입

Today, / automobiles contain a great deal of technology / that is allowing manufacturers to develop features / that were impossible in the past. One of the most common of these / is autonomous driving capability. (A) However, / although some manufacturers have already begun / including limited autopilot systems, / more advances must be made.

오늘날 / 자동차는 많은 기술을 포함한다 (a great deal of: 많은, 다량의) / 제조업자들이 특징들을 개발할 수 있도록 해주는 / 과거에는 불가능했던 / 이 중 가장 흔한 것 한 가지는 / 자율주행 능력이다 (지문의 소재) / 그러나 (SIGNAL WORD) / 몇몇 제조업자들이 이미 시작했음에도 불구하고 / 제한적인 자율주행 시스템을 포함하기를 / 더 많은 발전이 이루어져야 한다

특징 열거

Better sensors, software, and hardware are needed / for unsupervised vehicles / to be fully trusted. (B) Additionally, / high-tech automobiles will require roadways / that provide safe travel paths / free of obstructions / that could throw off their sensors. Such roads can give / further feedback to vehicles / through well-defined lanes / and smart signage / that can transmit data to the cars.

더 좋은 센서, 소프트웨어, 그리고 하드웨어가 필요하다 / 무감독 차량이 / 완전히 신뢰받기 위해서는 / 추가적으로 (SIGNAL WORD) / 최첨단 자동차들은 차도를 요할 것이다 / 안전한 이동 경로를 제공하는 / 장애물이 없는 (free of: ~이 없는) / 그들의 센서를 교란할 수 있는 / 그러한 도로들은 제공할 수 있다 / 차량에 추가적인 피드백을 / 명확한 차선을 통해 / 그리고 스마트 신호체계 / 차에 데이터를 전송할 수 있는

요약

Should all these conditions be met, / there is no reason to doubt / that autonomous driving will become / a common occurrence / in the future.

이 모든 조건들이 충족된다면 (가정법 미래 도치 구문) / 의심할 이유가 없다 / 자율주행이 될 것이라는 점을 / 흔한 존재가 / 미래에

해석 오늘날, 자동차는 제조업자들이 과거에는 불가능했던 특징들을 개발할 수 있도록 해주는 많은 기술을 포함한다. 이 중 가장 흔한 것 한 가지는 자율주행 능력이다. (A) 그러나, 몇몇 제조업자들이 이미 제한적인 자율주행 시스템을 포함하기 시작했음에도 불구하고, 더 많은 발전이 이루어져야 한다. 무감독 차량이 완전히 신뢰받기 위해서는 더 좋은 센서, 소프트웨어, 그리고 하드웨어가 필요하다. (B) 추가적으로, 최첨단 자동차들은 그들의 센서를 교란할 수 있는 장애물이 없는 안전한 이동 경로를 제공하는 차도를 요할 것이다. 그러한 도로들은 명확한 차선과 차에 데이터를 전송할 수 있는 스마트 신호체계를 통해 차량에 추가적인 피드백을 제공할 수 있다. 이 모든 조건들이 충족된다면, 자율주행이 미래에 흔한 존재가 될 것이라는 점을 의심할 이유가 없다.

	(A)	(B)		(A)	(B)
①	이런 이유로	결론적으로	②	그러나	놀랍게도
③	이런 이유로	따라서	④	그러나	추가적으로

해설 (A) 빈칸 앞부분은 자동차들에 자율주행 능력이 추가되었다는 내용이고, 빈칸 뒤 문장은 자율주행 기술이 신뢰받기 위해서는 더 많은 발전이 이루어져야 한다는 대조적인 내용이므로 대조를 나타내는 연결어인 However(그러나)를 넣어야 한다. (B) 빈칸 앞 문장은 자율주행이 신뢰받기 위해 필요한 조건들을 나열하는 내용이고, 빈칸 뒤 문장 또한 추가적인 조건을 설명하는 내용이므로 첨가를 나타내는 연결어인 Additionally(추가적으로)를 넣어야 한다. 따라서 ④번이 정답이다.

어휘 automobile 자동차 manufacturer 제조업자, 제조사 autonomous 자율의 autopilot 자율주행 unsupervised 무감독의 throw off 교란하다 well-defined 명확한 lane 차선 signage 신호체계

정답: ④

09 다음 글의 흐름상 가장 어색한 문장은?

One of the most important skills to look for when hiring an employee is the candidate's ability to deal with new problems. This quality can tell you a tremendous amount about numerous underlying characteristics in the worker. ① For one, it provides insight into a potential employee's analytical capabilities. ② This determines how they will approach any new or unforeseen challenges in their daily work. ③ Often, people who excel at problem-solving demonstrate a significant aptitude for leadership roles in local communities. ④ The employee's ability to solve problems also tells you a great deal about their creativity, as they use this to come up with novel solutions to unconventional problems. All of these abilities can be examined by looking at the employee's problem-solving, making such a skill crucial to evaluate.

Mini Quiz

1. 이 지문의 중심 소재를 지문에서 찾아 쓰세요.

____

2. '열거' 논리 구조임을 알 수 있는 SIGNAL WORD를 지문에서 찾아 쓰세요.

____

정답 | 1. ability to deal with new problems **2.** numerous, For one, also

논리 구조 분석

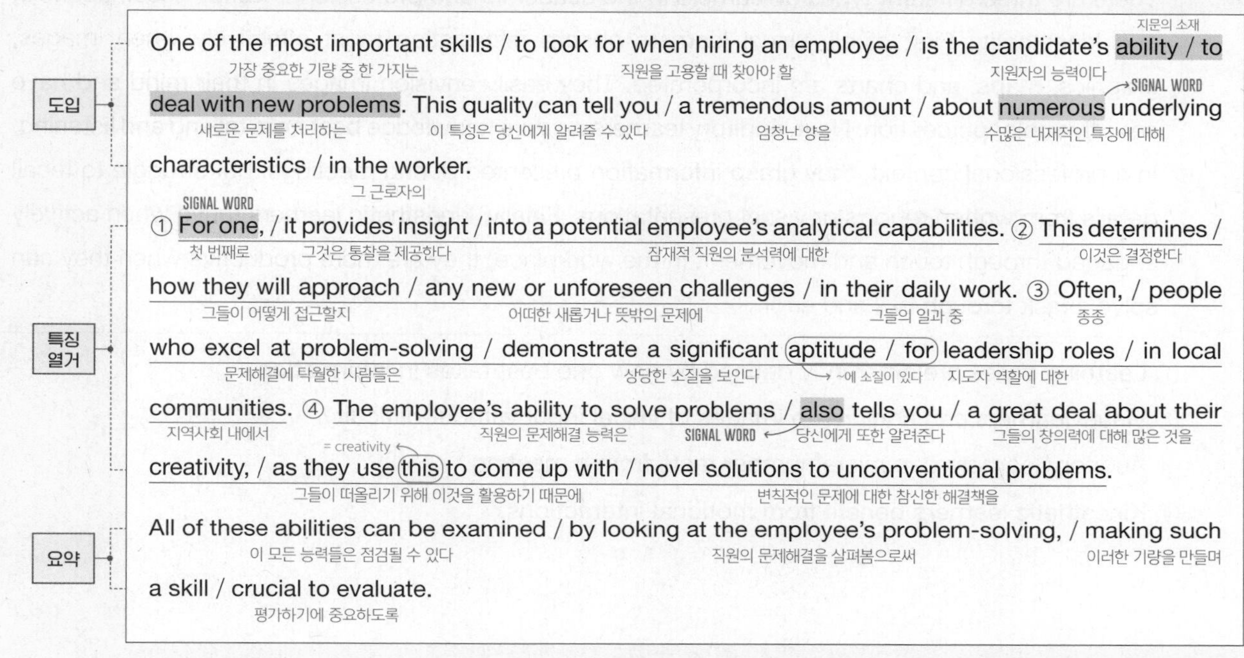

도입
One of the most important skills / to look for when hiring an employee / is the candidate's ability / to deal with new problems. This quality can tell you / a tremendous amount / about numerous underlying characteristics / in the worker.
지문의 소재
가장 중요한 기량 중 한 가지는
직원을 고용할 때 찾아야 할
지원자의 능력이다
SIGNAL WORD
새로운 문제를 처리하는
이 특성은 당신에게 알려줄 수 있다
엄청난 양을
수많은 내재적인 특징에 대해
그 근로자의
특징 열거
① For one, / it provides insight / into a potential employee's analytical capabilities. ② This determines / how they will approach / any new or unforeseen challenges / in their daily work. ③ Often, / people who excel at problem-solving / demonstrate a significant aptitude / for leadership roles / in local communities. ④ The employee's ability to solve problems / also tells you / a great deal about their creativity, / as they use this to come up with / novel solutions to unconventional problems.
SIGNAL WORD
첫 번째로
그것은 통찰을 제공한다
잠재적 직원의 분석력에 대한
이것은 결정한다
그들이 어떻게 접근할지
어떠한 새롭거나 뜻밖의 문제에
그들의 일과 중
종종
문제해결에 탁월한 사람들은
상당한 소질을 보인다
~에 소질이 있다
지도자 역할에 대한
지역사회 내에서
직원의 문제해결 능력은
SIGNAL WORD
당신에게 또한 알려준다
그들의 창의력에 대해 많은 것을
= creativity
그들이 떠올리기 위해 이것을 활용하기 때문에
변칙적인 문제에 대한 참신한 해결책을
요약
All of these abilities can be examined / by looking at the employee's problem-solving, / making such a skill / crucial to evaluate.
이 모든 능력들은 점검될 수 있다
직원의 문제해결을 살펴봄으로써
이러한 기량을 만들며
평가하기에 중요하도록

해석 직원을 고용할 때 찾아야 할 가장 중요한 기량 중 한 가지는 새로운 문제를 처리하는 지원자의 능력이다. 이 특성은 당신에게 그 근로자의 수많은 내재적인 특징에 대해 엄청난 양을 알려줄 수 있다. ① 첫 번째로, 그것은 잠재적 직원의 분석력에 대한 통찰을 제공한다. ② 이것(분석력)은 그들이 일과 중 어떠한 새롭거나 뜻밖의 문제에 어떻게 접근할지 결정한다. ③ 종종, 문제해결에 탁월한 사람들은 지역사회 내에서 지도자 역할에 대한 상당한 소질을 보인다. ④ 직원의 문제해결 능력은 당신에게 그들의 창의력에 대해 많은 것 또한 알려주는데, 이는 그들이 변칙적인 문제에 대한 참신한 해결책을 떠올리기 위해 이것(창의력)을 활용하기 때문이다. 이 모든 능력들은 직원의 문제해결을 살펴봄으로써 점검될 수 있으면서, 이러한 기량(문제해결 능력)을 평가하기에 중요하도록 만든다.

해설 지문 앞부분에서 '근로자의 많은 특징에 대해 알려줄 수 있는 문제해결 능력'에 대해 언급하고, ①, ②, ④번에서 문제해결 능력이 직원의 어떤 다른 업무 능력들을 입증할 수 있는지를 나열하며 설명했다. 그러나 ③번은 '문제해결에 탁월한 사람들이 지역사회의 지도자 역할에 소질을 보인다'는 내용으로 지문의 흐름과 관계가 없으므로, ③번이 정답이다.

어휘 candidate 지원자, 후보 underlying 내재적인, 근본적인 insight 통찰(력) analytical 분석적인 unforeseen 뜻밖의 excel at ~에 탁월하다 aptitude 소질, 적성 novel 참신한 unconventional 변칙적인, 색다른 evaluate 평가하다

정답: ③

10 다음 글의 내용과 일치하지 않는 것은?

There are three different types of learners in the academic and professional world: visual, auditory, and kinesthetic. First of all, visual learners absorb information most effectively when images, graphics, maps, and charts are incorporated. They easily envision images in their mind and have sensitive color perception. Next, auditory learners acquire knowledge best from talking and listening. In a professional context, they grasp information presented during meetings, but struggle to recall details from written reports or visual presentations. Finally, kinesthetic learners thrive when actively engaged through touch and movement. In the workplace, they are more productive when they can solve a task through trial and error.

① Learning styles are differently defined by how one best takes in information.
② Visual learners can conjure up images of visual input without difficulty.
③ Auditory learners can misremember facts from a meeting.
④ Kinesthetic learners benefit from motional interactions.

Mini Quiz

1. 이 지문의 중심 소재를 지문에서 찾아 쓰세요.

____

2. '열거' 논리 구조임을 알 수 있는 SIGNAL WORD를 지문에서 찾아 쓰세요.

____

정답 | 1. three different types of learners, visual, auditory, and kinesthetic 2. First of all, Next, Finally

논리 구조 분석

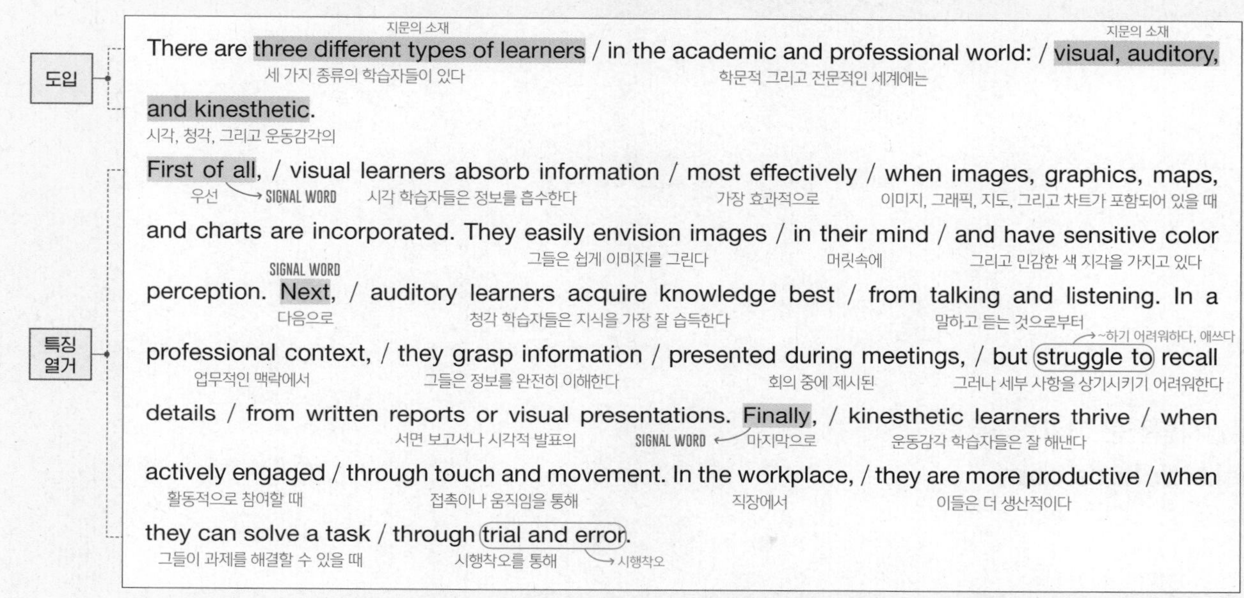

도입
특징 열거
지문의 소재
There are three different types of learners / in the academic and professional world: / visual, auditory, and kinesthetic.
세 가지 종류의 학습자들이 있다
학문적 그리고 전문적인 세계에는
시각, 청각, 그리고 운동감각의
First of all, / visual learners absorb information / most effectively / when images, graphics, maps, and charts are incorporated.
우선
SIGNAL WORD
시각 학습자들은 정보를 흡수한다
가장 효과적으로
이미지, 그래픽, 지도, 그리고 차트가 포함되어 있을 때
They easily envision images / in their mind / and have sensitive color perception.
그들은 쉽게 이미지를 그린다
머릿속에
그리고 민감한 색 지각을 가지고 있다
Next, / auditory learners acquire knowledge best / from talking and listening.
다음으로
청각 학습자들은 지식을 가장 잘 습득한다
말하고 듣는 것으로부터
In a professional context, / they grasp information / presented during meetings, / but struggle to recall details / from written reports or visual presentations.
업무적인 맥락에서
그들은 정보를 완전히 이해한다
회의 중에 제시된
~하기 어려워하다, 애쓰다
그러나 세부 사항을 상기시키기 어려워한다
서면 보고서나 시각적 발표의
Finally, / kinesthetic learners thrive / when actively engaged / through touch and movement.
마지막으로
운동감각 학습자들은 잘 해낸다
활동적으로 참여할 때
접촉이나 움직임을 통해
In the workplace, / they are more productive / when they can solve a task / through trial and error.
직장에서
이들은 더 생산적이다
그들이 과제를 해결할 수 있을 때
시행착오를 통해
시행착오

해석 학문적 그리고 전문적인 세계에는 세 가지 종류의 학습자들이 있는데, 이들은 시각, 청각, 그리고 운동감각 학습자들이다. 우선, 시각 학습자들은 이미지, 그래픽, 지도, 그리고 차트가 포함되어 있을 때 가장 효과적으로 정보를 흡수한다. 그들은 그들의 머릿속에 쉽게 이미지를 그리고 민감한 색 지각을 가지고 있다. 다음으로, 청각 학습자들은 말하고 듣는 것으로부터 지식을 가장 잘 습득한다. 업무적인 맥락에서, 그들은 회의 중에 제시된 정보를 완전히 이해하지만, 서면 보고서나 시각적 발표의 세부 사항을 상기시키기 어려워한다. 마지막으로, 운동감각 학습자들은 접촉이나 움직임을 통해 활동적으로 참여할 때 잘 해낸다. 직장에서, 이들은 시행착오를 통해 과제를 해결할 수 있을 때 더 생산적이다.

① 학습 스타일은 한 사람이 어떻게 정보를 가장 잘 받아들이는지에 따라 다르게 정의된다.
② 시각 학습자들은 어려움 없이 시각적 자료의 이미지를 떠올릴 수 있다.
③ 청각 학습자들은 회의에서의 사실들을 잘 기억하지 못할 수 있다.
④ 운동감각 학습자들은 움직임에 의한 상호작용으로부터 이익을 얻는다.

해설 지문 중간에서 청각 학습자들은 회의 중에 제시된 정보를 완전히 이해한다고 했으므로, 청각 학습자들이 회의에서의 사실들을 잘 기억하지 못할 수 있다는 것은 지문의 내용과 다르다. 따라서 ③번이 지문의 내용과 일치하지 않는다.

어휘 auditory 청각의 kinesthetic 운동감각의 envision 머릿속에 그리다, 상상하다 perception 지각 context 맥락 grasp 완전히 이해하다 thrive 잘 해내다, 번창하다 conjure up ~을 떠올리다, 상기시키다 input 자료, 입력

정답: ③

논리 구조 6

시간 순서

Sequence

공무원 시험 내 출제 비율

(국·지·서·법·국회)

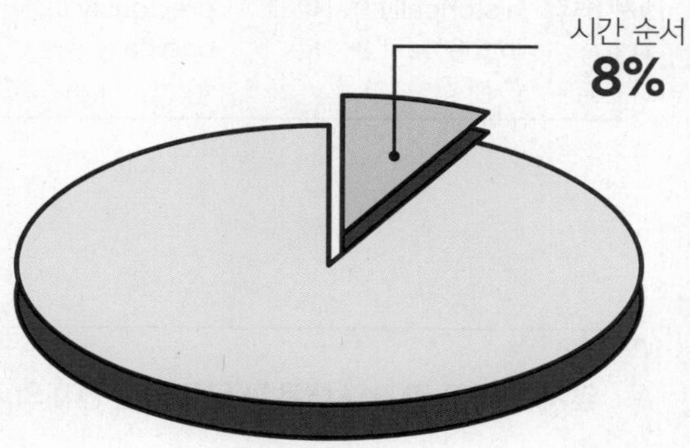
시간 순서
8%

최근 주요 공무원 시험의 전체 독해 지문 중
'시간 순서' 구조를 가진 지문은 약 **8%** 출제되었다.

논리 구조

6 시간 순서
Sequence

'시간 순서' 논리 구조는 특정한 사건이 일어난 순서나, 어떤 일의 절차 또는 과정을 순서대로 설명하는 지문 구조이다. 주로 과거에 있었던 사건 등을 소개한 후, 과거와 달라진 현재의 상황을 제시하는 흐름으로 전개된다.

SIGNAL
WORD
in 2024/in the 21st century 2024년에/21세기에(연도·세기 등) gradually 서서히 later on 후에

논리로 파악하는 글의 구조

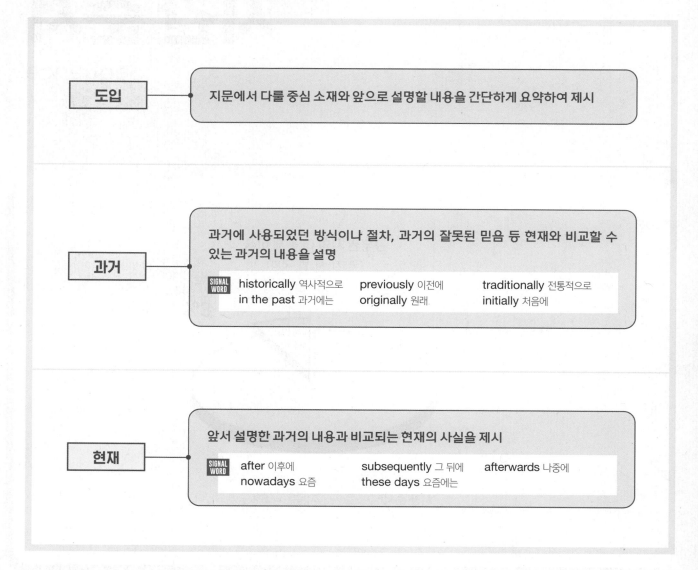

도입 — 지문에서 다룰 중심 소재와 앞으로 설명할 내용을 간단하게 요약하여 제시

과거 — 과거에 사용되었던 방식이나 절차, 과거의 잘못된 믿음 등 현재와 비교할 수 있는 과거의 내용을 설명

SIGNAL WORD

historically 역사적으로	previously 이전에	traditionally 전통적으로
in the past 과거에는	originally 원래	initially 처음에

현재 — 앞서 설명한 과거의 내용과 비교되는 현재의 사실을 제시

SIGNAL WORD

after 이후에	subsequently 그 뒤에	afterwards 나중에
nowadays 요즘	these days 요즘에는	

기출로 확인하는 논리 구조

주어진 글 다음에 이어질 글의 순서로 가장 적절한 것은? [2023년 지방직 9급]

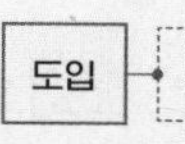

도입

Just a few years ago, every conversation about artificial intelligence (AI) seemed to end with an apocalyptic prediction.

지문의 소재

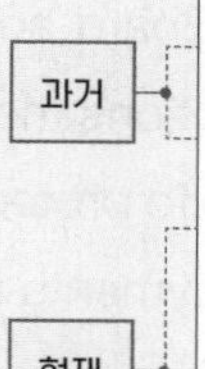

과거

(B) In 2014, an expert in the field said that, with AI, we are summoning the demon, while a Nobel Prize winning physicist said that AI could spell the end of the human race.

SIGNAL WORD

현재

(A) More recently, however, things have begun to change. AI has gone from being a scary black box to something people can use for a variety of use cases.

SIGNAL WORD

(C) This shift is because these technologies are finally being explored at scale in the industry, particularly for market opportunities.

① (A) – (B) – (C)

② (B) – (A) – (C)

③ (B) – (C) – (A)

④ (C) – (A) – (B)

해석 불과 몇 년 전만 해도, 인공지능(AI)에 대한 모든 대화는 종말론적 예측으로 끝나는 것처럼 보였다.

(B) 2014년에, 이 분야의 한 전문가가 우리는 AI로 악마를 소환하고 있다고 말한 반면 노벨상을 수상한 한 물리학자는 AI가 인류의 종말을 가져올 수 있다고 말했다.

(A) 하지만, 더 최근에는 상황이 바뀌기 시작했다. AI는 무서운 블랙박스에서 사람들이 다양한 사용의 사례로 사용할 수 있는 것이 되었다.

(C) 이러한 변화는 이러한 기술이 마침내 업계에서, 특히 시장 기회를 위해 대규모로 탐구되고 있기 때문이다.

해설 주어진 문장에서 불과 몇 년 전만 해도, 인공지능에 대한 모든 대화는 종말론적 예측으로 끝나는 것처럼 보였다고 설명한 후, (B)에서 이 분야(인공지능)의 한 전문가와 노벨상을 수상한 한 물리학자는 우리가 AI로 악마를 소환하고 있고, AI가 인류의 종말을 가져올 수 있다고 말했다고 언급하고 있다. 이어서 (A)에서 하지만(however) 더 최근에는 상황이 바뀌기 시작했다고 설명하고, 마지막으로 (C)에서 이러한 변화(This shift)는 이러한 기술(AI)이 마침내 업계에서 대규모로 탐구되고 있기 때문이라고 설명하고 있다. 따라서 ② (B) – (A) – (C)가 정답이다.

어휘 artificial intelligence 인공지능 apocalyptic 종말론적인 prediction 예측 expert 전문가 summon 소환하다 demon 악마 physicist 물리학자 spell ~을 가져오다, ~의 결과를 초래하다 shift 변화 industry 업계

정답: ②

실전에 더 강해지는 구조 독해 TIP

시간의 흐름이 현재에서 과거로 역행한다면 '시간 순서' 구조가 아님을 명심하라! 시간 순서상 더 최근의 사건이 지문에 먼저 등장한 뒤에 과거에 있었던 사건이 언급되는 경우, 앞서 등장한 사건을 보충 설명하기 위한 예시로 과거의 사건을 언급했을 가능성이 높다.

01 다음 글의 제목으로 가장 적절한 것은?

The first universal pension plan in the United States began in 1935, when President Franklin Roosevelt signed the Social Security Act. This legislation founded the Social Security Board and charged it with providing retirement benefits to those over 65 years old based on contributions they made through a payroll tax that was matched by their employer. Later, this was expanded to protect family units also, allowing spouses and dependent survivors to collect social security payments in the event that the eligible recipient died. However, a larger change occurred in 1965, when a new Social Security Act was passed that established the Medicare program to provide medical insurance to those 65 and over. These two programs greatly improved the quality of life of America's seniors, ensuring that they receive a basic income and the medical care they require in their golden years.

① Attempts to Streamline the Process of Inheriting Wealth

② Problems Facing an Increasingly Aged Population

③ The Motivation Behind Passing the Social Security Act

④ The History of Elderly Assistance Programs in the US

Mini Quiz

1. 이 지문의 중심 소재를 지문에서 찾아 쓰세요.

____

2. '시간 순서' 논리 구조임을 알 수 있는 SIGNAL WORD를 지문에서 찾아 쓰세요.

____

정답 | 1. universal pension plan **2.** in 1935, Later, in 1965

논리 구조 분석

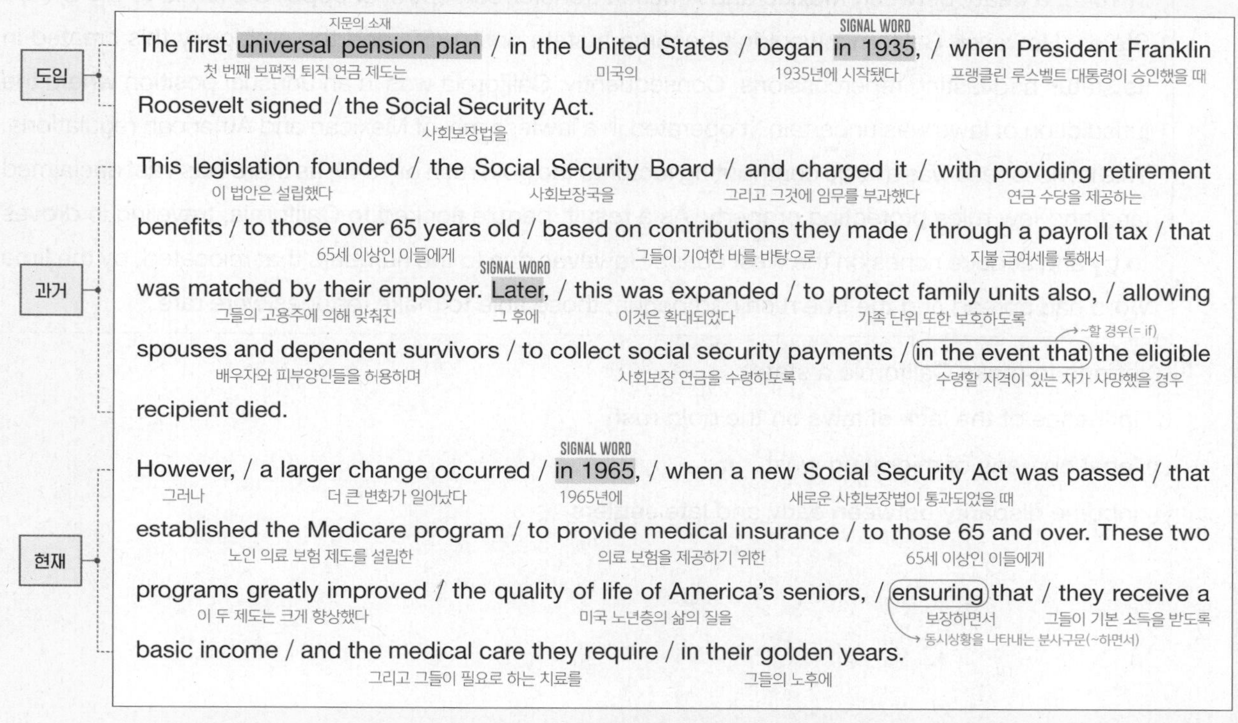
도입
지문의 소재
SIGNAL WORD
The first universal pension plan / in the United States / began in 1935, / when President Franklin Roosevelt signed / the Social Security Act.
첫 번째 보편적 퇴직 연금 제도는 / 미국의 / 1935년에 시작됐다 / 프랭클린 루스벨트 대통령이 승인했을 때 / 사회보장법을
과거
This legislation founded / the Social Security Board / and charged it / with providing retirement benefits / to those over 65 years old / based on contributions they made / through a payroll tax / that was matched by their employer.
이 법안은 설립했다 / 사회보장국을 / 그리고 그것에 임무를 부과했다 / 연금 수당을 제공하는 / 65세 이상인 이들에게 / 그들이 기여한 바를 바탕으로 / 지불 급여세를 통해서 / 그들의 고용주에 의해 맞춰진
SIGNAL WORD
Later, / this was expanded / to protect family units also, / allowing spouses and dependent survivors / to collect social security payments / in the event that the eligible recipient died.
그 후에 / 이것은 확대되었다 / 가족 단위 또한 보호하도록 / 배우자와 피부양인들을 허용하며 / 사회보장 연금을 수령하도록 / 수령할 자격이 있는 자가 사망했을 경우
~할 경우(= if)
현재
SIGNAL WORD
However, / a larger change occurred / in 1965, / when a new Social Security Act was passed / that established the Medicare program / to provide medical insurance / to those 65 and over.
그러나 / 더 큰 변화가 일어났다 / 1965년에 / 새로운 사회보장법이 통과되었을 때 / 노인 의료 보험 제도를 설립한 / 의료 보험을 제공하기 위한 / 65세 이상인 이들에게
These two programs greatly improved / the quality of life of America's seniors, / ensuring that / they receive a basic income / and the medical care they require / in their golden years.
이 두 제도는 크게 향상했다 / 미국 노년층의 삶의 질을 / 보장하면서 / 그들이 기본 소득을 받도록 / 그리고 그들이 필요로 하는 치료를 / 그들의 노후에
동시상황을 나타내는 분사구문(~하면서)

해석 미국의 첫 번째 보편적 퇴직 연금 제도는 프랭클린 루스벨트 대통령이 사회보장법을 승인한 1935년에 시작됐다. 이 법안은 사회보장국을 설립하고 65세 이상인 이들에게 그들이 기여한 바를 바탕으로 한 연금 수당을 그들의 고용주에 의해 맞춰진 지불 급여세를 통해 제공하는 임무를 그것(사회보장국)에 부과했다. 그 후에, 이것은 가족 단위 또한 보호하도록 확대되어, 수령할 자격이 있는 자가 사망했을 경우 배우자와 피부양인들이 사회보장 연금을 수령하도록 허용했다. 그러나, 1965년에 더 큰 변화가 일어났는데, 이때 새로운 사회보장법이 통과되어 65세 이상인 이들에게 의료 보험을 제공하기 위한 노인 의료 보험 제도를 설립했다. 이 두 제도는 미국 노년층이 기본 소득과 그들이 노후에 필요로 하는 치료를 받도록 보장하면서, 그들의 삶의 질을 크게 향상했다.

① 재산 상속 과정을 간소화하려는 시도들
② 점점 더 고령화되는 인구를 마주하는 문제들
③ 사회보장법 통과 이면의 동기
④ 미국 노인 지원 프로그램의 역사

해설 지문 전반에 걸쳐 미국의 노령 인구 대상 지원 제도의 시대별 변화 과정을 설명하고 있으므로 지문의 제목을 '미국 노인 지원 프로그램의 역사'라고 한 ④번이 정답이다.

어휘 pension plan 퇴직 연금 제도 legislation 법안 charge 임무를 부과하다 retirement benefit 연금 수당 payroll tax 지불 급여세 dependent 피부양인 eligible 자격 있는 recipient 수령인 golden years 노후 streamline 간소화하다 inherit 상속하다, 물려주다

정답: ④

02 다음 글의 주제로 가장 적절한 것은?

In 1848, a treaty between Mexico and America transferred control of upper California to the United States. However, California wouldn't become a state until 1850, and the ambiguity this created in its status had lasting repercussions. Consequently, California was in an unusual position where the jurisdiction of laws was uncertain. It operated in a lawless mix of Mexican and American regulations. This lawlessness was a large contributing factor to the gold rush of 1849, as there was vast unclaimed land and few rules protecting property. As a result, people flocked to California, traveling in droves to try and acquire riches on the west coast. However, due to the numbers that relocated, by the time word had spread and the true rush had begun, those able to make fortunes were rare.

① efforts to make California a state

② influence of the lack of laws on the gold rush

③ legal burdens of migrating west

④ income disparity between early and late settlers

Mini Quiz

1. 이 지문의 중심 소재를 지문에서 찾아 쓰세요.

____

2. '시간 순서' 논리 구조임을 알 수 있는 SIGNAL WORD를 지문에서 찾아 쓰세요.

____

정답 | 1. California, gold rush **2.** In 1848, Consequently, 1849, by the time

논리 구조 분석

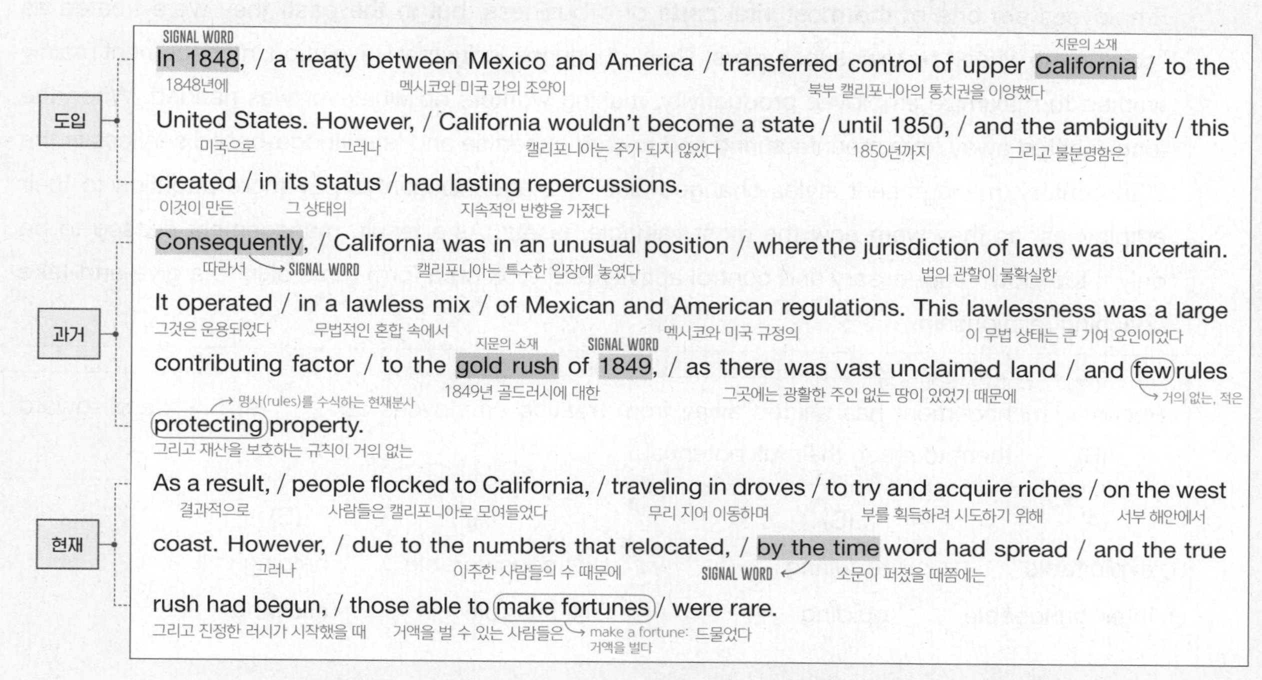
도입
SIGNAL WORD
In 1848, / a treaty between Mexico and America / transferred control of upper California / to the
지문의 소재
1848년에 멕시코와 미국 간의 조약이 북부 캘리포니아의 통치권을 이양했다
United States. However, / California wouldn't become a state / until 1850, / and the ambiguity / this
미국으로 그러나 캘리포니아는 주가 되지 않았다 1850년까지 그리고 불분명함은
created / in its status / had lasting repercussions.
이것이 만든 그 상태의 지속적인 반향을 가졌다
과거
Consequently, / California was in an unusual position / where the jurisdiction of laws was uncertain.
따라서 SIGNAL WORD 캘리포니아는 특수한 입장에 놓였다 법의 관할이 불확실한
It operated / in a lawless mix / of Mexican and American regulations. This lawlessness was a large
그것은 운용되었다 무법적인 혼합 속에서 멕시코와 미국 규정의 이 무법 상태는 큰 기여 요인이었다
지문의 소재 SIGNAL WORD
contributing factor / to the gold rush of 1849, / as there was vast unclaimed land / and few rules
1849년 골드러시에 대한 그곳에는 광활한 주인 없는 땅이 있었기 때문에 거의 없는, 적은
명사(rules)를 수식하는 현재분사
protecting property.
그리고 재산을 보호하는 규칙이 거의 없는
현재
As a result, / people flocked to California, / traveling in droves / to try and acquire riches / on the west
결과적으로 사람들은 캘리포니아로 모여들었다 무리 지어 이동하며 부를 획득하려 시도하기 위해 서부 해안에서
coast. However, / due to the numbers that relocated, / by the time word had spread / and the true
그러나 이주한 사람들의 수 때문에 SIGNAL WORD 소문이 퍼졌을 때쯤에는
rush had begun, / those able to make fortunes / were rare.
그리고 진정한 러시가 시작했을 때 거액을 벌 수 있는 사람들은 make a fortune: 거액을 벌다 드물었다

해석 1848년에, 멕시코와 미국 간의 조약이 북부 캘리포니아의 통치권을 미국으로 이양했다. 그러나, 캘리포니아는 1850년까지 주가 되지 않았고, 이것이 만든 그 상태의 불분명함은 지속적인 반향을 가졌다. 따라서, 캘리포니아는 법의 관할이 불확실한 특수한 입장에 놓였다. 그것은 멕시코와 미국 규정의 무법적인 혼합 속에서 운용되었다. 이 무법 상태는 1849년 골드러시에 대한 큰 기여 요인이었는데, 그곳에는 광활한 주인 없는 땅이 있었고 재산을 보호하는 규칙은 거의 없었기 때문이다. 결과적으로, 사람들은 서부 해안에서 부를 획득하려 시도하기 위해 무리 지어 이동하며, 캘리포니아로 모여들었다. 그러나, 이주한 사람들의 수 때문에, 소문이 퍼지고 진정한 러시가 시작했을 때쯤에는, 거액을 벌 수 있는 사람들은 드물었다.

① 캘리포니아를 주로 만들기 위한 노력
② 법의 부재가 골드러시에 미친 영향
③ 서쪽으로 이주하는 법적 부담
④ 초기와 후기 정착자들 간의 수입 차이

해설 지문 초반에 캘리포니아의 무법 상태에 관해 설명한 후, 이와 같은 무법 상태가 이후 골드러시에 기여한 요인을 설명하고 있다. 따라서 지문의 주제를 '법의 부재가 골드러시에 미친 영향'이라고 한 ②번이 정답이다.

어휘 **treaty** 조약 **upper** 북부의, 위쪽의 **state** 주 **ambiguity** 불분명함, 모호함 **repercussion** 반향, 영향 **jurisdiction** 관할 **lawless** 무법의 **vast** 광활한 **unclaimed** 주인 없는 **flock** 모여들다 **drove** 무리 **relocate** 이주하다 **word** 소문, 단어 **disparity** 차이 **settler** 정착자

정답: ②

03 다음 글의 내용을 한 문장으로 요약하고자 한다. 빈칸 (A), (B)에 들어갈 말로 가장 적절한 것은?

Employees are one of the most vital parts of a business, but in the past, they were treated as "cogs in the wheel" by their supervisors. Thus, during the Industrial Revolution, management mainly worked to maximize employee productivity, making workers do whatever was needed. When the focus shifted away from manufacturing and toward expertise and knowledge-based services in the 20th century, management styles changed also. Managers began to pay more attention to their employees, as they were now the most valuable assets. As a result, management ceased to be only a top-down supervisory and control activity and took on a form more akin to a give-and-take coaching relationship.

Recently, management has shifted away from treating employees as ____(A)____, and toward ____(B)____ them to reach their full potential.

	(A)	(B)
①	exploitable	requiring
②	considerable	helping
③	interchangeable	guiding
④	suitable	allowing

Mini Quiz

1. 이 지문의 중심 소재를 지문에서 찾아 쓰세요.

____

2. '시간 순서' 논리 구조임을 알 수 있는 SIGNAL WORD를 지문에서 찾아 쓰세요.

____

정답 | 1. Employees **2.** in the past, in the 20th century, now

논리 구조 분석

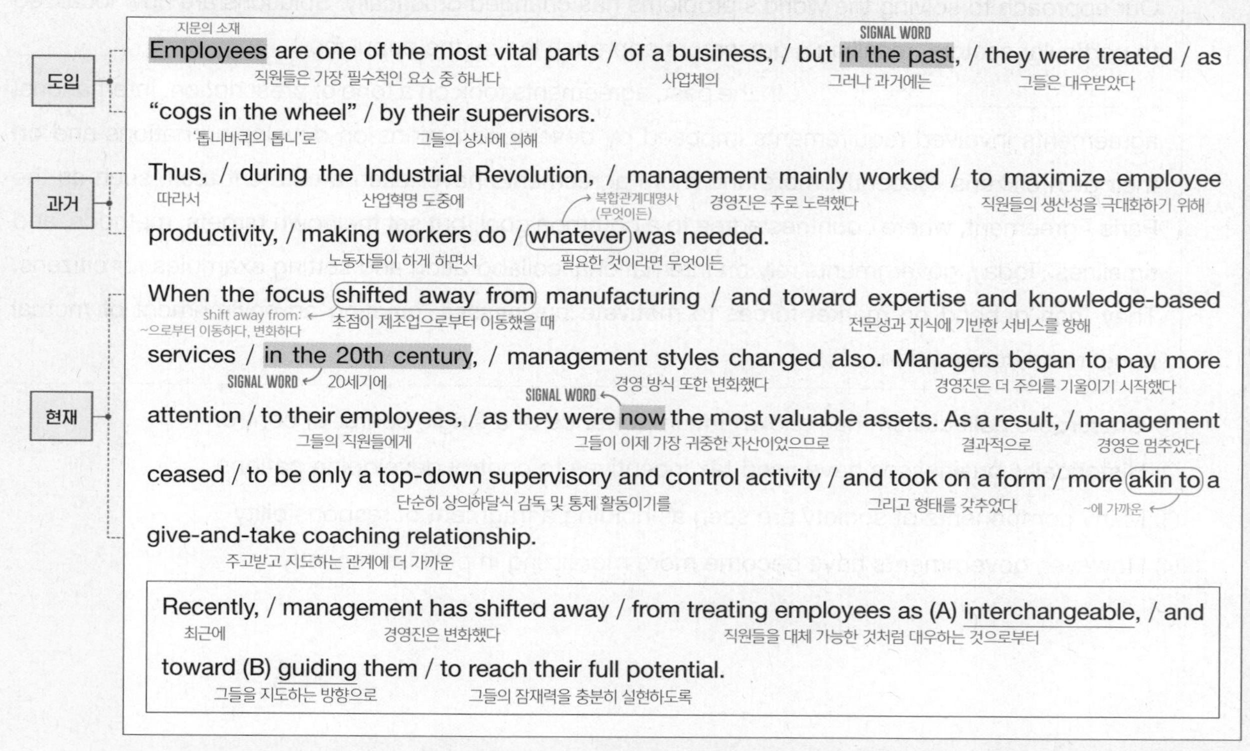

도입
과거
현재
지문의 소재
SIGNAL WORD
Employees are one of the most vital parts / of a business, / but in the past, / they were treated / as "cogs in the wheel" / by their supervisors.
직원들은 가장 필수적인 요소 중 하나다 사업체의 그러나 과거에는 그들은 대우받았다 '톱니바퀴의 톱니'로 그들의 상사에 의해
Thus, / during the Industrial Revolution, / management mainly worked / to maximize employee productivity, / making workers do / whatever was needed.
따라서 산업혁명 도중에 복합관계대명사 (무엇이든) 경영진은 주로 노력했다 직원들의 생산성을 극대화하기 위해 노동자들이 하게 하면서 필요한 것이라면 무엇이든
When the focus shifted away from manufacturing / and toward expertise and knowledge-based services / in the 20th century, / management styles changed also. Managers began to pay more attention / to their employees, / as they were now the most valuable assets. As a result, / management ceased / to be only a top-down supervisory and control activity / and took on a form / more akin to a give-and-take coaching relationship.
shift away from: ~으로부터 이동하다, 변화하다
초점이 제조업으로부터 이동했을 때 전문성과 지식에 기반한 서비스를 향해
SIGNAL WORD 20세기에 경영 방식 또한 변화했다 경영진은 더 주의를 기울이기 시작했다
SIGNAL WORD
그들의 직원들에게 그들이 이제 가장 귀중한 자산이었으므로 결과적으로 경영은 멈추었다
단순히 상의하달식 감독 및 통제 활동이기를 그리고 형태를 갖추었다 ~에 가까운
주고받고 지도하는 관계에 더 가까운
Recently, / management has shifted away / from treating employees as (A) interchangeable, / and toward (B) guiding them / to reach their full potential.
최근에 경영진은 변화했다 직원들을 대체 가능한 것처럼 대우하는 것으로부터
그들을 지도하는 방향으로 그들의 잠재력을 충분히 실현하도록

해석 직원들은 사업체의 가장 필수적인 요소 중 하나이지만, 과거에는 상사에 의해 '톱니바퀴의 톱니'로 대우받았다. 따라서, 산업혁명 도중에 경영진은 노동자들이 필요한 것이라면 무엇이든 하게 하면서, 주로 직원들의 생산성을 극대화하기 위해 노력했다. 20세기에 초점이 제조업으로부터 전문성과 지식에 기반한 서비스를 향해 이동했을 때, 경영 방식 또한 변화했다. 직원들이 이제 가장 귀중한 자산이었으므로, 경영진은 직원들에게 더 주의를 기울이기 시작했다. 결과적으로, 경영은 단순히 상의하달식 감독 및 통제 활동이기를 멈추고 주고받고 지도하는 관계에 더 가까운 형태를 갖추었다.

> 최근에, 경영진은 직원들을 (A) 대체 가능한 것처럼 대우하는 것으로부터 그들이 잠재력을 충분히 실현하도록 (B) 지도하는 방향으로 변화했다.

	(A)	(B)		(A)	(B)
①	착취 가능한	요구하는	②	상당한	도와주는
③	대체 가능한	지도하는	④	적절한	허용하는

해설 지문 전반에 걸쳐 경영진이 과거에는 직원들을 톱니바퀴의 톱니처럼 대우하며 주의를 기울이지 않았으나, 최근에는 그들을 지도하는 관계의 형태를 갖추도록 변화했다고 했으므로, 빈칸 (A), (B)에 들어갈 말을 각각 '대체 가능한', '지도하는'이라고 한 ③번이 정답이다.

어휘 **cog** 톱니 **maximize** 극대화하다 **asset** 자산 **cease** 멈추다, 더 이상 ~하지 않다 **top-down** 상의하달식의 **supervisory** 감독의 **take on** 갖추다 **exploitable** 착취 가능한 **interchangeable** 대체 가능한

정답: ③

04 밑줄 친 부분에 들어갈 말로 가장 적절한 것은?

Our approach to solving the world's problems has changed drastically. Solutions are now localized to particular sectors, recalling a grassroots approach led by the populace. ______________________________. In the past, agreements took on a tone of prescription. International agreements involved requirements imposed by developed nations on developing nations and on their own citizens. Recently, more and more agreements have taken a different tack, such as the Paris Agreement, where countries agree to a common goal, but set their own targets, methods, and timelines. Today, governments rely on international collaboration and setting examples for citizens. They then depend on market forces to motivate businesses, creating an environment of mutual benefit and cooperation.

① Grassroots collectivism has shown the importance of a single center of control
② Historically, businesses have used tax incentives to control developing nations
③ Many components of society are seen as holding a fragment of responsibility
④ However, governments have become more moralizing in policies recently

Mini Quiz

1. 이 지문의 중심 소재를 지문에서 찾아 쓰세요.

____

2. '시간 순서' 논리 구조임을 알 수 있는 SIGNAL WORD를 지문에서 찾아 쓰세요.

____

정답 | **1.** approach to solving the world's problems **2.** In the past, Recently, Today

논리 구조 분석

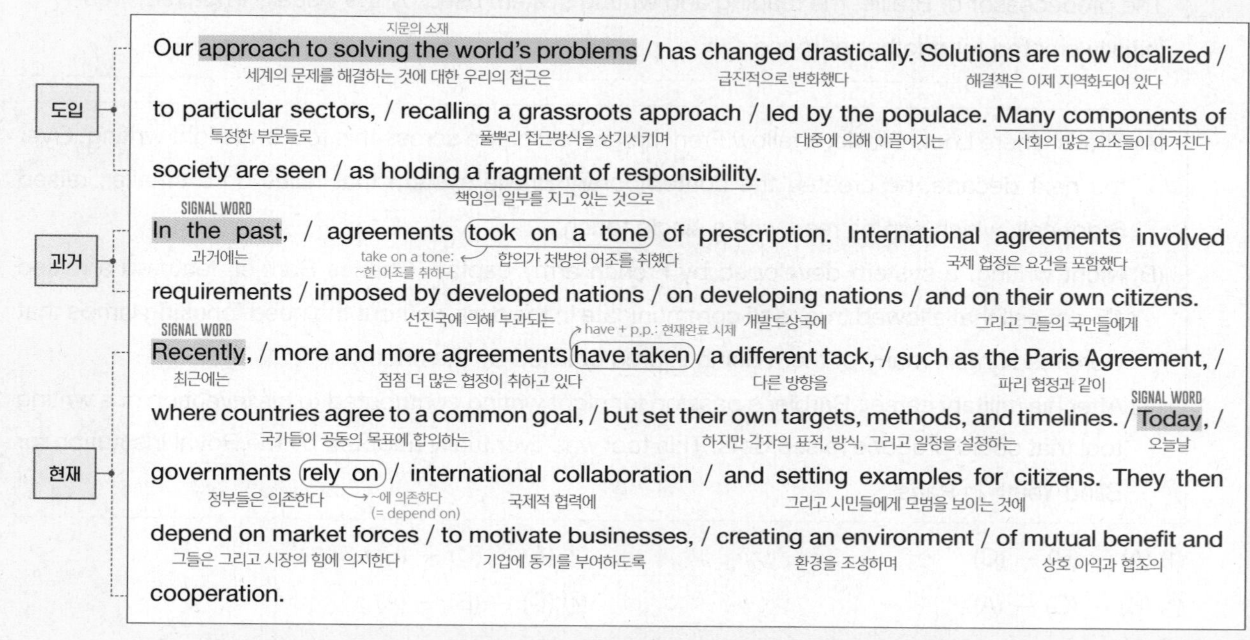
도입
지문의 소재
Our approach to solving the world's problems / has changed drastically. Solutions are now localized /
세계의 문제를 해결하는 것에 대한 우리의 접근은 / 급진적으로 변화했다 / 해결책은 이제 지역화되어 있다
to particular sectors, / recalling a grassroots approach / led by the populace. Many components of
특정한 부문들로 / 풀뿌리 접근방식을 상기시키며 / 대중에 의해 이끌어지는 / 사회의 많은 요소들이 여겨진다
society are seen / as holding a fragment of responsibility.
책임의 일부를 지고 있는 것으로
과거
SIGNAL WORD
In the past, / agreements took on a tone of prescription. International agreements involved
과거에는 / 합의가 처방의 어조를 취했다 / 국제 협정은 요건을 포함했다
take on a tone: ~한 어조를 취하다
requirements / imposed by developed nations / on developing nations / and on their own citizens.
선진국에 의해 부과되는 / 개발도상국에 / 그리고 그들의 국민들에게
현재
SIGNAL WORD
have + p.p.: 현재완료 시제
Recently, / more and more agreements have taken / a different tack, / such as the Paris Agreement, /
최근에는 / 점점 더 많은 협정이 취하고 있다 / 다른 방향을 / 파리 협정과 같이
SIGNAL WORD
where countries agree to a common goal, / but set their own targets, methods, and timelines. / Today, /
국가들이 공동의 목표에 합의하는 / 하지만 각자의 표적, 방식, 그리고 일정을 설정하는 / 오늘날
governments rely on / international collaboration / and setting examples for citizens. They then
정부들은 의존한다 / 국제적 협력에 / 그리고 시민들에게 모범을 보이는 것에
~에 의존하다 (= depend on)
depend on market forces / to motivate businesses, / creating an environment / of mutual benefit and
그들은 그리고 시장의 힘에 의지한다 / 기업에 동기를 부여하도록 / 환경을 조성하며 / 상호 이익과 협조의
cooperation.

해석 세계의 문제를 해결하는 것에 대한 우리의 접근은 급진적으로 변화했다. 해결책은 이제 특정한 부문들로 지역화되어 있는데, 이는 대중에 의해 이끌어지는 풀뿌리 접근방식을 상기시킨다. 사회의 많은 요소들이 책임의 일부를 지고 있는 것으로 여겨진다. 과거에는, 합의가 처방의 어조를 취했다. 국제 협정은 선진국에 의해 개발도상국과 그들(선진국들)의 국민들에게 부과되는 요건을 포함했다. 최근에는, 파리 협정과 같이 점점 더 많은 협정이 국가들이 공동의 목표에 합의하지만, 각자의 표적, 방식, 그리고 일정을 설정하는 다른 방향을 취하고 있다. 오늘날, 정부들은 국제적 협력과 시민들에게 모범을 보이는 것에 의존한다. 그들은 그리고 시장의 힘이 기업에 동기를 부여하도록 의지하여, 상호 이익과 협조의 환경을 조성한다.

① 풀뿌리 집단주의는 단일한 권력 중심지의 중요성을 보여주었다
② 역사적으로, 기업들은 세금 혜택을 이용하여 개발도상국을 통제해 왔다
③ 사회의 많은 요소들이 책임의 일부를 지고 있는 것으로 여겨진다
④ 그러나, 정부들은 최근 정책에 있어 더욱 훈계적으로 변화했다

해설 빈칸 앞 문장에 이제 특정한 부문으로 지역화된 해결책이 풀뿌리 접근방식을 상기시킨다는 내용이 있고, 지문 전반에 걸쳐 이제 정부들이 과거와 달리 국제적 협력, 시민, 기업과 같은 여러 요소들에 의존한다고 설명하고 있으므로, '사회의 많은 요소들이 책임의 일부를 지고 있는 것으로 여겨진다'라고 한 ③번이 정답이다.

어휘 **drastically** 급진적으로 **localize** 지역화하다, 국한시키다 **sector** 부문 **populace** 대중 **prescription** 처방 **impose** 부과하다 **tack** 방향 **set an example** 모범을 보이다 **mutual** 상호의 **collectivism** 집단주의 **fragment** 일부, 조각 **moralizing** 훈계적인

정답: ③

05 주어진 글 다음에 이어질 글의 순서로 가장 적절한 것은?

The predecessor of Braille, the reading and writing system used by the visually impaired, was initially created for another purpose.

(A) That's where Louis Braille, a fellow Frenchman, first came across this tool and night writing. Over the next decade, he created the contemporary Braille system that relies on a smaller, raised 6-dot cell, which can be read with a single touch.

(B) Night writing, a system developed by French army captain Charles Barbier, featured a raised 12-dot cell that allowed troops to communicate in the dark, without the need for using lamps that were resulting in many of them being injured or killed by the enemy.

(C) After his military career, Barbier's passion for night writing contributed to his invention of a writing tool that could produce raised dots. This tool was eventually adopted by the Royal Institution for Blind Youth in Paris.

① (A) — (B) — (C)
② (A) — (C) — (B)
③ (B) — (C) — (A)
④ (C) — (B) — (A)

Mini Quiz

1. 이 지문의 중심 소재를 지문에서 찾아 쓰세요.

____

2. '시간 순서' 논리 구조임을 알 수 있는 SIGNAL WORD를 지문에서 찾아 쓰세요.

____

정답 | **1.** The predecessor of Braille, Night writing **2.** initially, Over the next decade, After, eventually

논리 구조 분석

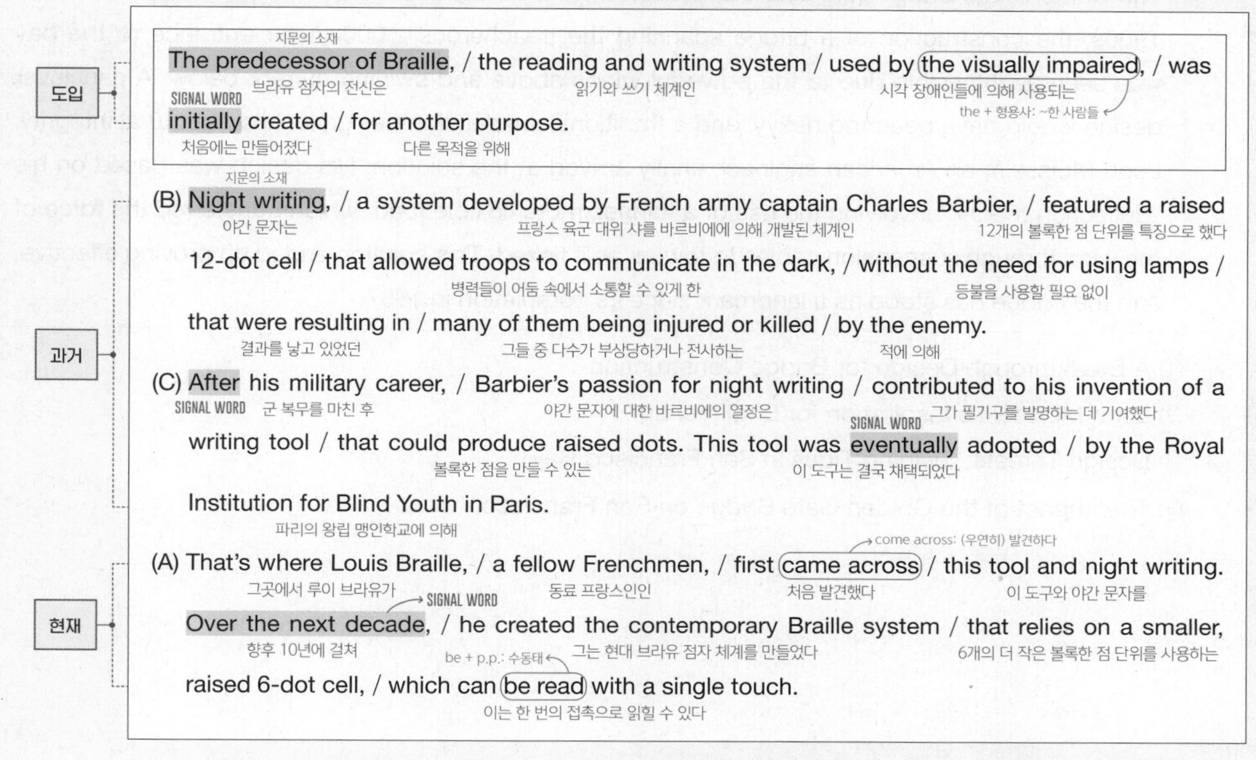

도입
지문의 소재
The predecessor of Braille, / the reading and writing system / used by the visually impaired, / was
브라유 점자의 전신은
읽기와 쓰기 체계인
시각 장애인들에 의해 사용되는
the + 형용사: ~한 사람들
SIGNAL WORD
initially created / for another purpose.
처음에는 만들어졌다
다른 목적을 위해
과거
지문의 소재
(B) Night writing, / a system developed by French army captain Charles Barbier, / featured a raised
야간 문자는
프랑스 육군 대위 샤를 바르비에에 의해 개발된 체계인
12개의 볼록한 점 단위를 특징으로 했다
12-dot cell / that allowed troops to communicate in the dark, / without the need for using lamps /
병력들이 어둠 속에서 소통할 수 있게 한
등불을 사용할 필요 없이
that were resulting in / many of them being injured or killed / by the enemy.
결과를 낳고 있었던
그들 중 다수가 부상당하거나 전사하는
적에 의해
(C) After his military career, / Barbier's passion for night writing / contributed to his invention of a
SIGNAL WORD
군 복무를 마친 후
야간 문자에 대한 바르비에의 열정은
SIGNAL WORD
그가 필기구를 발명하는 데 기여했다
writing tool / that could produce raised dots. This tool was eventually adopted / by the Royal
볼록한 점을 만들 수 있는
이 도구는 결국 채택되었다
Institution for Blind Youth in Paris.
파리의 왕립 맹인학교에 의해
현재
come across: (우연히) 발견하다
(A) That's where Louis Braille, / a fellow Frenchmen, / first came across / this tool and night writing.
그곳에서 루이 브라유가
동료 프랑스인인
처음 발견했다
이 도구와 야간 문자를
SIGNAL WORD
Over the next decade, / he created the contemporary Braille system / that relies on a smaller,
향후 10년에 걸쳐
be + p.p.: 수동태
그는 현대 브라유 점자 체계를 만들었다
6개의 더 작은 볼록한 점 단위를 사용하는
raised 6-dot cell, / which can be read with a single touch.
이는 한 번의 접촉으로 읽힐 수 있다

해석 시각 장애인들에 의해 사용되는 읽기와 쓰기 체계인 브라유 점자의 전신은 처음에는 다른 목적을 위해 만들어졌다.

(B) 프랑스 육군 대위 샤를 바르비에에 의해 개발된 체계인 야간 문자는 병력들이 그들 중 다수가 적에 의해 부상당하거나 전사하는 결과를 낳고 있었던 등불을 사용할 필요 없이 어둠 속에서 소통할 수 있게 해준 12개의 볼록한 점 단위를 특징으로 했다.

(C) 군 복무를 마친 후, 야간 문자에 대한 바르비에의 열정은 그가 볼록한 점을 만들 수 있는 필기구를 발명하는 데 기여했다. 이 도구는 결국 파리의 왕립 맹인학교에 의해 채택되었다.

(A) 그곳에서 동료 프랑스인인 루이 브라유가 이 도구와 야간 문자를 처음 발견했다. 향후 10년에 걸쳐, 그는 6개의 더 작은 볼록한 점 단위를 사용하는 현대 브라유 점자 체계를 만들었는데, 이는 한 번의 접촉으로 읽힐 수 있다.

해설 주어진 문장에서 시각 장애인을 위한 브라유 점자의 전신은 처음에 다른 목적으로 만들어졌다고 하고, (B)에서 샤를 바르비에가 야간 소통을 위해 만든 글자 체계에 대해 설명하고 있다. 뒤이어 (C)에서 바르비에가 전역 후 야간 문자 활용을 위한 필기구를 발명했다고 하고, (A)에서 루이 브라유가 그것을 발견하고 10년에 걸쳐 브라유 점자를 만들었다고 설명하고 있다. 따라서 주어진 문장 다음에 이어질 순서는 ③ (B) — (C) — (A)이다.

어휘 predecessor 전신, 전임자 Braille 브라유 점자 impaired 장애를 가진 army captain 육군 대위 cell 단위, 세포

정답: ③

06 다음 글의 제목으로 가장 적절한 것은?

The Golden Gate Bridge connects San Francisco to the neighboring Marin County. But in the early 1900s, the construction of a bridge spanning the treacherous 2,000-meter entrance to the bay was seen as infeasible due to the powerful winds above and swirling current below. A cantilever design would have been too heavy, and a traditional suspension design lacked structural integrity. Leon Moisseiff, an American engineer, finally arrived at the solution. His design was based on his "deflection theory," involving the use of a thinner, more flexible road, which transferred the force of the wind through suspension cables to towers as it flexed. This solution ended up proving effective, and the bridge has stood as a landmark since its completion in 1937.

① A Breakthrough Design for Bridge Construction
② Leon Moisseiff's Inspiration for Engineering
③ Design Threats: Swirling Tides in San Francisco Bay
④ The Impact of the Golden Gate Bridge on San Francisco

Mini Quiz

1. 이 지문의 중심 소재를 지문에서 찾아 쓰세요.

____

2. '시간 순서' 논리 구조임을 알 수 있는 SIGNAL WORD를 지문에서 찾아 쓰세요.

____

정답 | 1. Golden Gate Bridge **2.** early 1900s, eventually, in 1937

논리 구조 분석

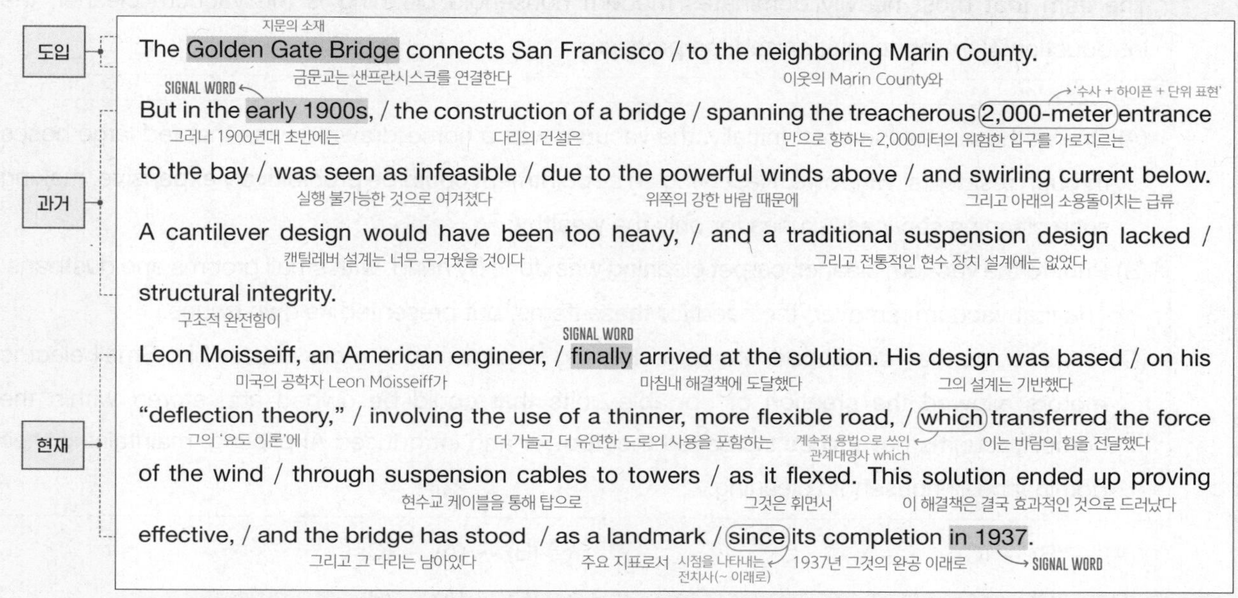

도입
과거
현재
지문의 소재
The Golden Gate Bridge connects San Francisco / to the neighboring Marin County.
금문교는 샌프란시스코를 연결한다
이웃의 Marin County와
SIGNAL WORD
'수사 + 하이픈 + 단위 표현'
But in the early 1900s, / the construction of a bridge / spanning the treacherous 2,000-meter entrance
그러나 1900년대 초반에는
다리의 건설은
만으로 향하는 2,000미터의 위험한 입구를 가로지르는
to the bay / was seen as infeasible / due to the powerful winds above / and swirling current below.
실행 불가능한 것으로 여겨졌다
위쪽의 강한 바람 때문에
그리고 아래의 소용돌이치는 급류
A cantilever design would have been too heavy, / and a traditional suspension design lacked /
캔틸레버 설계는 너무 무거웠을 것이다
그리고 전통적인 현수 장치 설계에는 없었다
structural integrity.
구조적 완전함이
SIGNAL WORD
Leon Moisseiff, an American engineer, / finally arrived at the solution. His design was based / on his
미국의 공학자 Leon Moisseiff가
마침내 해결책에 도달했다
그의 설계는 기반했다
"deflection theory," / involving the use of a thinner, more flexible road, / which transferred the force
그의 '요도 이론'에
더 가늘고 더 유연한 도로의 사용을 포함하는
계속적 용법으로 쓰인 관계대명사 which
이는 바람의 힘을 전달했다
of the wind / through suspension cables to towers / as it flexed. This solution ended up proving
현수교 케이블을 통해 탑으로
그것은 휘면서
이 해결책은 결국 효과적인 것으로 드러났다
effective, / and the bridge has stood / as a landmark / since its completion in 1937.
그리고 그 다리는 남아있다
주요 지표로서
시점을 나타내는 전치사(~ 이래로)
1937년 그것의 완공 이래로
SIGNAL WORD

해석 금문교는 샌프란시스코를 이웃의 Marin County와 연결한다. 그러나 1900년대 초반에는, 만으로 향하는 2,000미터의 위험한 입구를 가로지르는 다리의 건설은 위쪽의 강한 바람과 아래의 소용돌이치는 급류 때문에 실행 불가능한 것으로 여겨졌다. 캔틸레버 설계는 너무 무거웠을 것이고, 전통적인 현수 장치 설계에는 구조적 완전함이 없었다. 미국의 공학자 Leon Moisseiff가 마침내 해결책에 도달했다. 그의 설계는 더 가늘고 더 유연한 도로의 사용을 포함하는 그의 '요도 이론'에 기반했는데, 그것(도로)은 휘면서 바람의 힘을 현수교 케이블을 통해 탑으로 전달했다. 이 해결책은 결국 효과적인 것으로 드러났고, 그 다리는 1937년 그것의 완공 이래로 주요 지표로서 남아있다.

① 다리 건설을 위한 혁신적인 설계
② Leon Moisseiff의 공학에 대한 영감
③ 설계에 대한 위협: 샌프란시스코만의 소용돌이치는 물결
④ 금문교가 샌프란시스코에 미친 영향

해설 지문 전반에 걸쳐 금문교의 건설이 처음에는 실행 불가능한 것으로 여겨졌으나 결국 Leon Moisseiff의 '요도 이론'을 적용한 설계로 효과적인 해결책에 도달했다고 설명하고 있다. 따라서 지문의 제목을 '다리 건설을 위한 혁신적인 설계'라고 한 ①번이 정답이다.

어휘 **span** 가로지르다 **treacherous** 위험한, 간교한 **bay** 만 **infeasible** 실행 불가능한 **swirling** 소용돌이치는 **current** 급류, 물살; 현재의 **suspension** 현수 장치 **integrity** 완전함 **deflection theory** 요도 이론 **flex** 휘다 **breakthrough** 혁신적인; (비약적) 발전

정답: ①

07 주어진 글 다음에 이어질 글의 순서로 가장 적절한 것은?

The item that most heavily dominates modern household cleaning is the vacuum cleaner, the introduction of which revolutionized the process.

(A) One of these was the cost. Initially, the vacuum was a horse-drawn device that fed large hoses through residents' windows. Reserving an appointment could be prohibitively expensive, making such cleaning services luxuries for only the wealthy.

(B) Prior to the vacuum cleaner, carpet cleaning was done by hand, with small brooms and dustpans. The first vacuum removed the need for these items, but presented its own issues.

(C) However, as they developed, vacuum cleaning became much more accessible. Small electric motors allowed the creation of portable units that could be owned and stored within the home. Vacuums have since increased their power and introduced AI piloting, maintaining their dominance of household cleaning.

① (A) — (B) — (C)
② (B) — (A) — (C)
③ (B) — (C) — (A)
④ (C) — (A) — (B)

Mini Quiz

1. 이 지문의 중심 소재를 지문에서 찾아 쓰세요.

2. '시간 순서' 논리 구조임을 알 수 있는 SIGNAL WORD를 지문에서 찾아 쓰세요.

정답 | 1. vacuum cleaner **2.** Initially, Prior to, since

논리 구조 분석

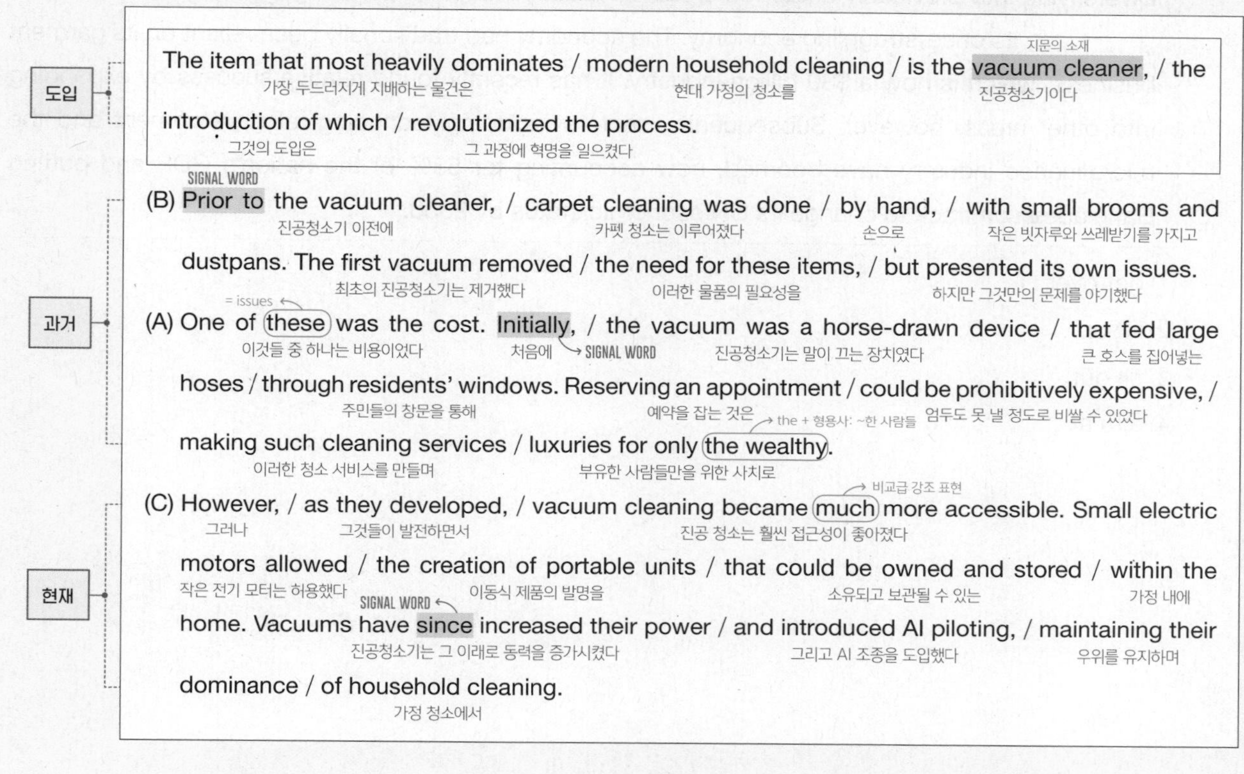

도입
The item that most heavily dominates / modern household cleaning / is the vacuum cleaner, / the introduction of which / revolutionized the process.
가장 두드러지게 지배하는 물건은 / 현대 가정의 청소를 / 진공청소기이다 / 그것의 도입은 / 그 과정에 혁명을 일으켰다
지문의 소재
과거
SIGNAL WORD
(B) Prior to the vacuum cleaner, / carpet cleaning was done / by hand, / with small brooms and dustpans. The first vacuum removed / the need for these items, / but presented its own issues.
진공청소기 이전에 / 카펫 청소는 이루어졌다 / 손으로 / 작은 빗자루와 쓰레받기를 가지고 / 최초의 진공청소기는 제거했다 / 이러한 물품의 필요성을 / 하지만 그것만의 문제를 야기했다
= issues
(A) One of these was the cost. Initially, / the vacuum was a horse-drawn device / that fed large hoses / through residents' windows. Reserving an appointment / could be prohibitively expensive, / making such cleaning services / luxuries for only the wealthy.
이것들 중 하나는 비용이었다 / 처음에 / SIGNAL WORD / 진공청소기는 말이 끄는 장치였다 / 큰 호스를 집어넣는 / 주민들의 창문을 통해 / 예약을 잡는 것은 / the + 형용사: ~한 사람들 / 엄두도 못 낼 정도로 비쌀 수 있었다 / 이러한 청소 서비스를 만들며 / 부유한 사람들만을 위한 사치로
현재
비교급 강조 표현
(C) However, / as they developed, / vacuum cleaning became much more accessible. Small electric motors allowed / the creation of portable units / that could be owned and stored / within the home. Vacuums have since increased their power / and introduced AI piloting, / maintaining their dominance / of household cleaning.
그러나 / 그것들이 발전하면서 / 진공 청소는 훨씬 접근성이 좋아졌다 / 작은 전기 모터는 허용했다 / 이동식 제품의 발명을 / 소유되고 보관될 수 있는 / 가정 내에
SIGNAL WORD
진공청소기는 그 이래로 동력을 증가시켰다 / 그리고 AI 조종을 도입했다 / 우위를 유지하며 / 가정 청소에서

해석 현대 가정의 청소를 가장 두드러지게 지배하는 물건은 진공청소기인데, 그것의 도입은 그(청소의) 과정에 혁명을 일으켰다.

(B) 진공청소기 이전에, 카펫 청소는 작은 빗자루와 쓰레받기를 가지고 손으로 이루어졌다. 최초의 진공청소기는 이러한 물품의 필요성을 제거했으나, 그것만의 문제를 야기했다.

(A) 이것들 중 하나는 비용이었다. 처음에, 진공청소기는 주민들의 창문을 통해 큰 호스를 집어넣는 말이 끄는 장치였다. 예약을 잡는 것은 엄두도 못 낼 정도로 비쌀 수 있었기 때문에, 이러한 청소 서비스를 부유한 사람들만을 위한 사치로 만들었다.

(C) 그러나, 그것들(진공청소기들)이 발전하면서, 진공 청소는 훨씬 접근성이 좋아졌다. 작은 전기 모터는 가정 내에 소유되고 보관될 수 있는 이동식 제품의 발명을 허용했다. 진공청소기는 그 이래로 동력을 증가시키고 AI 조종을 도입하여, 가정 청소에서 우위를 유지한다.

해설 주어진 문장에서 진공청소기가 청소에 혁명을 일으켰다고 한 후, (B)에서 과거에는 손으로 청소한 것과 최초의 진공청소기가 야기한 문제를 언급하였다. (A)에서 그 문제 중 한 가지가 비용인 것을 알려주고, 뒤이어 (C)에서 진공청소기가 발전함에 따라 접근성이 나아졌으며, 그 이래로 가정 청소에서 우위를 유지한다고 설명하고 있다. 따라서 주어진 글 다음에 이어질 순서는 ② (B) — (A) — (C)이다.

어휘 revolutionize 혁명을 일으키다 dustpan 쓰레받기 feed 집어넣다 prohibitively 엄두도 못 낼 정도로 luxury 사치 piloting 조종

정답: ②

08 밑줄 친 부분에 들어갈 말로 가장 적절한 것은?

Diversifying into previously untapped areas of industry has provided Bangladesh with the ability to __________ its once-struggling economy. The economy had traditionally been reliant on its garment business, which is now a $30 billion industry. It has recently found relative success by expanding into other areas, however. Subsequently, sectors including technological development and the microfinance industry have boomed, now accounting for 53% of the nation's GDP and putting Bangladesh on track to change its UN economic status by 2030.

① get over

② lift up

③ fill out

④ aim at

Mini Quiz

1. 이 지문의 중심 소재를 지문에서 찾아 쓰세요.

____

2. '시간 순서' 논리 구조임을 알 수 있는 SIGNAL WORD를 지문에서 찾아 쓰세요.

____

정답 | 1. Bangladesh, economy 2. previously, traditionally, recently, Subsequently, now

논리 구조 분석

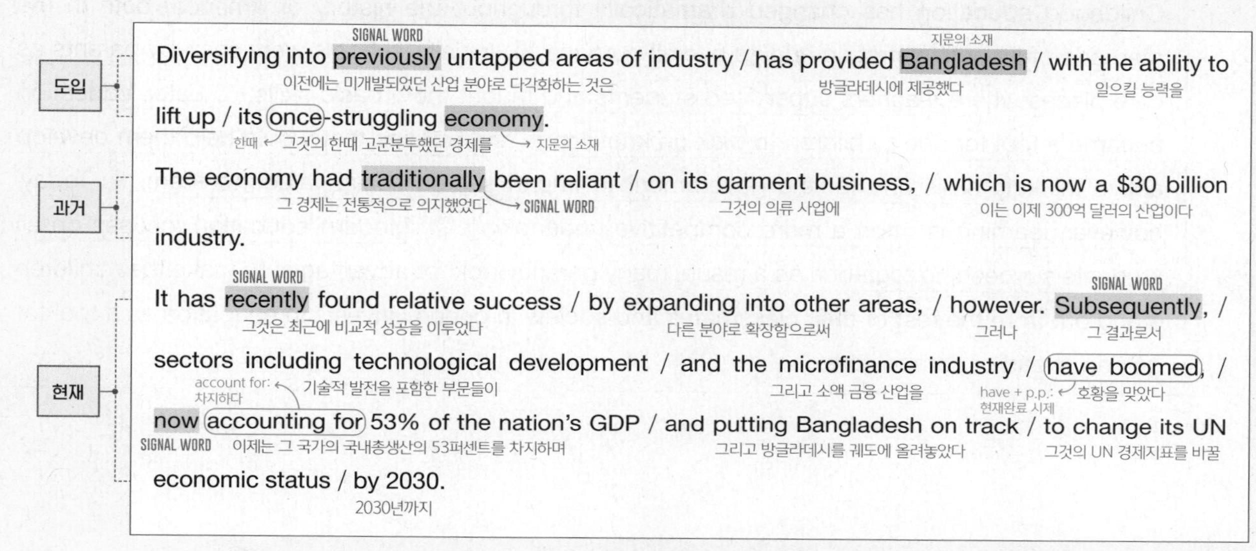

도입
SIGNAL WORD
지문의 소재
Diversifying into previously untapped areas of industry / has provided Bangladesh / with the ability to
이전에는 미개발되었던 산업 분야로 다각화하는 것은
방글라데시에 제공했다
일으킬 능력을
lift up / its once-struggling economy.
한때
그것의 한때 고군분투했던 경제를
지문의 소재
과거
The economy had traditionally been reliant / on its garment business, / which is now a $30 billion industry.
그 경제는 전통적으로 의지했었다
SIGNAL WORD
그것의 의류 사업에
이는 이제 300억 달러의 산업이다
현재
SIGNAL WORD
SIGNAL WORD
It has recently found relative success / by expanding into other areas, / however. Subsequently, /
그것은 최근에 비교적 성공을 이루었다
다른 분야로 확장함으로써
그러나
그 결과로서
sectors including technological development / and the microfinance industry / have boomed, /
account for: 차지하다
기술적 발전을 포함한 부문들이
그리고 소액 금융 산업을
have + p.p.: 현재완료 시제
호황을 맞았다
now accounting for 53% of the nation's GDP / and putting Bangladesh on track / to change its UN economic status / by 2030.
SIGNAL WORD
이제는 그 국가의 국내총생산의 53퍼센트를 차지하며
그리고 방글라데시를 궤도에 올려놓았다
그것의 UN 경제지표를 바꿀
2030년까지

해석 이전에는 미개발되었던 산업 분야로 다각화하는 것은 방글라데시에 한때 고군분투했던 그것(방글라데시)의 경제를 일으킬 능력을 제공했다. 그 경제는 전통적으로 그것의 의류 사업에 의지했었는데, 이는 이제 300억 달러의 산업이다. 그러나, 그것은 최근에 다른 분야로 확장함으로써 비교적 성공을 이루었다. 그 결과로서, 기술적 발전과 소액 금융 산업을 포함한 부문들이 호황을 맞았고, 이제는 그 국가의 국내총생산의 53퍼센트를 차지하며 2030년까지 그것(방글라데시)의 UN 경제지표를 바꿀 궤도에 방글라데시를 올려놓았다.

① 극복할
② 일으킬
③ 채울
④ 겨냥할

해설 빈칸 뒷부분에서 방글라데시가 전통적으로 의지했던 의류 사업과는 다른 분야로 산업을 확장함으로써 최근에 비교적 성공을 이루었다고 설명하고 있으므로, 경제를 '일으킬' 능력을 제공했다고 한 ②번이 정답이다.

어휘 diversify 다각화하다 untapped 미개발의 reliant 의지하는 garment 의류 sector 부문 microfinance 소액 금융 boom 호황을 맞다 GDP 국내총생산 on track 궤도에 올라, 바르게

정답: ②

09 다음 글의 흐름상 가장 어색한 문장은?

Childhood education has changed dramatically throughout the history of America, both in the methods of its administration and its overall purpose. ① Initially, schools were seen by parents as care places where teachers supervised students and taught them basic skills. ② Later, education became a tool for one's children to pick up knowledge and abilities that would help them develop active thinking skills and for the government to impart shared social values to them. ③ Today, however, learning is often a more competitive undertaking. ④ Modern education focuses on all students succeeding together. As a result, many parents look for advantages to make their children stand out from the rest of their classmates and society in general invests in education as a tool for getting ahead of competitors.

Mini Quiz

1. 이 지문의 중심 소재를 지문에서 찾아 쓰세요.

---

2. '시간 순서' 논리 구조임을 알 수 있는 SIGNAL WORD를 지문에서 찾아 쓰세요.

정답 | 1. Childhood education 2. Initially, Later, Today

논리 구조 분석

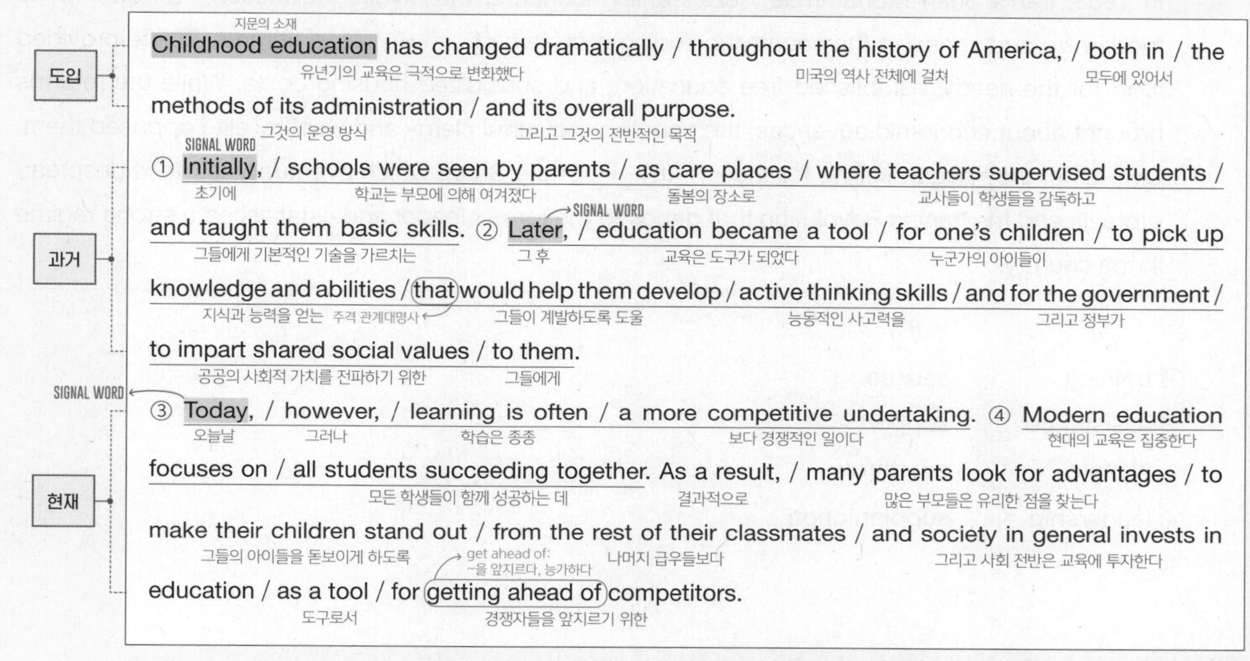

도입
과거
현재
지문의 소재
Childhood education has changed dramatically / throughout the history of America, / both in / the methods of its administration / and its overall purpose.
유년기의 교육은 극적으로 변화했다
미국의 역사 전체에 걸쳐
모두에 있어서
그것의 운영 방식
그리고 그것의 전반적인 목적
SIGNAL WORD
① Initially, / schools were seen by parents / as care places / where teachers supervised students / and taught them basic skills.
초기에
학교는 부모에 의해 여겨졌다
돌봄의 장소로
교사들이 학생들을 감독하고
그들에게 기본적인 기술을 가르치는
SIGNAL WORD
② Later, / education became a tool / for one's children / to pick up knowledge and abilities / that would help them develop / active thinking skills / and for the government / to impart shared social values / to them.
그 후
교육은 도구가 되었다
누군가의 아이들이
지식과 능력을 얻는
주격 관계대명사
그들이 계발하도록 도울
능동적인 사고력을
그리고 정부가
공공의 사회적 가치를 전파하기 위한
그들에게
SIGNAL WORD
③ Today, / however, / learning is often / a more competitive undertaking. ④ Modern education focuses on / all students succeeding together. As a result, / many parents look for advantages / to make their children stand out / from the rest of their classmates / and society in general invests in education / as a tool / for getting ahead of competitors.
오늘날
그러나
학습은 종종
보다 경쟁적인 일이다
현대의 교육은 집중한다
모든 학생들이 함께 성공하는 데
결과적으로
많은 부모들은 유리한 점을 찾는다
그들의 아이들을 돋보이게 하도록
get ahead of: ~을 앞지르다, 능가하다
나머지 급우들보다
그리고 사회 전반은 교육에 투자한다
도구로서
경쟁자들을 앞지르기 위한

해석 유년기의 교육은 미국의 역사 전체에 걸쳐 그것의 운영 방식과 전반적인 목적 모두에 있어서 극적으로 변화했다. ① 초기에, 학교는 부모에 의해 교사들이 학생들을 감독하고 기본적인 기술을 가르치는 돌봄의 장소로 여겨졌다. ② 그 후, 교육은 누군가의 아이들이 능동적인 사고력을 계발하도록 도울 지식과 능력을 얻고, 정부가 그들(아이들)에게 공공의 사회적 가치를 전파하기 위한 도구가 되었다. ③ 그러나 오늘날, 학습은 종종 보다 경쟁적인 일이다. ④ 현대의 교육은 모든 학생들이 함께 성공하는 데 집중한다. 결과적으로, 많은 부모들은 그들의 아이들을 나머지 급우들보다 돋보이게 하도록 유리한 점을 찾고, 사회 전반은 경쟁자들을 앞지르기 위한 도구로서 교육에 투자한다.

해설 첫 문장에서 미국의 역사 동안 극적으로 변화한 유년기 교육에 대해 언급하고, ①, ②, ③번에서 교육이 시간에 따라 어떻게 변화했는지 설명했다. 그러나 ④번은 모든 학생들이 함께 성공하는 데 집중한다는 현대 교육의 장점에 대한 내용으로, 오늘날의 학습이 과거에 비해 더 경쟁적이라는 지문의 흐름과 어울리지 않으므로 ④번이 정답이다.

어휘 administration 운영, 집행, 행정 impart 전파하다 undertaking 일, 착수 stand out 돋보이다

정답: ④

10 밑줄 친 (A), (B)에 들어갈 말로 가장 적절한 것은?

In 1963, Iran's Shah Mohammad Reza Pahlavi launched the "White Revolution," an attempt to modernize and liberalize the country, including a system of ___(A)___ programs. These provided food for the needy, established free education, and subsidized housing costs. While the reforms brought about economic advances, the country's powerful clergy and wealthy elite opposed them. Over time, they began calling for the ___(B)___ of the Shah, which eventually led to widespread protests and the Iranian Revolution that deposed the former leader and established a strong regime in the country.

	(A)	(B)
①	training	seizure
②	assistance	support
③	welfare	overthrow
④	leadership	supplantation

Mini Quiz

1. 이 지문의 중심 소재를 지문에서 찾아 쓰세요.

____

2. '시간 순서' 논리 구조임을 알 수 있는 SIGNAL WORD를 지문에서 찾아 쓰세요.

____

정답 | 1. White Revolution **2.** In 1963, Over time

논리 구조 분석

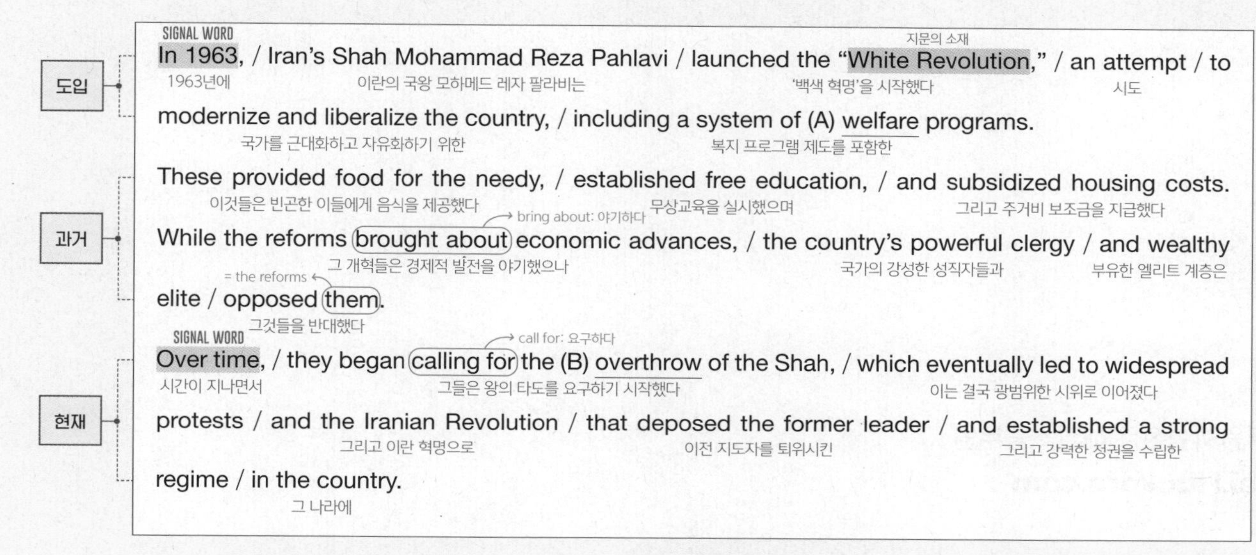

도입
SIGNAL WORD
In 1963, / Iran's Shah Mohammad Reza Pahlavi / launched the "White Revolution," / an attempt / to modernize and liberalize the country, / including a system of (A) welfare programs.
1963년에 이란의 국왕 모하메드 레자 팔라비는 '백색 혁명'을 시작했다 지문의 소재 시도 국가를 근대화하고 자유화하기 위한 복지 프로그램 제도를 포함한
과거
These provided food for the needy, / established free education, / and subsidized housing costs.
이것들은 빈곤한 이들에게 음식을 제공했다 무상교육을 실시했으며 그리고 주거비 보조금을 지급했다
While the reforms brought about economic advances, / the country's powerful clergy / and wealthy elite / opposed them.
bring about: 야기하다
그 개혁들은 경제적 발전을 야기했으나 국가의 강성한 성직자들과 부유한 엘리트 계층은
= the reforms
그것들을 반대했다
현재
SIGNAL WORD
Over time, / they began calling for the (B) overthrow of the Shah, / which eventually led to widespread protests / and the Iranian Revolution / that deposed the former leader / and established a strong regime / in the country.
call for: 요구하다
시간이 지나면서 그들은 왕의 타도를 요구하기 시작했다 이는 결국 광범위한 시위로 이어졌다
그리고 이란 혁명으로 이전 지도자를 퇴위시킨 그리고 강력한 정권을 수립한
그 나라에

해석 1963년에, 이란의 국왕 모하메드 레자 팔라비는 (A) 복지 프로그램 제도를 포함한, 국가를 근대화하고 자유화하기 위한 시도인 '백색 혁명'을 시작했다. 이것들은 빈곤한 이들에게 음식을 제공했고, 무상교육을 실시했으며, 주거비 보조금을 지급했다. 그 개혁들은 경제적 발전을 야기했으나, 국가의 강성한 성직자들과 부유한 엘리트 계층은 그것들을 반대했다. 시간이 지나면서, 그들은 왕의 (B) 타도를 요구하기 시작했는데, 이는 결국 광범위한 시위와 이전 지도자를 퇴위시키고 그 나라에 강력한 정권을 수립한 이란 혁명으로 이어졌다.

	(A)	(B)
①	훈련	체포
②	보조	지지
③	복지	타도
④	지도	대체

해설 (A) 빈칸 뒤 문장에 해당 프로그램들이 빈곤한 이들에게 음식을 제공하고, 무상교육을 실시했으며, 주거비 보조금을 지급했다는 내용이 있으므로, 빈칸에는 '복지'가 나와야 적절하다. (B) 빈칸 앞 문장에 성직자들과 엘리트 계층이 이 개혁을 반대했다고 했고, 빈칸 뒷부분에는 그들이 요구한 것이 결국 이전 지도자를 퇴위시켰다는 내용이 있으므로, 빈칸에는 '타도'가 나와야 적절하다. 따라서 ③번이 정답이다.

어휘 **Shah** (과거) 이란의 국왕 **liberalize** 자유화하다 **needy** 빈곤한 **subsidize** 보조금을 지급하다 **reform** 개혁 **clergy** 성직자 **oppose** 반대하다 **depose** 퇴위시키다, 폐하다 **regime** 정권 **seizure** 체포, 강탈 **welfare** 복지 **overthrow** 타도 **supplantation** 대체

정답: ③

논리 구조 7

연구 / 실험

Research / Experiment

공무원 시험 내 출제 비율

(국·지·서·법·국회)

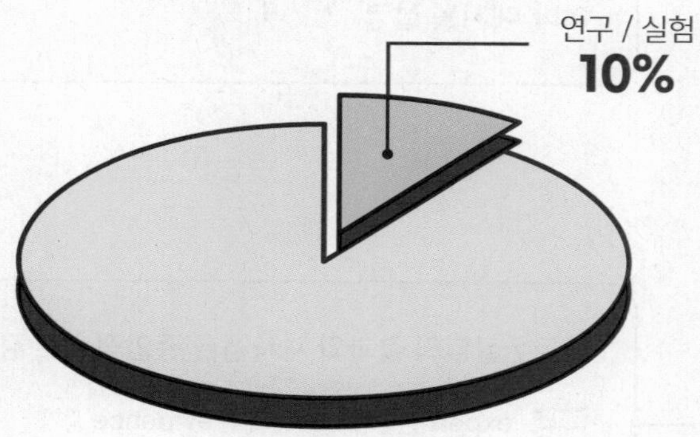
연구 / 실험
10%

최근 주요 공무원 시험의 전체 독해 지문 중
'연구 / 실험' 구조를 가진 지문은 약 **10%** 출제되었다.

논리 구조

7 연구 / 실험
Research / Experiment

'연구 / 실험' 논리 구조는 특정한 목적을 가진 연구나 실험, 조사 등을 소개하는 지문 구조이다. 주로 연구의 목적을 먼저 소개한 후, 연구나 실험이 이루어진 구체적인 과정을 설명하고, 이를 바탕으로 연구의 결과를 제시하는 흐름으로 전개된다.

SIGNAL
WORD
researchers 연구자들 finding(s) (조사·연구 등의) 결과

논리로 파악하는 글의 구조

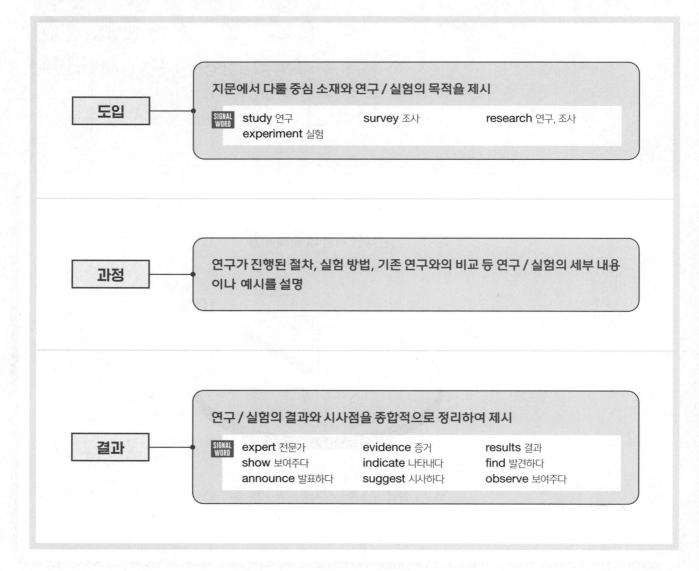

도입

지문에서 다룰 중심 소재와 연구 / 실험의 목적을 제시

SIGNAL WORD study 연구 survey 조사 research 연구, 조사 experiment 실험

과정

연구가 진행된 절차, 실험 방법, 기존 연구와의 비교 등 연구 / 실험의 세부 내용이나 예시를 설명

결과

연구 / 실험의 결과와 시사점을 종합적으로 정리하여 제시

SIGNAL WORD expert 전문가 evidence 증거 results 결과 show 보여주다 indicate 나타내다 find 발견하다 announce 발표하다 suggest 시사하다 observe 보여주다

기출로 확인하는 논리 구조

밑줄 친 부분에 들어갈 말로 가장 적절한 것은? [2022 국가직 9급]

도입

Scientists have long known that higher air temperatures are contributing to the surface melting on Greenland's ice sheet. But a new study (SIGNAL WORD) has found another threat that has begun attacking the ice from below: Warm ocean water moving underneath the vast glaciers is causing them to melt even more quickly. (지문의 소재)

과정

The findings (SIGNAL WORD) were published in the journal Nature Geoscience by researchers who studies (SIGNAL WORD) one of the many "ice tongues" of the Nioghalvfjerdsfjorden Glacier in northeast Greenland. An ice tongue is a strip of ice that floats on the water without breaking off from the ice on land. The massive one these scientists studied is nearly 50 miles long.

결과

The survey revealed (SIGNAL WORD) an underwater current more than a mile wide where warm water from the Atlantic Ocean is able to flow directly towards the glacier, bringing large amounts of heat into contact with the ice and __________ the glacier's melting.

① separating ② delaying

③ preventing ④ accelerating

해석 과학자들은 더 높은 기온이 그린란드 대륙 빙하의 표면이 녹는 것의 원인이 되고 있다는 것을 오래전부터 알고 있었다. 그러나 새로운 연구는 얼음을 아래에서 공격하기 시작한 또 다른 위협을 발견했는데, 그 거대한 빙하 아래에서 움직이는 따뜻한 해수가 그것들(빙하)을 훨씬 더 빠르게 녹게 하고 있다. 이 연구 결과는 그린란드 북동부에 있는 Nioghalvfjerdsfjorden 빙하의 여러 '빙설' 중 하나를 연구한 연구원들에 의해 「Nature Geoscience」지에서 발표되었다. 빙설은 육지의 얼음으로부터 분리되지 않은 채 물 위에 떠 있는 길고 가느다란 얼음 조각이다. 이 과학자들이 연구한 그 거대한 것(빙설)은 길이가 거의 50마일이다. 이 조사는 대서양에서 온 따뜻한 물이 빙하를 향해 직접 흐를 수 있는 폭이 1마일 이상인 수중 해류를 밝혀냈는데, 이는 다량의 열을 얼음과 접촉시켜 빙하가 녹는 것을 가속화한다.

① 분리시키는 ② 지연시키는

③ 막는 ④ 가속화하는

해설 지문 중간에서 새로운 연구가 그린란드 대륙 빙하 아래에서 움직이는 따뜻한 해수가 빙하를 훨씬 더 빠르게 녹게 하고 있다고 했고, 지문 후반에서 대서양에서 온 따뜻한 물이 빙하를 향해 직접 흐를 수 있는 폭이 1마일 이상인 수중 해류가 밝혀졌다고 했으므로, 빈칸에는 수중 해류가 다량의 열을 얼음과 접촉시켜 빙하가 녹는 것을 '가속화한다'는 내용이 들어가야 한다. 따라서 ④번이 정답이다.

어휘 contribute to ~의 원인이 되다 threat 위협 vast 거대한, 어마어마한 glacier 빙하 publish 발표하다, 게재하다 break off 분리되다 massive 거대한, 대규모의 reveal 밝혀내다 current 해류 bring into contact 접촉시키다 delay 지연시키다 accelerate 가속화하다

정답: ④

실전에 더 강해지는 구조 독해 TIP

연구 / 실험이 언급되었다면 그 결과까지 반드시 나온다는 걸 명심하라! 첫 문장에서 연구나 실험을 언급하며 글을 시작했다면, 연구 내용이 서술된 후 마지막에 연구 결과가 제시되는 것이 논리적인 흐름이다.

01 밑줄 친 부분에 들어갈 말로 가장 적절한 것은?

Listening to someone speak another language, we can't help but notice that some rattle on at an astounding pace. It can seem like they're saying much more in a short time, and there's a reason for that: they are. Research shows that speakers of 'fast languages,' such as Japanese and Spanish, produce more syllables per second than those who speak 'slow languages' like Mandarin and German. However, the same studies also show that the amount of information conveyed is equal. Faster languages get out more syllables that contain fewer details in a short time, while the opposite is true for slower languages. As a result, ______________________________ in most languages, despite the speed at which they are spoken.

① expressing an idea takes about the same time

② some people cannot understand slow speakers

③ faster speakers use more symbolic expressions

④ syllable length varies by language

Mini Quiz

1. 이 지문의 중심 소재를 지문에서 찾아 쓰세요.

____

2. '연구 / 실험' 논리 구조임을 알 수 있는 SIGNAL WORD를 지문에서 찾아 쓰세요.

____

정답 | **1.** Listening to someone speak another language **2.** Research shows, studies also show

논리 구조 분석

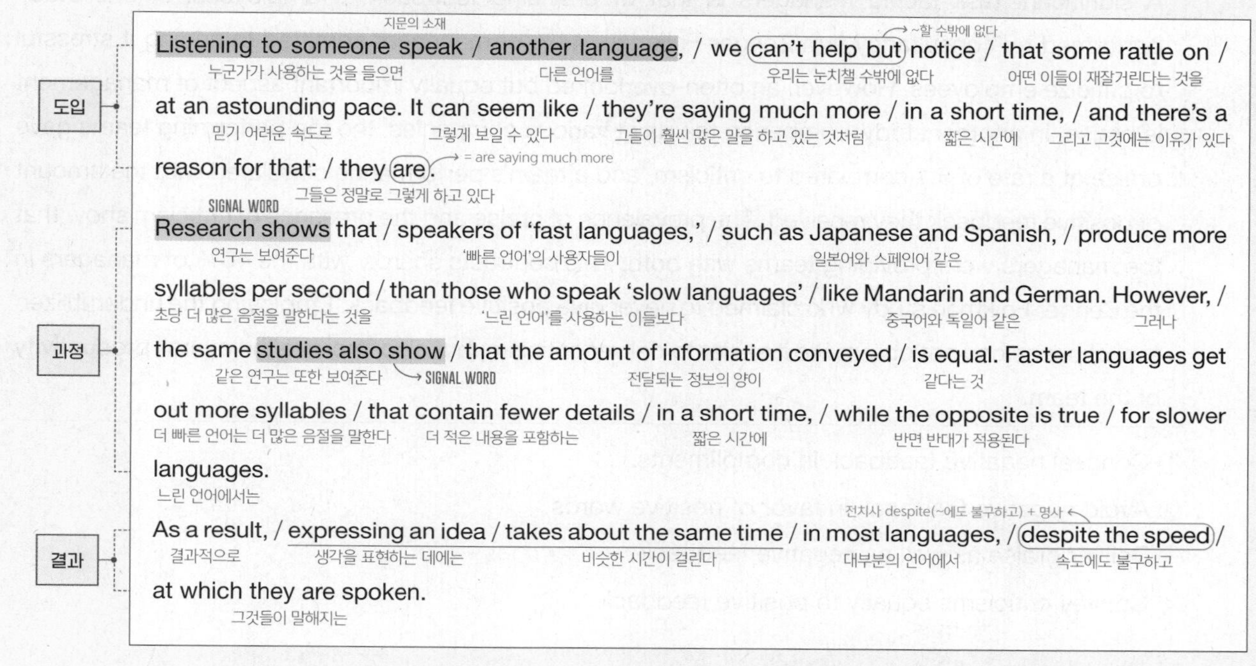

도입
지문의 소재
Listening to someone speak / another language, / we can't help but notice / that some rattle on /
~할 수밖에 없다
누군가가 사용하는 것을 들으면 / 다른 언어를 / 우리는 눈치챌 수밖에 없다 / 어떤 이들이 재잘거린다는 것을
at an astounding pace. It can seem like / they're saying much more / in a short time, / and there's a
믿기 어려운 속도로 / 그렇게 보일 수 있다 / 그들이 훨씬 많은 말을 하고 있는 것처럼 / 짧은 시간에 / 그리고 그것에는 이유가 있다
reason for that: / they are.
= are saying much more
그들은 정말로 그렇게 하고 있다
과정
SIGNAL WORD
Research shows that / speakers of 'fast languages,' / such as Japanese and Spanish, / produce more
연구는 보여준다 / '빠른 언어'의 사용자들이 / 일본어와 스페인어 같은
syllables per second / than those who speak 'slow languages' / like Mandarin and German. However, /
초당 더 많은 음절을 말한다는 것을 / '느린 언어'를 사용하는 이들보다 / 중국어와 독일어 같은 / 그러나
the same studies also show / that the amount of information conveyed / is equal. Faster languages get
같은 연구는 또한 보여준다 / SIGNAL WORD / 전달되는 정보의 양이 / 같다는 것
out more syllables / that contain fewer details / in a short time, / while the opposite is true / for slower
더 빠른 언어는 더 많은 음절을 말한다 / 더 적은 내용을 포함하는 / 짧은 시간에 / 반면 반대가 적용된다
languages.
느린 언어에서는
결과
As a result, / expressing an idea / takes about the same time / in most languages, / despite the speed /
결과적으로 / 생각을 표현하는 데에는 / 비슷한 시간이 걸린다 / 대부분의 언어에서 / 속도에도 불구하고
전치사 despite(~에도 불구하고) + 명사
at which they are spoken.
그것들이 말해지는

해석 누군가가 다른 언어를 사용하는 것을 들으면, 우리는 어떤 이들이 믿기 어려운 속도로 재잘거린다는 것을 눈치챌 수밖에 없다. 그들이 짧은 시간에 훨씬 많은 말을 하고 있는 것처럼 보일 수 있고, 그것에는 이유가 있는데, 그들이 정말로 그렇게 하고 있기 때문이다. 연구는 일본어와 스페인어 같은 '빠른 언어'의 사용자들이 중국어와 독일어 같은 '느린 언어'를 사용하는 이들보다 초당 더 많은 음절을 말한다는 것을 보여준다. 그러나, 같은 연구는 전달되는 정보의 양이 같다는 것 또한 보여준다. 더 빠른 언어는 짧은 시간에 더 적은 내용을 포함하는 더 많은 음절을 말하는 반면, 느린 언어에서는 반대가 적용된다. 결과적으로, 그것들(언어들)이 말해지는 속도에도 불구하고 대부분의 언어에서 생각을 표현하는 데에는 비슷한 시간이 걸린다.

① 생각을 표현하는 데에는 비슷한 시간이 걸린다
② 어떤 사람들은 느리게 말하는 이들을 이해할 수 없다
③ 빠르게 말하는 이들은 비유적인 표현을 더 많이 사용한다
④ 음절의 길이는 언어에 따라 다르다

해설 지문 전반에 걸쳐 빠른 언어와 느린 언어에 관해 설명하고, 언어의 속도가 달라도 전달되는 정보의 양은 같다고 했으므로 대부분의 언어에서 '생각을 표현하는 데에는 비슷한 시간이 걸린다'고 한 ①번이 정답이다.

어휘 rattle on 재잘거리다, 떠들다 astounding 믿기 어려운 pace 속도 syllable 음절 express 표현하다 symbolic 비유적인

정답: ①

02 다음 글의 요지로 가장 적절한 것은?

A significant task facing managers is that of providing feedback to employees. In one study performed by consultancy firm Zenger Folkman, 44% of managers admitted to finding it stressful to criticize employees. However, an often-overlooked but equally important aspect of management is praise. In another study, comparing teams at various companies, the top performing teams gave praise at a rate of 5:1 compared to criticism, and a team's performance correlated with the amount of positive feedback they received. The prevalence of praise and the presence of criticism show that the managers were providing teams with both. This contrasts sharply with the 40% of managers in the Zenger Folkman study who claimed to never give positive feedback. Employing the underutilized tool of praise can not only make it easier to deliver criticism, but also improve the overall productivity of the team.

① Conceal negative feedback in compliments.

② Avoid negative feedback in favor of positive words.

③ Deliver praise as well as negative feedback.

④ Convey criticisms equally to positive feedback.

Mini Quiz

1. 이 지문의 중심 소재를 지문에서 찾아 쓰세요.

____

2. '연구 / 실험' 논리 구조임을 알 수 있는 SIGNAL WORD를 지문에서 찾아 쓰세요.

____

정답 | 1. providing feedback to employees 2. study, study, show

논리 구조 분석

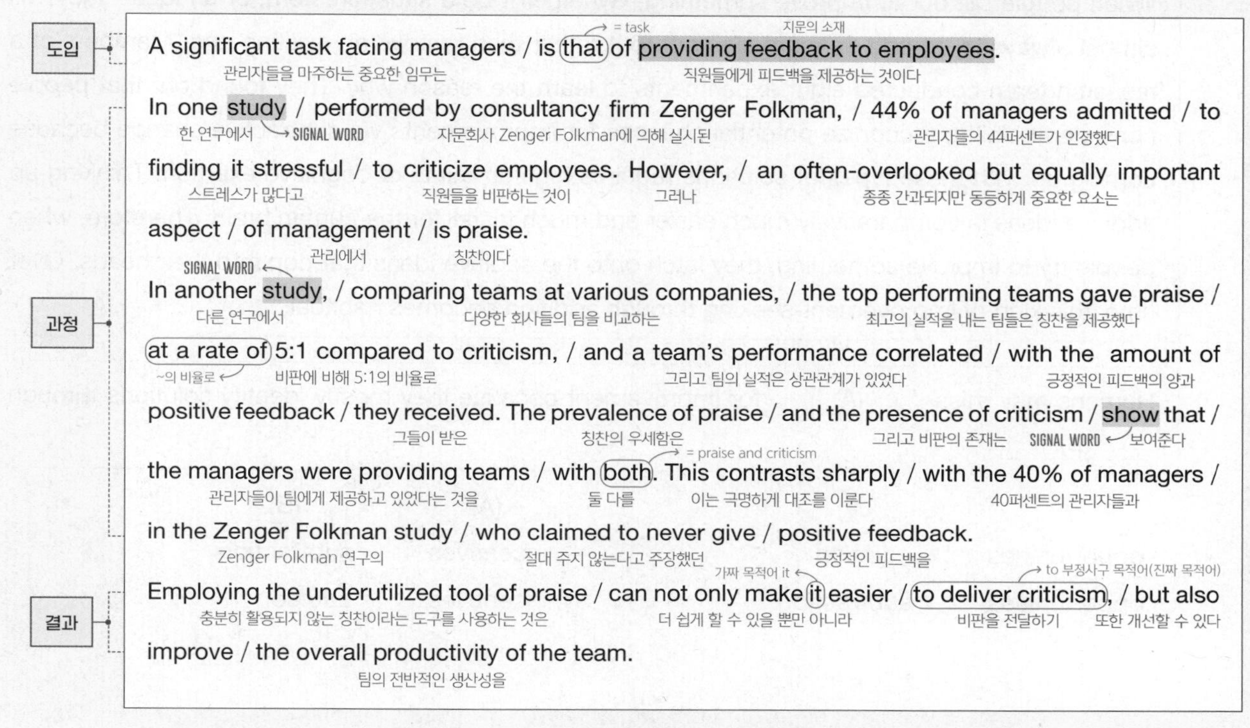

도입
A significant task facing managers / is that of providing feedback to employees.
관리자들을 마주하는 중요한 임무는 / 직원들에게 피드백을 제공하는 것이다
= task
지문의 소재
과정
In one study / performed by consultancy firm Zenger Folkman, / 44% of managers admitted / to finding it stressful / to criticize employees. However, / an often-overlooked but equally important aspect / of management / is praise.
한 연구에서 / SIGNAL WORD / 자문회사 Zenger Folkman에 의해 실시된 / 관리자들의 44퍼센트가 인정했다 / 스트레스가 많다고 / 직원들을 비판하는 것이 / 그러나 / 종종 간과되지만 동등하게 중요한 요소는 / 관리에서 / 칭찬이다
In another study, / comparing teams at various companies, / the top performing teams gave praise / at a rate of 5:1 compared to criticism, / and a team's performance correlated / with the amount of positive feedback / they received. The prevalence of praise / and the presence of criticism / show that / the managers were providing teams / with both. This contrasts sharply / with the 40% of managers / in the Zenger Folkman study / who claimed to never give / positive feedback.
SIGNAL WORD / 다른 연구에서 / 다양한 회사들의 팀을 비교하는 / 최고의 실적을 내는 팀들은 칭찬을 제공했다 / ~의 비율로 / 비판에 비해 5:1의 비율로 / 그리고 팀의 실적은 상관관계가 있었다 / 긍정적인 피드백의 양과 / 그들이 받은 / 칭찬의 우세함은 / 그리고 비판의 존재는 / SIGNAL WORD / 보여준다 / = praise and criticism / 관리자들이 팀에게 제공하고 있었다는 것을 / 둘 다를 / 이는 극명하게 대조를 이룬다 / 40퍼센트의 관리자들과 / Zenger Folkman 연구의 / 절대 주지 않는다고 주장했던 / 긍정적인 피드백을
결과
Employing the underutilized tool of praise / can not only make it easier / to deliver criticism, / but also improve / the overall productivity of the team.
가짜 목적어 it / to 부정사구 목적어(진짜 목적어) / 충분히 활용되지 않는 칭찬이라는 도구를 사용하는 것은 / 더 쉽게 할 수 있을 뿐만 아니라 / 비판을 전달하기 / 또한 개선할 수 있다 / 팀의 전반적인 생산성을

해석 관리자들을 마주하는 중요한 임무는 직원들에게 피드백을 제공하는 것이다. 자문회사 Zenger Folkman에 의해 실시된 한 연구에서, 관리자들의 44퍼센트가 직원들을 비판하는 것이 스트레스가 많다고 인정했다. 그러나, 관리에서 종종 간과되지만 동등하게 중요한 요소는 칭찬이다. 다양한 회사들의 팀을 비교하는 다른 연구에서, 최고의 실적을 내는 팀들은 칭찬을 비판에 비해 5:1의 비율로 제공했으며, 팀의 실적은 그들이 받은 긍정적인 피드백의 양과 상관관계가 있었다. 칭찬의 우세함과 비판의 존재는 관리자들이 팀에게 둘 다를 제공하고 있었다는 것을 보여준다. 이는 긍정적인 피드백을 절대 주지 않는다고 주장했던 Zenger Folkman 연구의 40퍼센트의 관리자들과 극명하게 대조를 이룬다. 충분히 활용되지 않는 칭찬이라는 도구를 사용하는 것은 비판을 전달하기 더 쉽게 할 수 있을 뿐만 아니라, 팀의 전반적인 생산성 또한 개선할 수 있다.

① 칭찬 속에 부정적인 피드백을 숨겨라.
② 긍정적인 말을 위해 부정적인 피드백을 피하라.
③ 부정적인 피드백뿐만 아니라 칭찬도 하라.
④ 비판을 긍정적인 피드백과 동등하게 전달하라.

해설 지문 전반에 걸쳐 칭찬이 비판과 동등하게 중요하다고 설명하고 있고, 지문 마지막에서 칭찬을 활용하는 것이 비판을 전달하기 더 쉽게 하고 생산성 또한 개선할 수 있다고 했으므로, 지문의 요지를 '부정적인 피드백뿐만 아니라 칭찬도 하라'라고 한 ③번이 정답이다.

어휘 overlooked 간과된 correlate 상관관계가 있다 prevalence 우세함 underutilized 충분히 활용되지 않는 in favor of ~을 위하여

정답: ③

03 다음 글의 내용을 한 문장으로 요약하고자 한다. 빈칸 (A)와 (B)에 들어갈 말로 가장 적절한 것은?

When people set out to improve something—whether it be a situation, item, or an idea—they will almost always try to add an extra element to it rather than remove an existing one. Members of a research team conducted eight experiments to learn the reason why. They found out that people consistently fail to recognize potential chances for improvements via subtractive change because coming up with these types of solutions requires high amounts of cognitive exertion. Thinking up additive ideas is comparatively much easier and much faster for the human brain. Therefore, when people try to improve something, they latch onto the additive ideas that pop into their heads. Over time, this kind of improvement-seeking through addition becomes habitual.

Humans may miss ____(A)____ for improvement because they mostly identify solutions through ____(B)____.

	(A)	(B)		(A)	(B)
①	opportunities	addition	②	incentives	subtraction
③	opportunities	subtraction	④	incentives	addition

Mini Quiz

1. 이 지문의 중심 소재를 지문에서 찾아 쓰세요.

____

2. '연구 / 실험' 논리 구조임을 알 수 있는 SIGNAL WORD를 지문에서 찾아 쓰세요.

____

정답 | 1. add an extra element 2. research, experiments, found out

논리 구조 분석

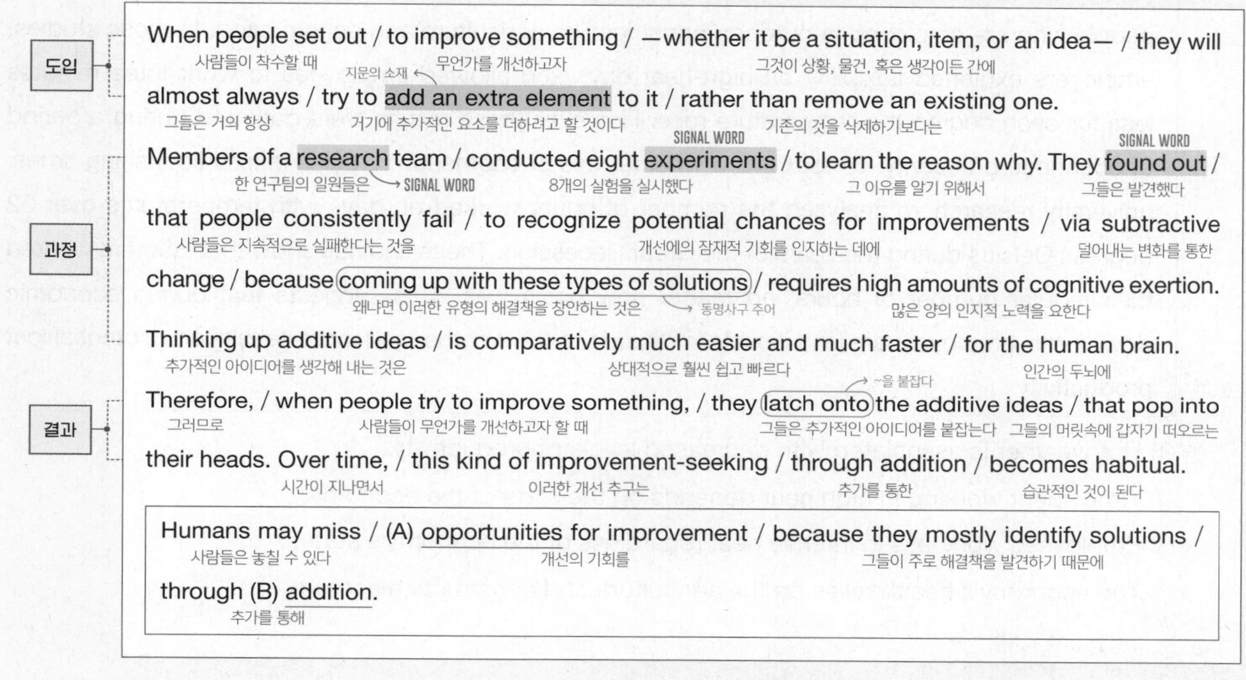

도입
When people set out / to improve something / —whether it be a situation, item, or an idea— / they will
사람들이 착수할 때
지문의 소재
무언가를 개선하고자
그것이 상황, 물건, 혹은 생각이든 간에
almost always / try to add an extra element to it / rather than remove an existing one.
그들은 거의 항상
거기에 추가적인 요소를 더하려고 할 것이다
기존의 것을 삭제하기보다는
과정
SIGNAL WORD
Members of a research team / conducted eight experiments / to learn the reason why. They found out /
한 연구팀의 일원들은
8개의 실험을 실시했다
그 이유를 알기 위해서
그들은 발견했다
that people consistently fail / to recognize potential chances for improvements / via subtractive
사람들은 지속적으로 실패한다는 것을
개선에의 잠재적 기회를 인지하는 데에
덜어내는 변화를 통한
change / because coming up with these types of solutions / requires high amounts of cognitive exertion.
왜냐면 이러한 유형의 해결책을 창안하는 것은
동명사구 주어
많은 양의 인지적 노력을 요한다
Thinking up additive ideas / is comparatively much easier and much faster / for the human brain.
추가적인 아이디어를 생각해 내는 것은
상대적으로 훨씬 쉽고 빠르다
인간의 두뇌에
결과
Therefore, / when people try to improve something, / they latch onto the additive ideas / that pop into
~을 붙잡다
그러므로
사람들이 무언가를 개선하고자 할 때
그들은 추가적인 아이디어를 붙잡는다
그들의 머릿속에 갑자기 떠오르는
their heads. Over time, / this kind of improvement-seeking / through addition / becomes habitual.
시간이 지나면서
이러한 개선 추구는
추가를 통한
습관적인 것이 된다
Humans may miss / (A) opportunities for improvement / because they mostly identify solutions /
사람들은 놓칠 수 있다
개선의 기회를
그들이 주로 해결책을 발견하기 때문에
through (B) addition.
추가를 통해

해석 사람들이 무언가를 개선하고자 착수할 때, 그것이 상황, 물건, 혹은 생각이든 간에 그들은 거의 항상 기존의 것을 삭제하기보다는 거기에 추가적인 요소를 더하려고 할 것이다. 한 연구팀의 일원들은 그 이유를 알기 위해서 8개의 실험을 실시했다. 그들은 사람들이 덜어내는 변화를 통한 개선에의 잠재적 기회를 인지하는 데에 지속적으로 실패하는 이유가 이러한 유형의 해결책을 창안하는 것이 많은 양의 인지적 노력을 요하기 때문이라는 것을 발견했다. 추가적인 아이디어를 생각해 내는 것은 인간의 두뇌에 상대적으로 훨씬 쉽고 빠르다. 그러므로, 사람들이 무언가를 개선하고자 할 때, 그들은 머릿속에 갑자기 떠오르는 추가적인 아이디어를 붙잡는다. 시간이 지나면서, 이러한 추가를 통한 개선 추구는 습관적인 것이 된다.

> 사람들은 주로 (B) 추가를 통해 해결책을 발견하기 때문에 개선의 (A) 기회를 놓칠 수 있다.

	(A)	(B)		(A)	(B)
①	기회	추가	②	동기	삭감
③	기회	삭감	④	동기	추가

해설 지문 전반에 걸쳐 사람들이 기존의 요소를 삭제하기보다는 추가하는 것을 통해 개선 방안을 떠올리는 경향으로 인해 개선을 위한 기회를 인지하는 데에 실패한다고 했으므로, 빈칸 (A), (B)에 들어갈 말을 각각 '기회', '추가'라고 한 ①번이 정답이다.

어휘 set out 착수하다 conduct 실시하다 subtractive 덜어내는, 감하는 cognitive 인지적인 exertion 노력, 분투 additive 추가적인 pop into 갑자기 떠오르다 habitual 습관적인

정답: ①

04 다음 글의 요지로 가장 적절한 것은?

Previous research has observed an association between intense heat and fewer hours worked by people who are employed in outdoor industries like agriculture and construction. In those studies, employers exhibited flexibility on high-heat days and allowed employees to work three minutes less for each degree the temperature rose. However, these results were gathered during a period of economic prosperity. To reexamine whether this phenomenon remains in less flourishing times, university researchers analyzed the number of hours worked on days with temperatures over 32 degrees Celsius during the years of the Great Recession. These findings show that laborers worked their regular number of hours, no matter how hot it was. This suggests that during economic downturns, employers are less flexible in regards to the weather and more sensitive to potential lost productivity.

① Hot weather is associated with decreased levels of productivity.
② Time spent working in high heat depends on the state of the economy.
③ Employees work less in intense heat regardless of the economy's status.
④ The economy's health relies on the agriculture and construction sectors.

Mini Quiz

1. 이 지문의 중심 소재를 지문에서 찾아 쓰세요.

____

2. '연구 / 실험' 논리 구조임을 알 수 있는 SIGNAL WORD를 지문에서 찾아 쓰세요.

____

정답 | **1.** association between intense heat and fewer hours worked **2.** researchers, findings show, suggests

논리 구조 분석

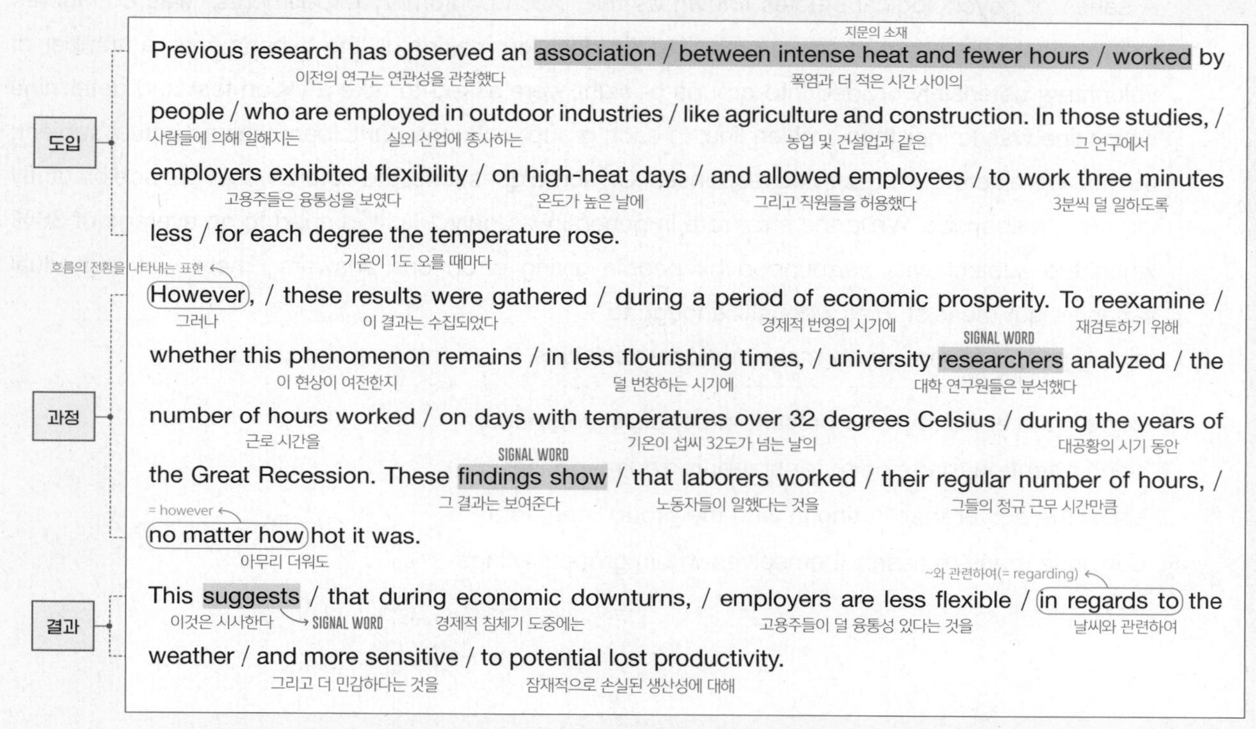

도입
과정
결과
지문의 소재
흐름의 전환을 나타내는 표현
= however
~와 관련하여(= regarding)
SIGNAL WORD

Previous research has observed an association / between intense heat and fewer hours / worked by people / who are employed in outdoor industries / like agriculture and construction. In those studies, / employers exhibited flexibility / on high-heat days / and allowed employees / to work three minutes less / for each degree the temperature rose.

이전의 연구는 연관성을 관찰했다 / 폭염과 더 적은 시간 사이의 / 사람들에 의해 일해지는 / 실외 산업에 종사하는 / 농업 및 건설업과 같은 / 그 연구에서 / 고용주들은 융통성을 보였다 / 온도가 높은 날에 / 그리고 직원들을 허용했다 / 3분씩 덜 일하도록 / 기온이 1도 오를 때마다

However, / these results were gathered / during a period of economic prosperity. To reexamine / whether this phenomenon remains / in less flourishing times, / university researchers analyzed / the number of hours worked / on days with temperatures over 32 degrees Celsius / during the years of the Great Recession. These findings show / that laborers worked / their regular number of hours, / no matter how hot it was.

그러나 / 이 결과는 수집되었다 / 경제적 번영의 시기에 / 재검토하기 위해 / 이 현상이 여전한지 / 덜 번창하는 시기에 / 대학 연구원들은 분석했다 / 근로 시간을 / 기온이 섭씨 32도가 넘는 날의 / 대공황의 시기 동안 / 그 결과는 보여준다 / 노동자들이 일했다는 것을 / 그들의 정규 근무 시간만큼 / 아무리 더워도

This suggests / that during economic downturns, / employers are less flexible / in regards to the weather / and more sensitive / to potential lost productivity.

이것은 시사한다 / 경제적 침체기 도중에는 / 고용주들이 덜 융통성 있다는 것을 / 날씨와 관련하여 / 그리고 더 민감하다는 것을 / 잠재적으로 손실된 생산성에 대해

해석 이전의 연구는 폭염과 농업 및 건설업과 같은 실외 산업에 종사하는 사람들에 의해 일해지는 더 적은 시간 사이의 연관성을 관찰했다. 그 연구에서, 고용주들은 온도가 높은 날에 융통성을 보여 기온이 1도 오를 때마다 직원들이 3분씩 덜 일하도록 허용했다. 그러나, 이 결과는 경제적 번영의 시기에 수집되었다. 이 현상이 덜 번창하는 시기에도 여전한지 재검토하기 위해, 대학 연구원들은 대공황의 시기 동안 기온이 섭씨 32도가 넘는 날의 근로 시간을 분석했다. 그 결과는 아무리 더워도 노동자들이 그들의 정규 근무 시간만큼 일했다는 것을 보여준다. 이것은 경제적 침체기 도중에는, 고용주들이 날씨와 관련하여 덜 융통성 있으며 잠재적으로 손실된 생산성에 대해 더 민감하다는 것을 시사한다.

① 더운 날씨는 감소한 수준의 생산성과 연관되어 있다.
② 온도가 높을 때 근무에 소비되는 시간은 경제의 상태에 달려 있다.
③ 직원들은 경제의 상황과 관계없이 폭염 속에서 더 적게 일한다.
④ 경제 건전성은 농업과 건설업 부문에 의존한다.

해설 지문 앞부분에서 경제적 번영의 시기에는 온도가 높은 날 실외 노동 시간이 더 적었다고 설명한 후, 중간 부분에서 하지만 대공황 당시에는 아무리 더워도 노동자들이 정규 근무 시간만큼 일했다고 했으므로, 지문의 요지를 '온도가 높을 때 근무에 소비되는 시간은 경제의 상태에 달려 있다'라고 한 ②번이 정답이다.

어휘 association 연관성 agriculture 농업 flexibility 융통성 prosperity 번영 flourish 번창하다 Celsius 섭씨 the Great Recession 대공황 downturn (경기) 침체, 하강 productivity 생산성 sector 부문

정답: ②

05 밑줄 친 부분에 들어갈 말로 가장 적절한 것은?

A series of psychological studies known as the "Asch conformity experiments" was conducted to investigate the effect of social pressures on decision making. In the experiments, a number of volunteers ostensibly divided into groups of eight were asked to take a vision test and determine which line was longer than a given line. In each group, only one participant was an actual subject; the rest were actors with scripted responses. On some questions, the actors would provide blatantly incorrect responses. While the error rate in general was only 1%, it jumped to an average of 36% when the subject was surrounded by people giving erroneous answers. There was individual variance, but these studies were still enough to ______________________________, forcing people to repeatedly make irrational decisions.

① correct the errors that are present in people's judgments
② bring attention to the need for standardized responses
③ show the power that "fitting in with the group" can hold
④ convince many to assert themselves within group settings

Mini Quiz

1. 이 지문의 중심 소재를 지문에서 찾아 쓰세요.

____

2. '연구 / 실험' 논리 구조임을 알 수 있는 SIGNAL WORD를 지문에서 찾아 쓰세요.

____

정답 | 1. the effect of social pressures on decision making **2.** psychological studies, experiments, show

논리 구조 분석

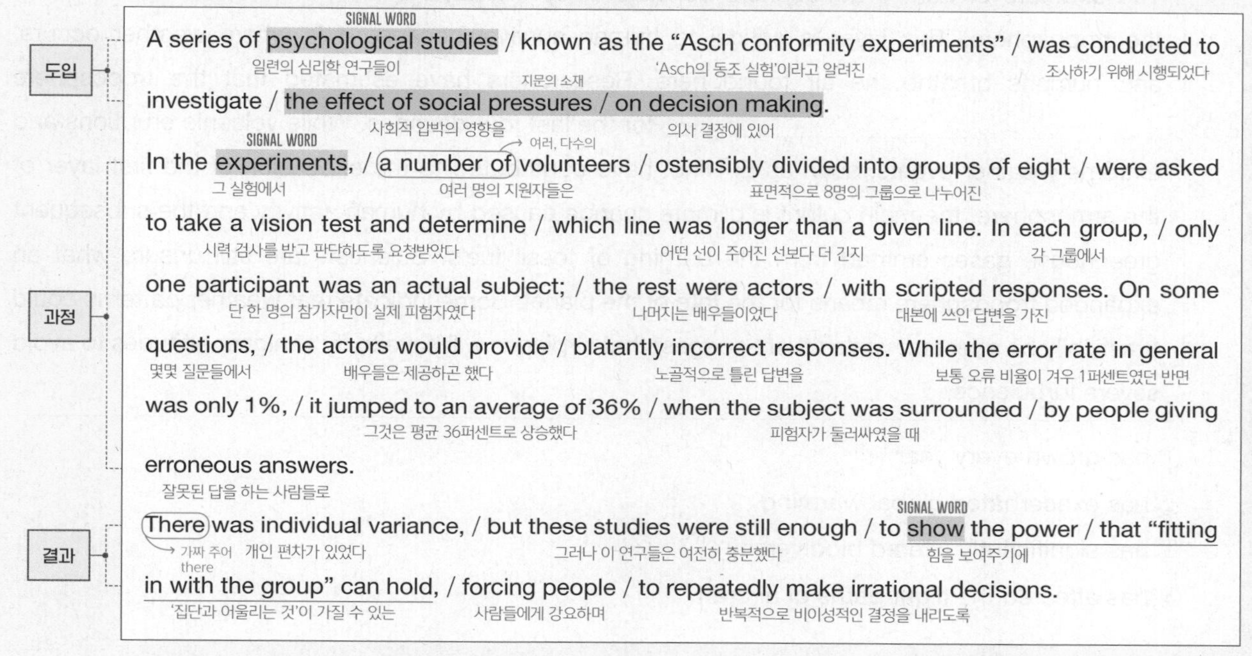

도입
과정
결과
SIGNAL WORD
A series of psychological studies / known as the "Asch conformity experiments" / was conducted to
일련의 심리학 연구들이
'Asch의 동조 실험'이라고 알려진
조사하기 위해 시행되었다
지문의 소재
investigate / the effect of social pressures / on decision making.
사회적 압박의 영향을
의사 결정에 있어
SIGNAL WORD
여러, 다수의
In the experiments, / a number of volunteers / ostensibly divided into groups of eight / were asked
그 실험에서
여러 명의 지원자들은
표면적으로 8명의 그룹으로 나누어진
to take a vision test and determine / which line was longer than a given line. In each group, / only
시력 검사를 받고 판단하도록 요청받았다
어떤 선이 주어진 선보다 더 긴지
각 그룹에서
one participant was an actual subject; / the rest were actors / with scripted responses. On some
단 한 명의 참가자만이 실제 피험자였다
나머지는 배우들이었다
대본에 쓰인 답변을 가진
questions, / the actors would provide / blatantly incorrect responses. While the error rate in general
몇몇 질문들에서
배우들은 제공하곤 했다
노골적으로 틀린 답변을
보통 오류 비율이 겨우 1퍼센트였던 반면
was only 1%, / it jumped to an average of 36% / when the subject was surrounded / by people giving
그것은 평균 36퍼센트로 상승했다
피험자가 둘러싸였을 때
erroneous answers.
잘못된 답을 하는 사람들로
SIGNAL WORD
There was individual variance, / but these studies were still enough / to show the power / that "fitting
가짜 주어 there
개인 편차가 있었다
그러나 이 연구들은 여전히 충분했다
힘을 보여주기에
in with the group" can hold, / forcing people / to repeatedly make irrational decisions.
'집단과 어울리는 것'이 가질 수 있는
사람들에게 강요하며
반복적으로 비이성적인 결정을 내리도록

해석 'Asch의 동조 실험'이라고 알려진 일련의 심리학 연구들이 의사 결정에 있어 사회적 압박의 영향을 조사하기 위해 시행되었다. 그 실험에서, 표면적으로 8명의 그룹으로 나누어진 여러 명의 지원자들은 시력 검사를 받고 어떤 선이 주어진 선보다 더 긴지 판단하도록 요청받았다. 각 그룹에서, 단 한 명의 참가자만이 실제 피험자였다. 나머지는 대본에 쓰인 답변을 가진 배우들이었다. 몇몇 질문들에서, 배우들은 노골적으로 틀린 답변을 제공하곤 했다. 보통 오류 비율이 겨우 1퍼센트였던 반면, 그것(오류 비율)은 피험자가 잘못된 답을 하는 사람들로 둘러싸였을 때 평균 36퍼센트로 상승했다. 개인 편차가 있었지만, 이 연구들은 사람들에게 반복적으로 비이성적인 결정을 내리도록 강요하며, '집단과 어울리는 것'이 가질 수 있는 힘을 보여주기에 여전히 충분했다.

① 사람들의 판단력에 존재하는 오류를 시정하기
② 표준화된 응답의 필요성에 관심을 끌어모으기
③ '집단과 어울리는 것'이 가질 수 있는 힘을 보여주기
④ 많은 사람들에게 집단 환경 내에서 자기주장을 하도록 설득하기

해설 지문에서 보통의 경우 오류 비율이 겨우 1퍼센트였으나 피험자가 잘못된 답을 하는 사람들로 둘러싸여 있을 때는 36퍼센트까지 상승했다는 실험 내용을 설명하고 있으므로, "'집단과 어울리는 것'이 가질 수 있는 힘을 보여주기'에 충분했다고 한 ③번이 정답이다.

어휘 ostensibly 표면적으로 scripted 대본에 쓰인 blatantly 노골적으로, 뻔뻔하게 erroneous 잘못된 variance 편차, 변화 irrational 비이성적인 fit in 어울리다, 들어맞다 assert 자기주장을 하다

정답: ③

06 밑줄 친 부분에 들어갈 말로 가장 적절한 것은?

The structure of Earth's atmosphere consists of several layers, with the first and lowest being the troposphere. This layer is critical to human survival because it is where weather occurs, and humans breathe the air found here. Researchers have estimated that the troposphere ______________________ for the last four decades. While volcanic eruptions and extreme weather events, such as El Niño, have contributed to the expansion of the first layer of the atmosphere, the main culprit is climate change caused by human activity and the subsequent greenhouse gases emitted from the burning of fossil fuels. Scientists are still unsure what an expanded troposphere means for the fate of the planet. Some indicate that weather patterns could drastically be affected, while others suggest that airplanes will have to fly at higher altitudes to avoid severe turbulence.

① has grown every year

② has exacerbated global warming

③ has significantly altered biodiversity

④ has affected the flight paths of aircraft

Mini Quiz

1. 이 지문의 중심 소재를 지문에서 찾아 쓰세요.

____

2. '연구 / 실험' 논리 구조임을 알 수 있는 SIGNAL WORD를 지문에서 찾아 쓰세요.

____

정답 | **1.** troposphere **2.** Researchers, Scientists, indicate

논리 구조 분석

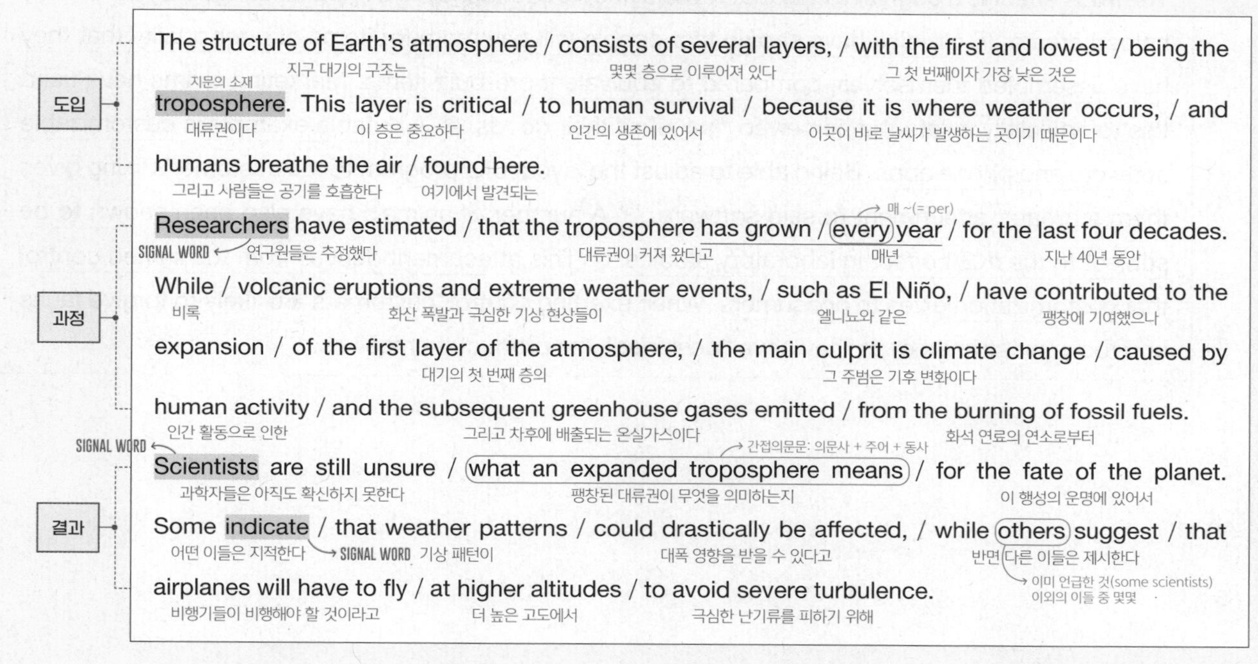

도입

The structure of Earth's atmosphere / consists of several layers, / with the first and lowest / being the troposphere. This layer is critical / to human survival / because it is where weather occurs, / and humans breathe the air / found here.

지구 대기의 구조는 / 몇몇 층으로 이루어져 있다 / 그 첫 번째이자 가장 낮은 것은 / 대류권이다(지문의 소재) / 이 층은 중요하다 / 인간의 생존에 있어서 / 이곳이 바로 날씨가 발생하는 곳이기 때문이다 / 그리고 사람들은 공기를 호흡한다 / 여기에서 발견되는

과정

Researchers have estimated / that the troposphere has grown / every year / for the last four decades.

연구원들은 추정했다(SIGNAL WORD) / 대류권이 커져 왔다고 / 매년(매 ~(= per)) / 지난 40년 동안

While / volcanic eruptions and extreme weather events, / such as El Niño, / have contributed to the expansion / of the first layer of the atmosphere, / the main culprit is climate change / caused by human activity / and the subsequent greenhouse gases emitted / from the burning of fossil fuels.

비록 / 화산 폭발과 극심한 기상 현상들이 / 엘니뇨와 같은 / 팽창에 기여했으나 / 대기의 첫 번째 층의 / 그 주범은 기후 변화이다 / 인간 활동으로 인한 / 그리고 차후에 배출되는 온실가스이다 / 화석 연료의 연소로부터

결과

Scientists are still unsure / what an expanded troposphere means / for the fate of the planet.

과학자들은 아직도 확신하지 못한다(SIGNAL WORD) / 팽창된 대류권이 무엇을 의미하는지(간접의문문: 의문사 + 주어 + 동사) / 이 행성의 운명에 있어서

Some indicate / that weather patterns / could drastically be affected, / while others suggest / that airplanes will have to fly / at higher altitudes / to avoid severe turbulence.

어떤 이들은 지적한다(SIGNAL WORD) / 기상 패턴이 / 대폭 영향을 받을 수 있다고 / 반면 다른 이들은 제시한다(이미 언급한 것(some scientists) 이외의 이들 중 몇몇) / 비행기들이 비행해야 할 것이라고 / 더 높은 고도에서 / 극심한 난기류를 피하기 위해

해석 지구 대기의 구조는 몇몇 층으로 이루어져 있는데, 그 첫 번째이자 가장 낮은 것은 대류권이다. 이 층은 인간의 생존에 있어서 중요한데, 이곳이 바로 날씨가 발생하는 곳이며, 사람들은 여기에서 발견되는 공기를 호흡하기 때문이다. 연구원들은 지난 40년 동안 대류권이 매년 커져 왔다고 추정했다. 비록 화산 폭발과 엘니뇨와 같은 극심한 기상 현상들이 대기의 첫 번째 층의 팽창에 기여했으나, 그 주범은 인간 활동으로 인한 기후 변화와 화석 연료의 연소로부터 차후에 배출되는 온실가스이다. 과학자들은 이 행성의 운명에 있어서 팽창된 대류권이 무엇을 의미하는지 아직도 확신하지 못한다. 어떤 이들은 기상 패턴이 대폭 영향을 받을 수 있다고 지적하는 반면, 다른 이들은 비행기들이 극심한 난기류를 피하기 위해 더 높은 고도에서 비행해야 할 것이라고 제시한다.

① 매년 커져 왔다
② 지구 온난화를 악화시켜 왔다
③ 생물 다양성을 유의미하게 변화시켜 왔다
④ 항공기의 비행경로에 영향을 미쳐 왔다

해설 빈칸 앞부분에서 대류권이 지구 대기의 첫 번째 층이라는 것을 언급하고, 빈칸 뒤 문장에서 대기의 첫 번째 층이 팽창했다는 연구 내용을 설명했으므로, 지난 40년 동안 대류권이 '매년 커져 왔다'라고 한 ①번이 정답이다.

어휘 atmosphere 대기 troposphere 대류권 eruption (화산의) 폭발, 분화 culprit 범인, 장본인 greenhouse gas 온실가스 altitude (해발) 고도 turbulence 난기류 exacerbate 악화시키다 biodiversity 생물 다양성

정답: ①

07 다음 글의 흐름상 가장 어색한 문장은?

The *IKEA effect* is a cognitive bias that reveals people's tendency to overvalue things they personally helped create. ① Studies have shown that people will pay more for items of poor quality that they have assembled themselves, compared to equivalent pre-built items. Marketing teams have used this to artificially inflate the perceived "value" of their goods. ② A notable example is customizable software and phone apps. Being able to adjust the layout of a program to the customer's liking gives them a greater attachment to said software. ③ A number of animals have also been shown to be subject to the *IKEA effect* in laboratory studies. ④ This attachment derives from the limited control that customization gives to consumers. When exerting control, customers are likely to forgive faults and focus on strengths, as they have "designed" the product themselves.

Mini Quiz

1. 이 지문의 중심 소재를 지문에서 찾아 쓰세요.

2. '연구 / 실험' 논리 구조임을 알 수 있는 SIGNAL WORD를 지문에서 찾아 쓰세요.

정답 | **1.** The *IKEA effect* **2.** Studies have shown

논리 구조 분석

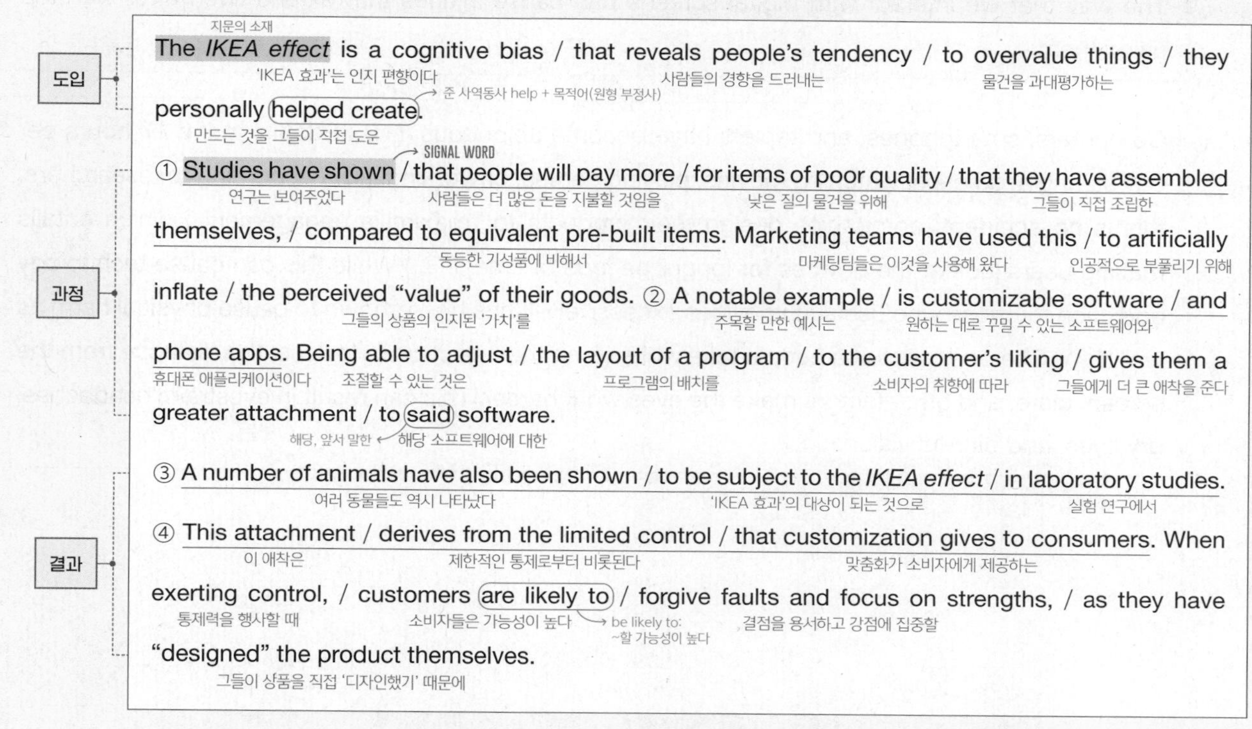

지문의 소재
도입
The IKEA effect is a cognitive bias / that reveals people's tendency / to overvalue things / they personally helped create.
'IKEA 효과'는 인지 편향이다
사람들의 경향을 드러내는
물건을 과대평가하는
준 사역동사 help + 목적어(원형 부정사)
만드는 것을 그들이 직접 도운
SIGNAL WORD
과정
① Studies have shown / that people will pay more / for items of poor quality / that they have assembled themselves, / compared to equivalent pre-built items. Marketing teams have used this / to artificially inflate / the perceived "value" of their goods. ② A notable example / is customizable software / and phone apps. Being able to adjust / the layout of a program / to the customer's liking / gives them a greater attachment / to said software.
연구는 보여주었다
사람들은 더 많은 돈을 지불할 것임을
낮은 질의 물건을 위해
그들이 직접 조립한
동등한 기성품에 비해서
마케팅팀들은 이것을 사용해 왔다
인공적으로 부풀리기 위해
그들의 상품의 인지된 '가치'를
주목할 만한 예시는
원하는 대로 꾸밀 수 있는 소프트웨어와
휴대폰 애플리케이션이다
조절할 수 있는 것은
프로그램의 배치를
소비자의 취향에 따라
그들에게 더 큰 애착을 준다
해당, 앞서 말한
해당 소프트웨어에 대한
③ A number of animals have also been shown / to be subject to the IKEA effect / in laboratory studies.
여러 동물들도 역시 나타났다
'IKEA 효과'의 대상이 되는 것으로
실험 연구에서
결과
④ This attachment / derives from the limited control / that customization gives to consumers. When exerting control, / customers are likely to / forgive faults and focus on strengths, / as they have "designed" the product themselves.
이 애착은
제한적인 통제로부터 비롯된다
맞춤화가 소비자에게 제공하는
통제력을 행사할 때
소비자들은 가능성이 높다
be likely to: ~할 가능성이 높다
결점을 용서하고 강점에 집중할
그들이 상품을 직접 '디자인했기' 때문에

해석 'IKEA 효과'는 그들이 만드는 것을 직접 도운 물건을 과대평가하는 사람들의 경향을 드러내는 인지 편향이다. ① 연구는 사람들이 동등한 기성품에 비해서, 그들이 직접 조립한 낮은 질의 물건을 위해 더 많은 돈을 지불할 것임을 보여주었다. 마케팅팀들은 그들의 상품의 인지된 '가치'를 인공적으로 부풀리기 위해 이것을 사용해 왔다. ② 주목할 만한 예시는 원하는 대로 꾸밀 수 있는 소프트웨어와 휴대폰 애플리케이션이다. 프로그램의 배치를 소비자의 취향에 따라 조절할 수 있는 것은 그들에게 해당 소프트웨어에 대한 더 큰 애착을 준다. ③ 실험 연구에서 여러 동물들도 역시 'IKEA 효과'의 대상이 되는 것으로 나타났다. ④ 이 애착은 맞춤화가 소비자에게 제공하는 제한적인 통제로부터 비롯된다. 통제력을 행사할 때, 소비자들은 결점을 용서하고 강점에 집중할 가능성이 높은데, 이는 그들이 상품을 직접 '디자인했기' 때문이다.

해설 첫 문장에서 '만드는 것을 직접 도운 물건을 과대평가하는 'IKEA 효과''에 대해 언급하고, ①, ②, ④번에서 이 효과에 대한 연구와 이를 활용한 마케팅 전략, 이 효과가 나타나는 이유에 관해 설명했다. 그러나 ③번은 '동물들도 'IKEA 효과'의 대상이 된다는 연구 결과'에 대한 내용으로, 지문의 흐름과 어울리지 않으므로 ③번이 정답이다.

어휘 cognitive bias 인지 편향 overvalue 과대평가하다 equivalent 동등한 artificially 인공적으로 inflate 부풀리다 customize 원하는 대로 꾸미다, 맞추다 liking 취향 attachment 애착 exert 행사하다 forgive 용서하다 fault 결점, 잘못

정답: ③

08 주어진 문장이 들어갈 위치로 가장 적절한 것은?

The way that we interact with digital screens can cause injuries that extend even after we stop using them.

Computers, smartphones, and tablets have become ubiquitous. (①) People spend 17 hours per day staring at screens, watching movies, playing games, or working. (②) According to researchers, this is no accident; companies design their products to "maximize engagement," which entails making users look at the devices for longer periods of time. (③) While this can cause technology addiction for those who use such devices excessively, it has been shown to cause physical harm as well. (④) The poor postures people take while using their electronic devices, the distance from the screen, glare, and other factors make the eyes work harder. This can result in eyestrain, headaches, dry eyes, and blurred vision.

Mini Quiz

1. 이 지문의 중심 소재를 지문에서 찾아 쓰세요.

____

2. '연구 / 실험' 논리 구조임을 알 수 있는 SIGNAL WORD를 지문에서 찾아 쓰세요.

____

정답 | **1.** digital screens can cause injuries **2.** researchers, shown

논리 구조 분석

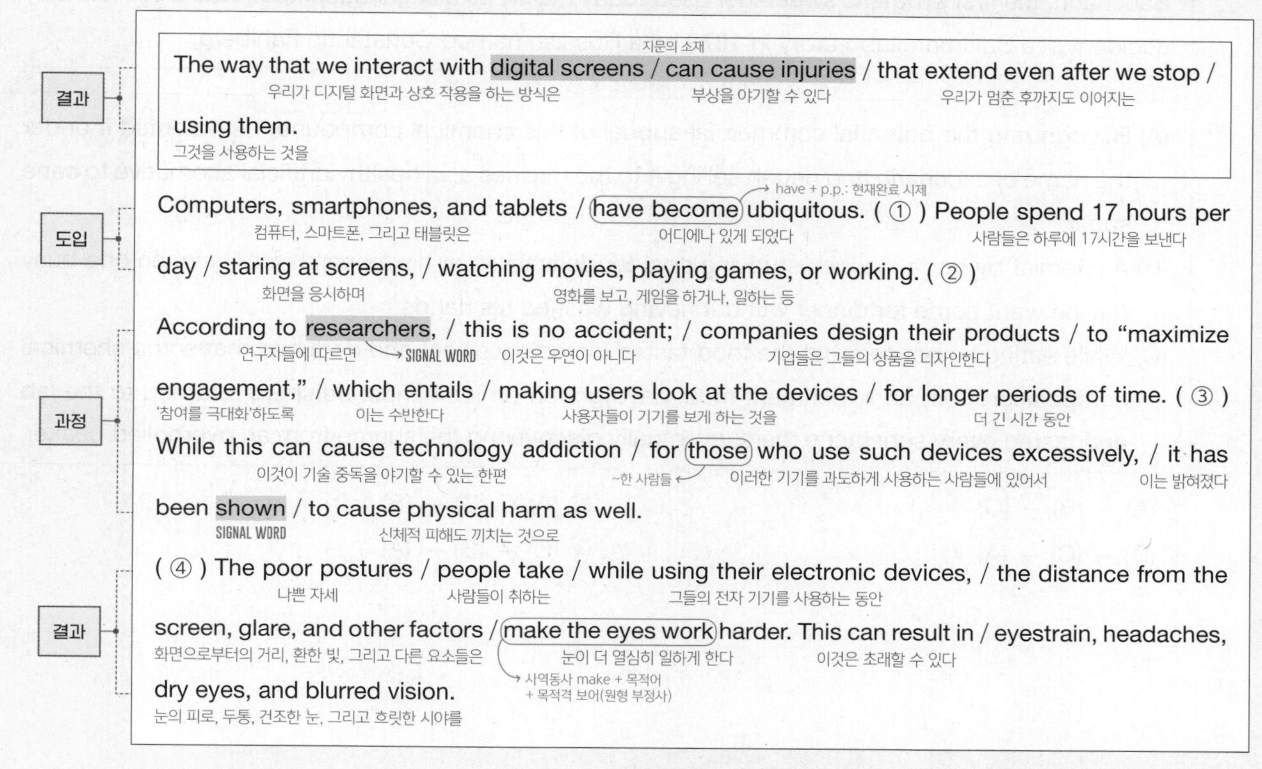

결과
지문의 소재
The way that we interact with digital screens / can cause injuries / that extend even after we stop / using them.
우리가 디지털 화면과 상호 작용을 하는 방식은 / 부상을 야기할 수 있다 / 우리가 멈춘 후까지도 이어지는 / 그것을 사용하는 것을
도입
Computers, smartphones, and tablets / have become ubiquitous. (①) People spend 17 hours per day / staring at screens, / watching movies, playing games, or working. (②)
컴퓨터, 스마트폰, 그리고 태블릿은 / 어디에나 있게 되었다 / 사람들은 하루에 17시간을 보낸다 / 화면을 응시하며 / 영화를 보고, 게임을 하거나, 일하는 등
have + p.p.: 현재완료 시제
과정
According to researchers, / this is no accident; / companies design their products / to "maximize engagement," / which entails / making users look at the devices / for longer periods of time. (③)
연구자들에 따르면 / SIGNAL WORD / 이것은 우연이 아니다 / 기업들은 그들의 상품을 디자인한다 / '참여를 극대화'하도록 / 이는 수반한다 / 사용자들이 기기를 보게 하는 것을 / 더 긴 시간 동안
While this can cause technology addiction / for those who use such devices excessively, / it has been shown / to cause physical harm as well.
이것이 기술 중독을 야기할 수 있는 한편 / ~한 사람들 / 이러한 기기를 과도하게 사용하는 사람들에 있어서 / 이는 밝혀졌다 / SIGNAL WORD / 신체적 피해도 끼치는 것으로
결과
(④) The poor postures / people take / while using their electronic devices, / the distance from the screen, glare, and other factors / make the eyes work harder. This can result in / eyestrain, headaches, dry eyes, and blurred vision.
나쁜 자세 / 사람들이 취하는 / 그들의 전자 기기를 사용하는 동안 / 화면으로부터의 거리, 환한 빛, 그리고 다른 요소들은 / 눈이 더 열심히 일하게 한다 / 이것은 초래할 수 있다 / 눈의 피로, 두통, 건조한 눈, 그리고 흐릿한 시야를
사역동사 make + 목적어 + 목적격 보어(원형 부정사)

해석 우리가 디지털 화면과 상호 작용을 하는 방식은 우리가 그것을 사용하는 것을 멈춘 후까지도 이어지는 부상을 야기할 수 있다.

컴퓨터, 스마트폰, 그리고 태블릿은 어디에나 있게 되었다. (①) 사람들은 영화를 보고, 게임을 하거나, 일하는 등 화면을 응시하며 하루에 17시간을 보낸다. (②) 연구자들에 따르면, 이것은 우연이 아니다. 기업들은 그들의 상품이 '참여를 극대화'하도록 디자인하는데, 이는 사용자들이 기기를 더 긴 시간 동안 보게 하는 것을 수반한다. (③) 이것이 이러한 기기를 과도하게 사용하는 사람들에 있어서 기술 중독을 야기할 수 있는 한편, 이는 신체적 피해도 끼치는 것으로 밝혀졌다. (④) 사람들이 그들의 전자 기기를 사용하는 동안 취하는 나쁜 자세, 화면으로부터의 거리, 환한 빛, 그리고 다른 요소들은 눈이 더 열심히 일하게 한다. 이것은 눈의 피로, 두통, 건조한 눈, 그리고 흐릿한 시야를 초래할 수 있다.

해설 주어진 문장의 injuries(부상)를 통해 주어진 문장 뒤에 디지털 화면과의 상호 작용으로 인한 부상에 대한 내용이 나올 것을 예상할 수 있다. ④번 뒤 문장에서 눈의 피로, 두통, 건조한 눈, 그리고 흐릿한 시야 등 부상에 대해 설명하고 있으므로, ④번 자리에 주어진 문장이 들어가야 글의 흐름이 자연스럽게 연결된다. 따라서 ④번이 정답이다.

어휘 ubiquitous 어디에나 있는 maximize 극대화하다 engagement 참여 entail 수반하다 addiction 중독 excessively 과도하게 posture 자세 glare 환한 빛; 노려보다 eyestrain 눈의 피로 blurred 흐릿한

정답: ④

09 주어진 글 다음에 이어질 글의 순서로 가장 적절한 것은?

Saccharin, the first synthetic sweetener used today mainly as a sugar substitute, was discovered by accident in a Baltimore laboratory in 1879 by a Russian named Constantin Fahlberg.

(A) Recognizing the potential commercial appeal of this chemical compound, he patented it under the name of saccharin and began selling it to the masses as a healthy artificial alternative to cane sugar.

(B) A chemist by trade, he was studying coal tar derivatives at his research facility when one busy day he went home for dinner without having washed his hands.

(C) While eating he noticed that the food tasted incredibly sweet and deduced that some chemical composition from an experiment must have gotten on his hands. Fahlberg returned to the lab and tasted every substance there, eventually discovering the source from an overboiled beaker.

① (A) — (B) — (C)　　② (A) — (C) — (B)

③ (B) — (C) — (A)　　④ (C) — (B) — (A)

Mini Quiz

1. 이 지문의 중심 소재를 지문에서 찾아 쓰세요.

____

2. '연구 / 실험' 논리 구조임을 알 수 있는 SIGNAL WORD를 지문에서 찾아 쓰세요.

____

정답 | 1. Saccharin **2.** discovered, discovering

논리 구조 분석

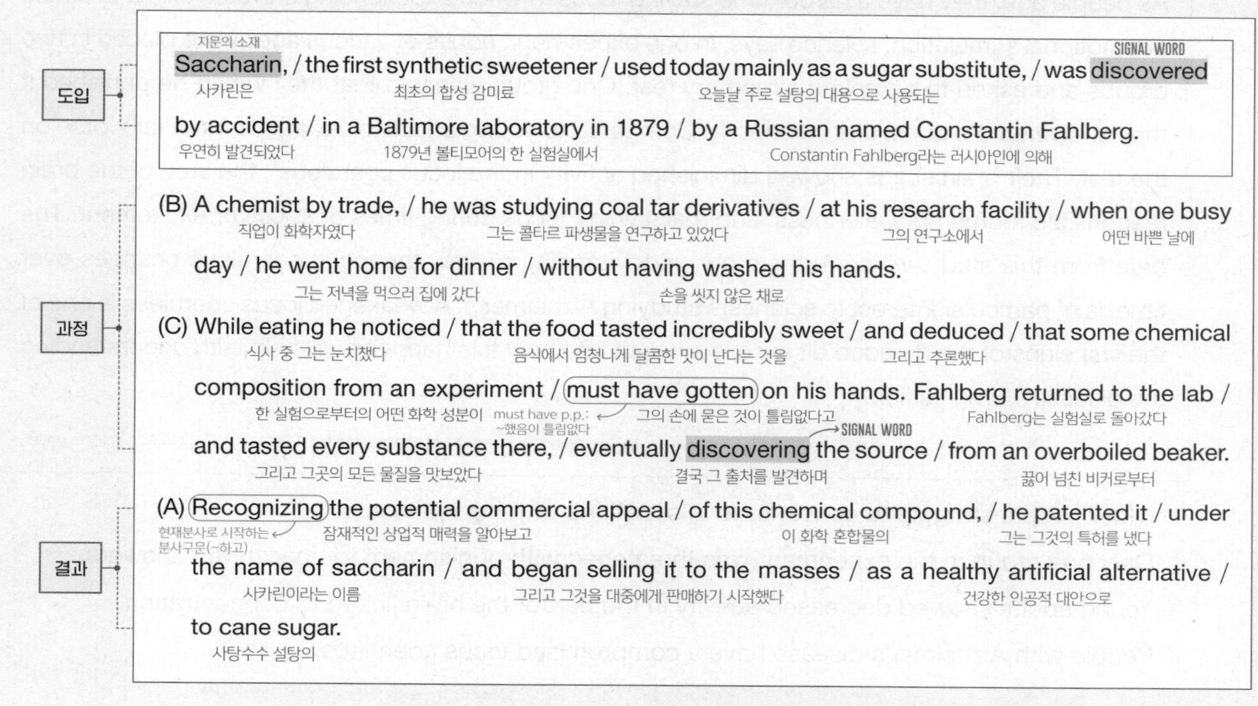

도입

지문의 소재 / SIGNAL WORD

Saccharin, / the first synthetic sweetener / used today mainly as a sugar substitute, / was discovered by accident / in a Baltimore laboratory in 1879 / by a Russian named Constantin Fahlberg.

사카린은 / 최초의 합성 감미료 / 오늘날 주로 설탕의 대용으로 사용되는 / 우연히 발견되었다 / 1879년 볼티모어의 한 실험실에서 / Constantin Fahlberg라는 러시아인에 의해

과정

(B) A chemist by trade, / he was studying coal tar derivatives / at his research facility / when one busy day / he went home for dinner / without having washed his hands.

직업이 화학자였다 / 그는 콜타르 파생물을 연구하고 있었다 / 그의 연구소에서 / 어떤 바쁜 날에 / 그는 저녁을 먹으러 집에 갔다 / 손을 씻지 않은 채로

(C) While eating he noticed / that the food tasted incredibly sweet / and deduced / that some chemical composition from an experiment / must have gotten on his hands. Fahlberg returned to the lab / and tasted every substance there, / eventually discovering the source / from an overboiled beaker.

식사 중 그는 눈치챘다 / 음식에서 엄청나게 달콤한 맛이 난다는 것을 / 그리고 추론했다 / 한 실험으로부터의 어떤 화학 성분이 / 그의 손에 묻은 것이 틀림없다고 / Fahlberg는 실험실로 돌아갔다 / 그리고 그곳의 모든 물질을 맛보았다 / 결국 그 출처를 발견하며 / 끓어 넘친 비커로부터

must have p.p.: ~했음이 틀림없다

SIGNAL WORD

결과

(A) Recognizing the potential commercial appeal / of this chemical compound, / he patented it / under the name of saccharin / and began selling it to the masses / as a healthy artificial alternative / to cane sugar.

현재분사로 시작하는 분사구문(~하고) / 잠재적인 상업적 매력을 알아보고 / 이 화학 혼합물의 / 그는 그것의 특허를 냈다 / 사카린이라는 이름 / 그리고 그것을 대중에게 판매하기 시작했다 / 건강한 인공적 대안으로 / 사탕수수 설탕의

해석 오늘날 주로 설탕의 대용으로 사용되는 최초의 합성 감미료 사카린은 1879년 볼티모어의 한 실험실에서 Constantin Fahlberg라는 러시아인에 의해 우연히 발견되었다.

(B) 직업이 화학자였던 그는 연구소에서 콜타르 파생물을 연구하고 있었는데, 어떤 바쁜 날에 손을 씻지 않은 채로 저녁을 먹으러 집에 갔다.

(C) 식사 중 그는 음식에서 엄청나게 달콤한 맛이 난다는 것을 눈치챘고 한 실험으로부터의 어떤 화학 성분이 그의 손에 묻은 것이 틀림없다고 추론했다. Fahlberg는 실험실로 돌아가서 그곳의 모든 물질을 맛보았고, 결국 끓어 넘친 비커로부터 그 출처를 발견했다.

(A) 이 화학 혼합물의 잠재적인 상업적 매력을 알아보고, 그는 그것을 사카린이라는 이름으로 특허를 내서 사탕수수 설탕의 건강한 인공적 대안으로 대중에게 판매하기 시작했다.

해설 주어진 문장에서 사카린을 우연히 발견한 Fahlberg에 대해 언급한 후, (B)에서 그가 콜타르 파생물을 연구하던 중 저녁을 먹으러 집에 갔다고 하고, 뒤이어 (C)에서 식사 중 눈치챈 달콤한 맛을 내는 화학 성분을 실험실의 비커에서 발견했다고 설명하고 있다. 이후, (A)에서 사카린이라고 명명한 그 물질을 판매하기 시작했다는 결과를 제시하고 있다. 따라서 주어진 문장 다음에 이어질 순서는 ③ (B) — (C) — (A)이다.

어휘 **synthetic** 합성 **sweetener** 감미료 **chemist** 화학자, 약사 **by trade** 직업이 ~인, 직업상 **derivative** 파생물 **deduce** 추론하다 **overboiled** 끓어 넘친 **compound** 혼합물 **patent** 특허를 내다; 특허 **masses** 대중 **artificial** 인공적인 **cane sugar** 사탕수수 설탕, 자당

정답: ③

10 다음 글의 내용과 일치하지 않는 것은?

As people age, they have a harder time staying focused when experiencing elevated levels of stress or emotional stimulation, science says. In one experiment, adults of various ages were placed in two groups and asked to complete a memory test. One group was told that they would be punished if they answered the questions incorrectly. Compared to young adults, older adults fared far worse on the test. Their brain scans showed diminished activity in the locus coeruleus*, the area of the brain responsible for memory, alertness, and maintaining focus during times of stress or excitement. The data from this study, which furthers our understanding of how the locus coeruleus changes over time, is of particular interest to scientists studying Alzheimer's. A weakened locus coeruleus is one of the first signs of the dreaded disease, so insight into how this happens will help with understanding the disease's progression.

*locus coeruleus: 청반(중뇌의 천장 아래에 위치하며 스트레스와 공포 등을 다루는 부분)

① Older people struggle to concentrate in situations with high pressure.
② Only one group in the experiment was threatened with punishment for inaccurate answers.
③ Young adults showed decreased activity in the part of the brain linked to concentration.
④ People with Alzheimer's disease have a compromised locus coeruleus.

Mini Quiz

1. 이 지문의 중심 소재를 지문에서 찾아 쓰세요.

____

2. '연구 / 실험' 논리 구조임을 알 수 있는 SIGNAL WORD를 지문에서 찾아 쓰세요.

____

정답 | 1. age, staying focused **2.** science, experiment, showed

논리 구조 분석

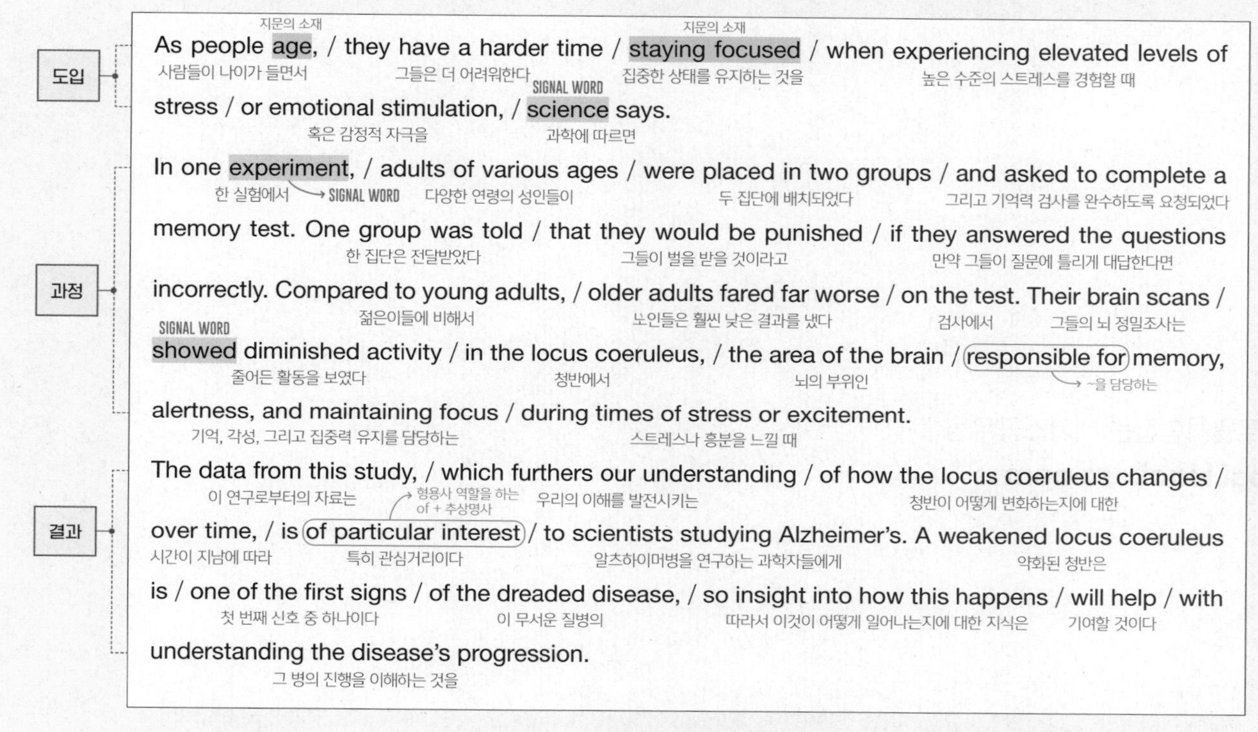

도입
과정
결과
지문의 소재
SIGNAL WORD
As people age, / they have a harder time / staying focused / when experiencing elevated levels of stress / or emotional stimulation, / science says.
사람들이 나이가 들면서 / 그들은 더 어려워한다 / 집중한 상태를 유지하는 것을 / 높은 수준의 스트레스를 경험할 때 / 혹은 감정적 자극을 / 과학에 따르면
In one experiment, / adults of various ages / were placed in two groups / and asked to complete a memory test. One group was told / that they would be punished / if they answered the questions incorrectly. Compared to young adults, / older adults fared far worse / on the test. Their brain scans / showed diminished activity / in the locus coeruleus, / the area of the brain / responsible for memory, alertness, and maintaining focus / during times of stress or excitement.
한 실험에서 / 다양한 연령의 성인들이 / 두 집단에 배치되었다 / 그리고 기억력 검사를 완수하도록 요청되었다 / 한 집단은 전달받았다 / 그들이 벌을 받을 것이라고 / 만약 그들이 질문에 틀리게 대답한다면 / 젊은이들에 비해서 / 노인들은 훨씬 낮은 결과를 냈다 / 검사에서 / 그들의 뇌 정밀조사는 / 줄어든 활동을 보였다 / 청반에서 / 뇌의 부위인 / ~을 담당하는 / 기억, 각성, 그리고 집중력 유지를 담당하는 / 스트레스나 흥분을 느낄 때
The data from this study, / which furthers our understanding / of how the locus coeruleus changes / over time, / is of particular interest / to scientists studying Alzheimer's. A weakened locus coeruleus is / one of the first signs / of the dreaded disease, / so insight into how this happens / will help / with understanding the disease's progression.
이 연구로부터의 자료는 / 형용사 역할을 하는 of + 추상명사 / 우리의 이해를 발전시키는 / 청반이 어떻게 변화하는지에 대한 / 시간이 지남에 따라 / 특히 관심거리이다 / 알츠하이머병을 연구하는 과학자들에게 / 약화된 청반은 / 첫 번째 신호 중 하나이다 / 이 무서운 질병의 / 따라서 이것이 어떻게 일어나는지에 대한 지식은 / 기여할 것이다 / 그 병의 진행을 이해하는 것을

해석 과학에 따르면, 사람들은 나이가 들면서 높은 수준의 스트레스나 감정적 자극을 경험할 때 집중한 상태를 유지하는 것을 더 어려워한다. 한 실험에서, 다양한 연령의 성인들이 두 집단에 배치되어 기억력 검사를 완수하도록 요청되었다. 한 집단은 만약 그들이 질문에 틀리게 대답한다면 벌을 받을 것이라고 전달받았다. 젊은이들에 비해서, 노인들은 검사에서 훨씬 낮은 결과를 냈다. 그들의 뇌 정밀조사는 스트레스나 흥분을 느낄 때 기억, 각성, 그리고 집중력 유지를 담당하는 뇌의 부위인 청반에서 줄어든 활동을 보였다. 시간이 지남에 따라 청반이 어떻게 변화하는지에 대한 우리의 이해를 발전시키는 이 연구로부터의 자료는 특히 알츠하이머병을 연구하는 과학자들에게 관심거리이다. 약화된 청반은 이 무서운 질병의 첫 번째 신호 중 하나이므로, 이것이 어떻게 일어나는지에 대한 지식은 그 병의 진행을 이해하는 데 기여할 것이다.

① 노인들은 강한 압박이 있는 상황에서 집중하는 데 어려움을 겪는다.
② 실험에서 오직 한 집단만이 틀린 대답에 대해 처벌의 위협을 받았다.
③ 젊은이들은 집중력과 관련된 뇌의 부위에서 감소한 활동을 보였다.
④ 알츠하이머병을 겪는 사람들은 손상된 청반을 가지고 있다.

해설 ③번의 키워드인 decreased activity(감소한 활동)를 바꾸어 표현한 지문의 diminished activity(줄어든 활동) 주변에서 집중력을 담당하는 뇌의 부위에 줄어든 활동을 보인다고는 했지만, 이는 젊은이들이 아니라 노인들에게서 나타나는 현상이다. 따라서 ③번이 지문의 내용과 일치하지 않는다.

어휘 **age** 나이 들다; 나이 **elevated** 높은, 상승한 **stimulation** 자극 **fare** 결과를 내다, 해 나가다 **diminished** 줄어든 **alertness** 각성 **further** 발전시키다; 나아가서 **dreaded** 무서운 **insight** 지식, 통찰력 **inaccurate** 틀린, 부정확한 **compromised** 손상된

정답: ③

글의 전개 방향을 보여주는

연결사 특강

① 열거 / 강조 및 부연
② 시간 및 절차
③ 역접 / 양보 / 대조 / 대비
④ 예시
⑤ 인과 / 요약

연결사 특강

1 열거 / 강조 및 부연

글의 전개 방향을 보여주는 연결사

구분	열거		강조 및 부연	
글의 전개	추가 진술 예 The apartment was located near a subway station. <u>Moreover</u>, the rent of it was fairly reasonable. 그 아파트는 지하철역 근처에 위치해 있었다. **<u>게다가</u>**, 그것의 임대료는 상당히 합리적이었다.		재진술 예 The quality of education contributes to a nation's economic growth. <u>In other words</u>, a wealthy country probably has a good educational system. 교육의 질은 국가의 경제 성장에 기여한다. **<u>다시 말해서</u>**, 부유한 국가는 아마 좋은 교육 시스템을 가지고 있을 것이다.	
연결사	**Moreover** 게다가, 더욱이 **Likewise** 또한, 마찬가지로 **Similarly** 마찬가지로 **On top of that** 또한 **Besides** 뿐만 아니라 **In addition** 덧붙여	**In the same vein** 같은 맥락에서 **Also** 또한, 게다가 **Furthermore** 뿐만 아니라 **Additionally** 게다가, 추가로 **What's more** 더욱이, 게다가	**In other words** 다시 말해서 **Indeed** 사실은 **In fact** 사실, 실은 **Put another way** 다르게 표현하면	**That is (to say)** 다시 말해서 **Namely** 즉, 다시 말해 **In effect** 사실상

Example

밑줄 친 부분에 들어갈 표현으로 가장 적절한 것은?

Unlike those of other bird species, the long and bladelike wings of hummingbirds connect to the body only from the shoulder joint. This allows the birds to flap their wings at a rate of up to 90 times per second, which permits them to hover in midair. ____________, hummingbirds can use this rapid motion of their wings to fly backward, which makes them the only avian species with such an ability.

① Finally
② In effect
③ Similarly
④ In contrast

해석 다른 조류들의 것과는 달리, 벌새의 길고 칼날 같은 날개들은 오직 어깻죽지에서만 몸과 연결된다. 이는 벌새가 그들의 날개를 초당 90번까지 퍼덕일 수 있도록 하는데, 이것은 그들이 공중에서 맴돌 수 있도록 허용한다. 마찬가지로, 벌새는 날개의 이러한 빠른 움직임을 사용하여 뒤로 날 수 있는데, 이는 벌새를 조류 중에서 그런 능력을 가진 유일한 종으로 만든다.
① 마침내
② 사실상
③ 마찬가지로
④ 대조적으로

해설 빈칸 앞 문장에서 벌새가 초당 90번의 날갯짓으로 공중에서 맴돌 수 있다는 내용을 제시하고, 빈칸 뒤 문장에도 벌새가 이러한 날개의 움직임을 사용하여 뒤로 날 수 있다는 내용으로 벌새의 날갯짓의 또 다른 기능을 설명하고 있다. 따라서 열거 관계일 때 추가 진술을 나타내는 연결어 Similarly(마찬가지로)를 쓴 ③번이 정답이다.

어휘 species 종 bladelike 칼날 같은 hummingbird 벌새 flap 퍼덕이다 permit 허용하다, 허락하다 hover 맴돌다 avian 조류의, 새의

정답: ③

연결사 특강 2

시간 및 절차

글의 전개 방향을 보여주는 연결사

<table>
<tr><th>구분</th><th colspan="4">시간 및 절차</th></tr>
<tr><td>글의 전개</td><td colspan="4">서사적 진술
1 ➡ 2 ➡ 3
예 First of all, pour some oil into a pan and preheat it for about two minutes. <u>Then</u>, stir-fry minced garlic and pork belly. <u>Finally</u>, season with a bit of salt.
우선, 팬에 약간의 기름을 붓고 약 2분 동안 예열한다. <u>그러고 나서</u>, 다진 마늘과 삼겹살을 볶아준다. <u>마지막으로</u>, 약간의 소금으로 간을 한다.
예 At first, people thought his new research result was useless. <u>Later</u>, his fellow scholars found it could be helpful. <u>In the end</u>, the discovery brought him a Nobel prize.
처음에, 사람들은 그의 새로운 연구 결과가 쓸모없다고 생각했다. <u>나중에</u>, 그의 동료 학자들이 그것이 도움이 될 수 있다는 것을 발견했다. <u>결국</u>, 그 발견은 그에게 노벨상을 안겨주었다.</td></tr>
<tr><td rowspan="4">연결사</td><td colspan="2">중간 과정</td><td colspan="2">최종 절차</td></tr>
<tr><td>Then
그러고 나서, 그다음에</td><td>Later (on)
나중에, 후에</td><td>Finally
마지막으로</td><td>In the end
결국, 마침내</td></tr>
<tr><td>Thereafter
그 후에</td><td>Subsequently
나중에, 그 뒤에</td><td>Consequently
그 결과, 따라서</td><td>Eventually
결국, 마침내</td></tr>
<tr><td>Afterward(s)
나중에, 그 뒤에</td><td></td><td>Ultimately
결국, 궁극적으로</td><td></td></tr>
</table>

Example

밑줄 친 부분에 들어갈 표현으로 가장 적절한 것은?

> One reason for the small number of professional musicians and singers during the first half of the 20th century was the dearth of recognition given to entertainers. Before the 1950s, there was little industry recognition of achievements in the musical arts, which insiders recognized needed to change. ___________, the National Academy of Recording Arts & Sciences established the Grammy Awards in 1959 to honor outstanding accomplishments in the music industry and, at the same time, encourage people to become musicians and singers.

① Additionally
② Eventually
③ Likewise
④ In conclusion

해석 20세기의 처음 반세기 동안 프로 음악가와 가수의 수가 적었던 이유 하나는 연예인들에게 주어진 인정의 부족이었다. 1950년대 전에는, 음악 예술에서의 업적에 대한 업계의 인정이 거의 없었는데, 내부 인사들은 이러한 상황을 바꾸어야 할 필요가 있다는 것을 인지했다. 결국, 전미 녹음 예술·기술 협회는 음악 업계 내에서의 뛰어난 업적을 기리며, 동시에 사람들이 음악가와 가수가 되도록 장려하기 위해, 1959년에 그래미상 시상식을 설립했다.

① 추가로
② 결국
③ 또한
④ 결론적으로

해설 빈칸 앞 문장은 과거에는 음악 예술에서의 업적에 대한 업계의 인정이 거의 없었다는 내용이고, 빈칸이 있는 문장은 전미 녹음 예술·기술 협회가 음악 업계에서의 업적을 기리고 음악가와 가수가 되는 것을 장려하기 위해 그래미상 시상식을 설립했다는 내용으로 앞 내용의 결과를 나타내고 있다. 따라서 시간을 나타내는 연결어인 Eventually(결국)를 쓴 ②번이 정답이다.

어휘 **dearth** 부족 **recognition** 인정, 인식 **outstanding** 뛰어난, 두드러진 **accomplishment** 업적, 공적 **at the same time** 동시에

정답: ②

연결사 특강
3

역접 / 양보 / 대조 / 대비

글의 전개 방향을 보여주는 연결사

구분	역접		양보	
글의 전개	예 My flight to London was supposed to depart at 9:45. **However**, it was delayed due to bad weather. 나의 런던행 비행기는 9시 45분에 출발했어야 했다. **그러나**, 그것은 악천후로 인해 지연되었다.		예 The architect spent six months altering the project's plans. **Nevertheless**, the council did not approve its construction. 그 건축가는 프로젝트의 계획을 변경하는 데 6개월을 소비했다. **그럼에도 불구하고**, 위원회는 그것의 건축을 허가해 주지 않았다.	
연결사	**However** 그러나, 그렇지만 **Yet** 그렇지만, 그래도	**But** 하지만, 그러나	**Nevertheless** 그럼에도 불구하고 **Even so** 그렇기는 하지만 **Despite / In spite of** ~에도 불구하고 **Still** 그런데도	**Nonetheless** 그럼에도 불구하고 **Even then** 설령 그렇더라도 **Regardless (of)** 개의치 않고, ~에 상관없이 **For all that** ~에도 불구하고

구분	대조		대비 및 기타	
글의 전개	예 The price of a product increases when there is a great demand for it. **Conversely**, the price falls if the demand weakens. 한 제품의 가격은 그것에 대한 많은 수요가 있을 때 증가한다. **반대로**, 수요가 약해지면 가격은 떨어진다.		예 In the past, few children attended public schools. **Instead**, they were educated at home by their parents. 과거에, 공립 학교에 다니는 아이들은 거의 없었다. **대신**, 그들은 가정에서 부모에 의해 교육을 받았다.	
연결사	**Conversely** 반대로, 거꾸로 **In(By) contrast** 그에 반해, 대조적으로	**Meanwhile** 한편 **On the contrary** 그와는 반대로	**Instead** 대신, 그보다 **On the other hand** 반면에, 다른 한편으로는	**Rather** 반대로, 오히려 **Alternatively** 그 대신, 그렇지 않으면

Example

밑줄 친 부분에 들어갈 표현으로 가장 적절한 것은?

Attitudes after the collapse of the Soviet Union supported one of two ideologies: ethnic nationalism or centralism. Ethnic nationalists hoped the collapse would allow them to gain political control over traditionally-held ethnic territories. ____________, Centralists feared that economically weaker regions would suffer because of the split. They wanted some semblance of central organization maintained and saw a continued need for a common market. In the end, the ethnic nationalists won out, and fifteen completely independent republics came to replace the Soviet Union by the end of 1991.

① Namely
② Instead
③ On the other hand
④ In fact

해석 소련 붕괴 이후의 사고방식은 인종적 민족주의 또는 중앙 집권주의라는 두 가지 이념 중 하나를 지지했다. 인종적 민족주의자들은 그 붕괴가 그들로 하여금 전통적으로 유지된 민족적 영토에 대한 정치적 지배력을 얻게 해줄 것이라고 기대했다. 반면에, 중앙 집권주의자들은 경제적으로 더 취약한 지역이 분열 때문에 어려움을 겪을 것을 두려워했다. 그들은 중앙 조직의 어떤 형태가 유지되기를 원했고 공동 시장에 대한 지속적인 필요성을 인지했다. 마침내, 인종적 민족주의자들이 승리했고, 1991년 말에 15개의 완전히 독립적인 공화국이 소련을 대체하게 되었다.

① 다시 말해
② 대신
③ 반면에
④ 사실

해설 빈칸 앞 문장은 인종적 민족주의자들이 소련의 붕괴가 민족적 영토에 대한 정치적 지배력을 얻게 해줄 것이라고 기대했다는 내용이고, 빈칸 뒷부분은 중앙 집권주의자들은 경제적으로 취약한 지역이 분열 때문에 어려움을 겪을 것을 두려워했다는 앞선 내용과 대비되는 내용이다. 따라서 대비를 나타내는 연결어 On the other hand(반면에)를 쓴 ③번이 정답이다.

어휘 **collapse** 붕괴 **ideology** 이념 **ethnic nationalism** 인종적 민족주의 **centralism** 중앙 집권주의 **territory** 영토, 지역 **semblance** 형태

정답: ③

연결사 특강
4

예시

글의 전개 방향을 보여주는 연결사

<table>
<tr><th>구분</th><th colspan="4">예시</th></tr>
<tr><td>글의 전개</td><td colspan="4">하위 개념/항목에 대한 부가적 진술

예 She does whatever it takes to stay healthy. <u>For instance</u>, she takes several types of vitamin supplements and exercises every day.
그녀는 건강함을 유지하기 위해서는 무엇이든 한다. <u>예를 들어</u>, 그녀는 여러 종류의 비타민 보충제를 섭취하며 매일 운동한다.

예 The detective had a number of questions for the suspect. <u>Specifically</u>, she wanted to know where he was when the robbery case occurred.
그 탐정은 용의자에게 많은 의문을 가지고 있었다. <u>특별히</u>, 그녀는 강도 사건이 일어났을 때 그가 어디에 있었는지 알고 싶어 했다.</td></tr>
<tr><td rowspan="2">연결사</td><td>For example
예를 들어</td><td>Specifically
특별히, 구체적으로 말하면</td><td>To illustrate
~을 설명하기 위해</td><td>As an illustration
일례로서</td></tr>
<tr><td>For instance
예를 들어</td><td>In particular
특히, 특별히</td><td>Particularly
특히, 특별히</td><td></td></tr>
</table>

Example

밑줄 친 부분에 들어갈 표현으로 가장 적절한 것은?

Merriam's kangaroo rats live in sandy areas with high temperatures in summer, like Southern California and Arizona, and they have some very unusual features. ____________, they have long kangaroo-like hind feet, which allow them to hop around on their hind legs. To avoid predation, they leap high into the air or quickly change direction. The animals' tails are longer than the combined lengths of their heads and bodies, which helps counterbalance the jumping motion. Merriam's kangaroo rats also possess fur-lined cheek pouches, where they store seeds that they hoard during foraging trips. Additionally, they are capable of digesting the seeds they eat without drinking water.

① Meanwhile
② As a result
③ Nevertheless
④ For example

해석 메리엄 캥거루쥐는 캘리포니아 남부와 애리조나 같은 여름에 기온이 높고 모래가 많은 지역에서 살며, 몇 가지 아주 특이한 특징을 지니고 있다. 예를 들어, 그것들은 캥거루 같은 긴 뒷발을 가지고 있는데, 이는 그것들이 뒷다리로 뛰어다닐 수 있게 해준다. 잡아먹히지 않기 위해서, 그것들은 공중 높이 뛰어오르거나 빠르게 방향을 바꾼다. 그 동물의 꼬리는 머리와 몸통의 길이를 합친 것보다 더 긴데, 이는 점프 동작의 균형을 맞추는 것을 돕는다. 메리엄 캥거루쥐는 또한 안에 털이 대어진 볼주머니를 가지고 있는데, 여기에 식량 채집을 다니며 비축한 씨앗을 저장한다. 게다가, 그것들은 물을 마시지 않고도 먹은 씨앗을 소화시킬 수 있다.

① 한편
② 결과적으로
③ 그럼에도 불구하고
④ 예를 들어

해설 빈칸 앞 문장은 메리엄 캥거루쥐가 몇 가지 특징을 지니고 있다는 내용이고, 빈칸 뒤 문장은 그것들의 캥거루 같은 긴 뒷발이 뒷다리로 뛰어다닐 수 있게 해준다는 특징의 예시이다. 따라서 예시를 나타내는 연결어 For example(예를 들어)을 쓴 ④번이 정답이다.

어휘 **kangaroo rat** 캥거루쥐 **predation** 포식 **counterbalance** 균형을 맞추다 **possess** 가지다 **fur-lined** 안에 털을 댄 **cheek pouch** (다람쥐 · 원숭이 등의) 볼주머니 **hoard** 비축하다 **foraging** (식량) 채집

정답: ④

연결사 특강 5

인과 / 요약

글의 전개 방향을 보여주는 연결사

구분	인과		요약	
글의 전개	논리적 진술 예 The teacher came down with a bad flu. Consequently, he was unable to teach his students for a week. 그 교사는 심한 독감에 걸렸다. **그 결과**, 그는 일주일 동안 그의 학생들을 가르칠 수 없었다.		종합/결론적 진술 예 The new movie consisted of bad acting, poor direction, and a boring script. In sum, it was a total mess. 그 신작 영화는 형편없는 연기, 초라한 연출, 그리고 지루한 대본으로 이루어져 있었다. **요컨대**, 그것은 완전히 엉망진창이었다.	
연결사	**Consequently** 그 결과, 따라서	**For this reason** 이러한 이유로	**In sum** 요컨대	**In summary** 요약하면
	Accordingly 따라서	**As a result** 결과적으로	**In short** 요컨대	**In brief** 요컨대, 간단히 말해서
	So 그래서, 그러므로	**Therefore** 따라서	**In conclusion** 결론적으로	**To conclude** 결론을 말하건대
	Hence 따라서, 그러므로	**Thus** 따라서, 그러므로		

Example

밑줄 친 부분에 들어갈 표현으로 가장 적절한 것은?

We are pleased to announce the opening of the Helping Hands Soup Kitchen. The purpose of our charity is to provide the homeless and working poor in the local area with a warm, safe place to come and enjoy a meal. The soup kitchen will be open for lunch from 12:00 p.m. to 2:00 p.m., and dinner will be served from 5:00 p.m. to 7:00 p.m. Helping Hands is expected to attract several hundred visitors a day and will require a large staff. ____________, we are soliciting the help of anyone interested in volunteering time for this noble cause.

① Likewise
② Otherwise
③ Accordingly
④ Meanwhile

해석 저희는 Helping Hands 무료 급식소의 개장을 알리게 되어 기쁩니다. 저희 자선 단체의 목적은 지역의 노숙자와 빈곤 근로자들에게 와서 식사를 즐길 수 있는 따뜻하고 안전한 장소를 제공하는 것입니다. 무료 급식소는 오후 12시부터 오후 2시까지 점심 식사를 제공하고, 저녁 식사는 오후 5시부터 오후 7시까지 제공될 것입니다. Helping Hands는 하루에 수백 명의 방문자들을 끌어모을 것으로 예상되어 많은 일손이 필요할 것입니다. 따라서, 저희는 이러한 대의를 위해 자원봉사에 시간을 내는 것에 관심 있는 분들의 도움을 간청하는 바입니다.
① 마찬가지로
② 그렇지 않으면
③ 따라서
④ 한편

해설 빈칸 앞 문장은 급식소에 많은 일손이 필요할 것이라는 내용이고, 빈칸 뒷부분은 자원봉사에 관심 있는 분들의 도움을 간청한다는 앞 내용에 대한 결과를 나타내는 내용이다. 따라서 앞서 언급된 원인에 대한 결과를 나타내는 연결어 Accordingly(따라서)를 쓴 ③번이 정답이다.

어휘 **soup kitchen** 무료 급식소 **charity** 자선 (단체) **solicit** 간청하다 **noble cause** 대의

정답: ③

MEMO

2025 대비 최신판

해커스공무원

영어 구조 독해 007

초판 1쇄 발행 2024년 7월 12일

지은이	해커스 공무원시험연구소
펴낸곳	해커스패스
펴낸이	해커스공무원 출판팀
주소	서울특별시 강남구 강남대로 428 해커스공무원
고객센터	1588-4055
교재 관련 문의	gosi@hackerspass.com 해커스공무원 사이트(gosi.Hackers.com) 교재 Q&A 게시판 카카오톡 플러스 친구 [해커스공무원 노량진캠퍼스]
학원 강의 및 동영상강의	gosi.Hackers.com
ISBN	979-11-7244-202-6 (13740)
Serial Number	01-01-01